神秘体験

スピリチュアルな目覚めへの革新的アプローチ

ティモシー・フリーク 著
みずさわすい 訳

ナチュラルスピリット

THE MYSTERY EXPERIENCE
by Tim Freke

Japanese translation published by arrangement with
Watkins Publishing Ltd. through The English Agency(Japan)Ltd.

本書を娘アヤに捧げる

謝辞

多くの人たちの支援なしにこの本が完成を見ることはなかったでしょう。

深い洞察、温かな友情、そして励ましを与え続けてくれたピーター・ギャンディに特別な感謝を。彼とともに続けた四十年にわたる神秘探究の結晶が本書です。

初期段階からこの本の可能性を確信し、完成した本書を熱狂的に受けとめてくれている出版社のマイケル・マンに心より感謝しています。

最後に、長い間、遠く離れた世界で言葉との格闘を続けた私に耐え、そして生きることのアップダウンのすべてを通じて私を愛し続けてくれるすばらしい家族、妻デビー、母エレン、そして子どもたちに心より感謝を。

目次

序論

旅への準備

第1章
神秘体験

『神秘体験』へようこそ！　人生を変える目覚めの冒険へ、あなたを招待しましょう。
第1章ではまず、神秘体験とは何かについてお話したいと思います。

これが、神秘体験です。神秘体験は、今、ここで、起こっています。とてつもなく神秘的な何かが、今、起こっています。私たちは生きていることに気づいていますが、それが何なのか知りません。何てすばらしいのでしょう！　広大な宇宙に暮らしながら、宇宙が一体何なのか知りません。何てすてきなのです。　今この瞬間を経験しながらも、この瞬間が何なのかまったくわからずにいるのです。何て面白いのでしょう！

〝今この瞬間〟を見つめてみると、形と色でできた〝世界〟と呼ばれるタペストリーを経験しているとわかります。けれど、その〝世界〟とは一体何か？　心に立ち上《のぼ》る考えや感情をこうして経験しているけれど、それらはどこからやって来るのか？　自分の存在を確かに感じていても、なぜ存在しているのかは依然として謎のままです。何ということでしょう！

人生は完璧に神秘的で、その神秘に思わず息を呑むほどです。けれど、多くの人はそれを当たり前のこととして日々を過ごします。本当はわかっていないのに、何が起こっているのか把握しているフリをします。人間でいることは途方もなく大きな謎で誰もが戸惑っているにも拘わらず、理解しているフリをするのです。

本書では、生きることの神秘のその深遠に触れる時、自ずと立ち上る神秘体験を冒険していきます。神秘に意識を向けると神秘体験が立ち上り、すると意識の状態はすぐさま変化を始めます。意識の状態に変化が起こると、こうして自分が存在していること、そしてそれがどれだけすばらしいことかをはっきりと見て取ることができるのです。いつもの世界を好奇心とともに見つめるようになります。精神《マインド》が把握する現実はちっぽけなものだと認めるようになります。ハートは生きる喜びにワクワクするはずです。けれど、これは神秘体験の表面的な現れに過ぎません。神秘に深く潜れば潜るほど、神秘体験もまた、さらなる深さを私たちに見せてくれます。

この本では、神秘体験の深みへと旅をし、〝スピリチュアルな目覚め〟と呼ばれる何かへと手を伸ばします。スピリチュアルに目覚めている時、私たちは筆舌しがたいもうひとつの意識の状態に入ります。このすばらしい感覚を言葉にすることはできませんが、確かに味わうことができるのです。

先日、私は夢を見ました。夢の中で私は、スタンドアップ哲学※の講演会でよくするようにステージに立ち、多くの観客に向けて神秘体験について話を始めようとしていました。そして、話そうとしたまさにその時、この体験がどれだけすばらしいものかを描写する言葉が見つからないことに気づいたのです。私は一瞬固まりましたが、すぐに何をすべきか気づきました。そう、飛べるのだから！　私は「神秘体験とはこんな感覚です！」と言い、宙にふわりと上がって空《くう》の空間を夢中になって舞い、上へ下へと自由自在に飛び回りました。

※（訳注）：スタンドアップコメディー（一人で舞台に立って、話術の面白さで観客を笑わせる芸）に掛けた、著者による著者自身の哲学スタイルの総称。

神秘に目覚める感覚を伝えるために今すぐ飛び回れたらよいのですが、あれは夢の中のことです。起きている間にどうしたら飛べるのか、私はまだ知りません。それにこれは本なのだから、あなたからは私が見えません。だから、この本では言葉を尽くして神秘体験を伝えましょう。トライしてみたいのです。

神秘体験に深く入る時、私は愛の海に溶けてゆくように感じます。宇宙と一体になる驚きと閃《ひらめ》きの感覚がそこにあります。感覚的肉体が目覚め、意味の模索は言葉なき理解に溶け出し、それはあまりに深く、深いがゆえに考えとしては経験されず、そこには「すべてよし」という静かな確信があり、我が家に辿り着いたような安心感があります。

目覚めることの「わぉ！」

十二歳の頃に目覚めと出会って以来、私は神秘体験を見つめ続け、数十年にわたって目覚めを初めて体験する人々に寄り添ってきました。目覚めた時、多くの人が発する言葉。それは「わぉ！」です。

ここ数年、人々を目覚めへと導く「神秘体験リトリート」を開催しており、参加者からたくさんの感動的な手紙が届きます。ここでよく登場する言葉もまた、大文字で書かれ、たくさんの感嘆符が添えられた「わぉ！（WOW!!!）」です。「わぉ！」はすばらしい言葉です。アメリカのスラングかと思いきや、十六世紀のスコットランドに起源を持つ言葉なのだそうです。「わぉ！」は、不思議に思い驚く気持ち、つまりワンダー※する気持ちを表す言葉。神秘体験はとてもとても大きな「わぉ！」ですから、目覚めが一体どんな感覚かを示すのにこれ以上相応《ふさわ》しい言葉はないかもしれません。それは、今まで経験したどんな不思議よりもすばらしい驚きなのです。

※（訳注）：本書では「ワンダー」という言葉がたくさん登場します。ワンダー（Wonder）は、ワンダフル（Wonderful）、ワンダーランド（Wonderland）といった言葉と語源を同じくし、「驚異」、「驚嘆すべき不思議なもの、人、出来事」、「（自然界の）奇跡」、「不思議に思う」、「驚く」、「胸をときめかせる」などの意味を持ちます。この言葉の多面性を伝えるため、本書では「ワンダー」という英語をそのまま用います。

「わぉ！」と驚くにはさまざまな方法があります。美しい音楽を聴いて芸術のすばらしさに「わぉ！」と驚く。科学を通じ宇宙の厳《おごそ》かさに触れ「わぉ！」と驚く。美味しい料理を食べて「わぉ！」と驚く。スポーツを通しての驚異的な身体能力を目の当たりにして「わぉ！」と驚く。何かを学ぶことで自分自身の能力に「わぉ！」と驚く。

この本で出会うのは、目覚めの「わぉ！」です。存在することそのものの神秘に出会う、深遠なる「わぉ！」。生きることのこの上ないすばらしさに気づく、うっとりとした「わぉ！」。とてもシンプルな生きることそのものの「わぉ！」。言葉を超越したところにある何かに触れる、えも言われぬ「わぉ！」。

ラスベガスで行った神秘体験リトリートの最後、「わぉ！」の不思議と驚き、つまりワンダーを存分に楽しんだ参加者たちは、経験したことをさまざまに表現してくれました。すると、ケイトという可愛らしい女性がこう言いました。

これは誰もが感じたいことだと思います！

とてもシンプルかつ真実に満ちたすてきな表現です。神秘体験は誰もが求めている「わぉ！」です。私たちは皆、生きる実感を欲していますが、目覚めている時、私たちはどこまでも生きていると感じます。誰もが自由を求めていますが、目覚めている時、私たちは完璧に自由であると知っています。誰もが愛を求めていますが、目覚めている時、私たちは無限の愛にたっぷりと浸されています。

世界各地に点在するスピリチュアルな教えの中核は、どれも「わぉ！」に目覚める方法を指し示していると言えます。ゆえに、私は何十年にもわたりこうした教えと向き合ってきました。スピリチュアリティは人生についての思索として捉えられることも多いでしょうが、それ以前に、そして何にも増して、それは意識を変革し、言葉を超越した何かへと導くものであるはずです。大慧宗杲《だいえそうこう》(訳注:中国の禅僧。一〇八九〜一一六三)は約千年前、完璧な言葉でこう表現しました。

賢人たちが説いたあらゆる教えは、「あぁ、これだ!」という突然の驚嘆に添えられた注釈に過ぎない。

ここで、宗杲の言葉を借りてこう表現してみましょう。

私は賢人ではないし、この本に記されたすべてのアイディアは喜びに満ちた叫び声『わぉ!』の注釈に過ぎない。以上!

数年前、始めたばかりの週末セミナーに、全身黒尽《ず》くめで内に籠《こも》った様子の若い女性がやって来ました。愛で照らし、愛を注ぎ、そしてセミナーの最後、彼女は「宗教ではない『何か』に、改宗した気がします」と打ち明けてくれたのです。そう、これです。私もこの〝何か〟に改宗したひとり。この本は「わぉ!」の体験、そして〝何か〟への改宗の招待状なのです。

ワンダーする

目覚めの経験を言葉にすることは誰にとっても非常に難しいもの。しかし、相手がその経験について よく知らない時、目覚めに限らずあらゆる経験の描写は困難であるはずです。夕焼けを見るという経験がどんなものか、目の見えない人に向けて描写するのは簡単ではありませんし、音楽を聴いて感動することを、耳の聞こえない人に対して説明することもまた難しいはずです。

「私は怒っています」と言う時、怒りを経験したことがあるから、それがどんなものかを理解することができます。「幸せだ」と言う時、幸せを経験したことがあるからこそ、それを理解することができます。コミュニケーションは共通の経験に拠り所を見出します。この本でも、あなたが知っている経験と対比しながら、目覚めについて伝えたいと思います。

この本では、不思議に思い、驚く、つまりワンダーするというシンプルな体験から「わぉ!」に目覚める方法を皆さんと分かち合います。深くワンダーすればあなたは目覚め始めます。存在の息を呑むような神秘に気づくことで、神秘体験は自ずと立ち上るはずです。

私たちは不思議に思い、驚嘆することにより旅に出て、やがて神秘へと辿り着き、その神秘の中枢に横たわる「わぉ!」に出会います。グノーシスの『マティアの福音書』にはこのような言葉があります。

あなたの目の前にある物事を不思議に思い、驚くこと、それは深い知恵に触れるための最初の一歩である。

禅僧僧璨《そうさん》（訳注：中国禅の第三祖。生年不詳〜六〇六）はこう述べています。

どこまでも不思議に思い、驚いたからこそ、鋭い気づきを得ることができたのだ。思案し、熟慮することをしなければ、あなたの人生のすべては埋もれてしまうだろう。

生きることの眩《まばゆ》い神秘を前に、そこに好奇心がなければ意識もまた注がれません。ゆえに、不思議に思い驚くこと、つまり、ワンダーすることは目覚めにおいて必要不可欠です。生きることがワンダーをもたらさないのであれば、私たちは半分死んでいるも同然なのです。

アート・オブ・ワンダー

私は哲学者であり、この本は〝アート・オブ・ワンダー（不思議さの芸術）〟としての哲学を讃える一冊です。私の敬愛する哲学界の英雄ソクラテスはこう述べています。

ワンダーの感覚は哲学者にとっての試金石である。それは哲学の始まりにすぎない。

哲学はかつてこのように捉えられていましたが、今日においては味気のない概念の模索として解釈されることが多いのもまた事実です。私は何年も前、この現代的解釈にもとづいた哲学を大学で専攻していました。精神にとっては最高のトレーニングでしたが、いつの間にか言葉の迷路に迷ってしまったのです。私は「スピリチュアルな哲学」に興味を持っていました。それは言葉の森を抜け、経験の神秘へと私たちを導くものであるはずです。

スピリチュアルな哲学は思考によって神秘を曖昧《あいまい》にするのでなく、思考を用いることで神秘を明かそうとします。概念は概念に過ぎないことを認識し、概念が神秘を孕《はら》むことはできないと理解しています。究極の答えを提示するのではなく、生きることの経験をさらにワンダーに満ちたものにする新たな見方を授けるのです。

新プラトン主義の哲学者プロティノス（訳注：二〇四～二七〇）は、哲学に対するアプローチについて次のように述べています。

哲学者の仕事とは、我々をビジョンへと目覚めさせることだ。

私が深く共感する言葉のひとつです。私にとって哲学者とは、深くワンダーすることで言葉を超えた「わぉ！」へと辿り着く手助けをする者。その過程で哲学者の「ん？」は、ヨガ行者の「オーム」へ変容するのです。

ワンダフル・ライフ（ワンダーに満ちた人生）

ここまで、神秘体験に満たされることがどれだけすばらしいことかを述べてきました。さらなる冒険へと歩みを進めるあなたの好奇心を刺激したかったのです。ひとつ理解しておいてもらいたいのは、「わぉ！」は絶頂の体験でもなければ、ハメを外してハイになることでもないということ。スピリチュアルな目覚めは、私たちの思考、感情、行動に影響します。「わぉ！」に出会うことで日々の暮らしに新しい生き方が立ち上ります。ソクラテスの有名な言葉に次のようなものがあります。

熟慮されていない人生は、生きるに値しない。

一方、現代の哲学者アルフォンソ・リンギス（訳注：一九三三〜）はこのように述べています。

生きられていない人生は、熟慮するに値しない。

このどちらもが正解です。熟慮しなければ、私たちは半分空っぽの意識で朦朧《もうろう》としたまま毎日をやり過ごすことになります。一方で、人生を熟慮することがそれを思う存分生きることにつながるからこそ、熟慮することには大きな意味があるのです。

この本では、あなたを「わぉ！」へと目覚めさせ、人生経験を変容させる、深く哲学的な〝生きることの物語〟を分かち合いたいと思います。ひとつ覚えておいて欲しいのは、本に書かれた内容は物語に過ぎないということ。説明のみで存在の神秘のすべてを知ることはありません。人生は常に私たちが考える以上のものです。哲学者アルフレッド・ノース・ホワイトヘッド（訳注：一八六一～一九四七）はこう述べています。

哲学はワンダーすることに始まる。そして最後、哲学的思考がその最善を尽くした時、そこにはワンダーだけが残される。

第2章
私からあなたへ

この章では、私がどのような人物かを知ってもらうために簡単な自己紹介をします。そしてこの先あなたが出会うさまざまな内容――スピリチュアルな哲学、科学的洞察、異なる視点からの批判、さまざまなワーク、毎日の暮らしを変える実際的な手法――に向けた準備をしてもらいましょう。

神秘体験をあなたと分かち合うために、私はこの本を書いています。本におけるやり取りが一方通行になるのは致し方ないことですが、ここで講義をしたいのではありません。この本でのコミュニケーションがハートとハートで向き合う対話となることを願っています。最も美しい方法であなたとつながりたいのは、お互いがお互いにとって本物である時、そこに魔法が起こるから。あなたに触れるために一ページ一ページを書き記しましょう。そして読み進める中、ここに記された内容が紙に印刷された文字以上のものであることを忘れないでください。アメリカ人の詩人ウォルト・ホイットマン（訳注：一八一九～一八九二）は自作の詩でこのように述べています。

友よ、これは本ではない、
人に触れるこれに触れるのは誰だ？
（それは夜なのか？　私たちはひとりで、ここに一緒にいるのか？）
あなたが抱きしめる者、そしてあなたを抱きしめる者、それは私なのだ。

時空の網の中、私たちは異なる場所にいます。でも、ここで今、私たちはともにあるのです。では自己紹介を始めましょう。まず大切なことから。スピリチュアルな目覚めの教え手であるからといって、私は自分が悟りを開いたマスターであるとは考えていません。私は神秘体験に情熱を注ぐひとりの人間に過ぎません。

不思議に思い、驚嘆することに人生の多くを捧げてきたため、それはいつの間にか私が得意とするものになりました。深くワンダーすることで「わぉ！」に目覚め、神秘体験に出会うことができるので、私は神秘体験をよく知るようになり、人々をこの体験へと導くこともできるようになったのです。意識を向けるそのことが、やがて得意なものになります。私の場合はスピリチュアルな目覚めに意識を向けてきたのです。

私は完璧な悟りの状態に達してはいませんし、悟ることを期待していなければ、望んでもいません。また、悟りを開いた特別な人々に対する一般的な見解は完全に誤っていると感じているため、悟りに至っていないことを失敗とも考えていません。

スピリチュアルな哲学について三十冊以上の本を書きましたが、いまだに赤子がヨチヨチ歩きをしているように感じています。無限の神秘を前に他にどのように感じろと言うのでしょう。誰も知らない宇宙の秘密を知っているわけではありません。私は単に、不思議に思い驚嘆すること、つまりワンダーすることが大好きなのです。こうかもしれない、物事にこういうふうに触れたらよいかもしれないとワンダーすることが、私を「わぉ！」へと目覚めさせ続けます。

だからといって人生が常に完璧で、いつも満足しているわけではありません。私の人生には山もあれば谷もあります。きっとあなたの人生もそうでしょう。こうした言葉を綴っているのは、実際に皆さんと同じようにさまざまなジレンマを経験しているからです。私たちは皆、生きることの神秘においてともにあります。その神秘において、先人たちから与えられた教えの中で価値があると感じたことを、感謝の気持ちとともにあなたと分かち合いたいと願っています。

私はあらゆる意味において特別な人間ではありません。あなたや他の誰かより特別なところはひとつもありません。五十代で、家庭を持ち、父であり夫であることの喜びと責任のすべてを抱えて生きています。良いところもたくさんありますが欠点も山ほどあります（妻に聞いてみてください！）。実際に私と会うことがあるなら好感を持ってくれるかもしれませんが、一緒に暮らすことになったらいずれ嫌な面を見つけるはずです。けれど、それもまたよし、と思うようになったのです。私たちは皆、すばらしい魂であることも嫌なヤツであることもできるのだから。そうでしょう？

大きな問いと大きな答え

私自身の目覚めの道程に興味があるのなら、逸話と物語がたっぷりと記された『HOW LONG IS NOW?（今はどれだけ長いのか？）』をご一読ください。今回はこの先に大いなる冒険が待っており、私の個人的な物語に割く時間はありません。けれど、冒険の旅に出る前に、私の旅がどこに始まってどこへ辿り着いたかを皆さんにお伝えしておいてもよいかもしれません。

子どもの頃、私は大人たちが雑学で頭をいっぱいにしてばかりで、人生がどれだけ神秘に満ちているかを語ろうとしないことに頭をかしげていました。人生は大きな問いであり、きっとどこかにその問いに対する大きな答えがあるはずだと、私は直観的に感じていたのです。生きることが何なのかを知る時、自分が何をすべきかもわかるはずだと、静かに座り、想いを巡らせることの多い子どもでした。

私はよくサマーハウス・ヒルで愛らしい雑種犬スクラグを傍らに、忙しく動き回る小さな街を眺めながら、驚きと喜びの思索に耽っていました。ディズニー映画の一場面みたいだと思うかもしれませんが、人生には時としてそんな一ページがあるものです。

サマーハウス・ヒルで思索に耽っていたある時、魔法のような出来事が起こりました。驚きと喜びにすっかり吸い込まれ、意識が自ずと変容したのです。初めて味わった神秘体験。それはまさに「わぉ！」でした。

かなり昔のことですが、今でもあの圧倒的で、とてつもなく美しく、うっとりとするような愛に満たされた経験をはっきりと思い出すことができます。まるで宇宙全体が無限の愛に震えているように、そしてその愛に溶け出し、宇宙とひとつになるように感じました。世界は不思議の国、つまりワンダーランドになったかのようでした。最高にすばらしい驚きに出会ったようでありながら、いつも密かに知っていたことを思い出したようにも感じられました。

自分に何が起こっているのかまったくわかりませんでしたが、生きることについての大きな問いに対する大きな答えに出会ったのだと、どこかで知っていました。答えは難しい理論ではなかったのです。それは、大きな問いが愛の海に溶け出す神秘体験でした。この発見が私の人生を大きく変えたのは言うまでもありません。

この瞬間と出会って以来、私は神秘体験を探究し続けています。意識を変革する方法、目覚めと日々の暮らしを統合する方法を模索し続けています。けれど、スピリチュアルな探究を経てもなお、かつてそう望み、また想像していた永遠の目覚めには達していません。一方で、もっとすばらしいことが起こりました。そう、私は生きることと恋をするようになったのです。

生きることとの恋

子どもの頃、期せずして経験した目覚めは、生きることとの恋の始まりでした。生きることとの恋は実際の恋愛と似ています。初恋は特別な経験です。こんな気持ちになってみたかったとずっと願っていた体験ですが、それはさまざまな喜びと葛藤を孕む恋という名の大冒険の始まりに過ぎません。

いずれ、すべてを変える何かに気づく瞬間が訪れます。深く愛していると知る時、もはや一時のロマンスに身を委ねているのではないとわかります。この魔法の瞬間は、愛を交わす恍惚《こうこつ》の最中に起こることもあるでしょうし、皿洗いをしている時など、日常の何気ない瞬間に起こることもあるでしょう。相手との関係がうまくいっている時かもしれませんし、別れに直面した時かもしれません。いずれにせよ、その瞬間に出会った時、私たちの世界はこれまでとはまったく違ったものへと変容します。

誰かを深く愛しているとどのようにわかるのか、説明することはできません。ただそうだと知っているのです。そして深く愛している時、私たちは無条件にその恋愛に身を捧げています。愛することは一緒にいて楽しいことだけではないと知っています。それは相手が耐えられない時であっても、愛し合っていることを忘れないことでもあります。良い時も悪い時も相手のためにそこにいることが愛することです。

生きることとの恋もこれと似ています。幼い頃、神秘体験に溶かされたあの時、私は初恋をしました。ロマンスが始まり、美しい瞬間はやって来て、そして去り、時に私は何かを失ってひとり立ちすくむこともありました。そしてある時、すべてを変える何かに気づいたのです。私は完璧に、無条件に、生きることを深く愛するようになりました。良い時も、悪い時も、健やかなる時も、病める時も、喜びにおいても、悲しみにおいても、生きることとの恋に身を捧げていると知ったのです。

古来より人は人生を大いなる女神に例えてきました。時々私はこの女神と恋をしているのではないかと思うのです。女神との恋愛はたくさんの喜びをもたらしますが、それは大きな挑戦でもあり、さまざまな状態においてお互いを知ることで大いなる変容に触れる冒険でもあります。ふたりでありながらひとつになるダンスなのです。

時に私と女神はともにあって幸せで、すべては完璧です。時に私たちは喧嘩をし、離ればなれになります。愛を交わす時には、その瞬間の神秘以外何も関係なくなります。時間においてともに働き、実際的な物事に携わらなければいけないこともあります。女神のあまりの美しさに胸が高まらずにはいられないこともありますし、私の期待に応えてくれないと女神を罵《ののし》ることもあります。女神は気まぐれにも拘わらず、彼女を完全に信頼する時もあれば、女神の愛を疑って愛されることを求める時もまたあります。けれど、あらゆる時を通じて私は女神の神秘のすばらしさに触れ続けます。そして女神を心から愛していることを決して忘れません。

「わぉ！」は情熱的なセックスや優しさに満ちた親密な関係と似ています。特別な瞬間を無理矢理引き起こすことはできません。お互いがそうした心地にある時、特別な瞬間は自ずと起こります。魔法の瞬間は恋愛関係を燃え上がらせるでしょうが、それはいつもそこにある静かな愛、静かにともにいることの愛に支えられています。

こうして〝存在すること〟がもたらす愛が、山あり谷ありの人生との恋愛において、私を支え続けています。だからこそ、例え起こっている出来事が好きになれなくても、生きることを愛することができるのです。良い時も悪い時も生きることに身を捧げ、嵐に耐え、雨の中で踊ることができるのです。

神秘体験を探ることで、私の人生は恋愛へと変容しました。そしてスピリチュアルな探究に対する見方も変わったのです。永遠に辿り着くことはできないだろう究極の悟りを望むことはなくなりました。その代わり、生きることに見合った恋人になろうと決めたのです。

マジカル・ミステリー・ツアー

この本では、生きることと恋人になるための「わぉ!」に出会う新しい方法を紹介します。序論では冒険へ向けた準備をします。第1部では生きるという神秘の深みへと旅を始め、第2部では深い自己に出会う驚きに触れます。第3部では神秘体験の中心にある深い愛のすばらしさに触れ、第4部では日々の暮らしに立ち返り、ひとりの人間として生きる冒険を新たな視点で見つめ直します。

多くの本はシンプルなアイディアに始まるものの、次第に複雑になってしまうものです。けれど、目覚めの過程はこれを逆行します。冒険の始め、生きることをまったく違った視点から見つめて馴染《なじ》みのない方法で捉えるため、スタートを切るのは簡単ではありません。けれど、この冒険はそもそもとてもシンプルな生きることの理解を目指しているので、冒険の後半はなだらかな道を進むことができるはずです。

ここから始まる冒険があなたにとって神秘と魔法に満ちたマジカル・ミステリー・ツアーとなるよう、前もって多くを述べることはしたくないのですが、私と一緒に冒険の旅に出ることを心配しないでください。安心している時、私たちは開かれ、目覚めた状態がいかに自然なものであるかは自ずと明らかになります。

安心を確信するとハートはすぐに開かれます。これは何年もの間、多くの人々と神秘体験を分かち合いながら知ったことです。リトリートでは参加者が安心して神秘に思いっきり飛び込むことができるよう、ありとあらゆることをします。目覚めることが努力を必要としない純粋な喜びであるよう、リラックスしてありのままの自分でいて欲しいのです。これを本で実践するのは簡単ではありませんが、ぜひトライしてみたいと思います。

私たちはめぐり会うさまざまなアイディアをかき集めながら人生に向き合います。この本に記されたアイディアが今のあなたの生き方と調和するか否かが、この先の冒険の心地良さを決めるはずです。ですので、いくつかのことを事前に伝えておきましょう。

この冒険の旅は、生きることにワンダー（Wonder）することからスタートしますが、人生がワンダフル（Wonder-ful）、つまりすばらしさに満ちているとは感じられない瞬間が多々あることも重々承知しています。もし今、あなたが辛い時を過ごしているのであれば（誰であってもこうした経験を避けることはできません）、この先に書かれた内容があなたより幸せな日々を過ごす人間のまくしたてる人生讃歌ではないことをわかっておいてください。

私たちは生きることについて現実的である必要があります。目覚めの冒険をするのであれば、悲しみ、迷い、怒り、苦しみ、囚《とら》われ、孤独を孕んだ生きることの暗闇にも足を踏み入れなければいけません。そこに足を踏み入れなければ自由になることはできないからです。

今回、目覚めに初めて触れるのであれば、「わぉ！」の深さに触れるにあたってスピリチュアルな経験をしたことがあるかどうかは関係ないことを伝えておきましょう。既成概念に縛られないのでむしろメリットであるかもしれません。

あなたがこれまでスピリチュアルな探究を続けてきたのなら、この本に記されたアイディアが新鮮なワンダーをもたらして目覚めを手助けすることを願っています。また、この本にはよくあるスピリチュアルな教えとは異なるアイディアが含まれていることを予め知っておいてください。スピリチュアリティへの新しいアプローチを明確に提示するため、時として批判しなければいけない場面もあるのです。

目覚めについて頭では理解したものの、まだ経験していないという人もいるかもしれません。私のリトリートの参加者にもこうした人がたくさんいます。知的な理解は大きな助けになりますが、「わぉ！」を経験するためには思考を超えなければいけません。

この本では実際に「わぉ！」を経験する手助けをするために、全編を通じて神秘体験に深く入るための実際に行うワークを紹介します。時折立ち止まってこのワークを試してみてください。さもなければ本を閉じる時、あなたの前には山のような言葉しか残らないことになってしまいます。

目覚めについて疑っている人もいるかもしれません。怪しい言葉がたくさん書かれた本を読み始めてしまったと思っていますか？　もしそうならそれは良いことです。私は疑問を投げかける人が好きです。それに、もしすべてに対して徹底的に懐疑的なら、脳はポンと開け、神秘のただ中を舞っているはずですから、あなたはそこまで懐疑的ではないはずです。

スピリチュアルな本には非合理的で意味を成さないことがたくさん書かれていますから、目覚めについてあなたが懐疑的なのもよくわかります。私は合理的であることを大切にしています。合理性とはつまり特定のものの見方を採用するにあたって相当の理由があるということです。考えが興味をそそるものであるならば、私はしっかりと考えることが大好きです。

あなたが物事を科学的に捉えることに慣れているなら、私も科学に大きな興味を持っていることを伝えておきましょう。この科学の時代において、科学的発見と整合性の取れたスピリチュアリティを形づくることが肝要です。スピリチュアリティと科学との関係性はこの本のテーマのひとつでもあります。

もし、あなたが感受性の強い人であるならば、私もそうであることを知っておいてください。私は自分を哲学者と呼んでいますが、私にとってのスピリチュアルな冒険は、本質においては愛にまつわる冒険です。冒険の途中、やっかいな哲学の山を超えなければいけないこともあるかもしれませんが、そうしてこそ生きることの中心へと辿り着くことができます。ハートを開くためには精神《マインド》を澄んだ状態にする必要があるのです。

あなたがどんな人であれ、この本で出会う冒険があなたに多くをもたらすことを願っています。この冒険の旅に出るにあたって真に必要なのは、生きることにワンダーすること、つまり興味を持って自らを開き、冒険者であろうとすること、ただそれだけです。私にとって冒険者とは、前人未到の行き方が知られていない場所へ旅をする者のこと。私たちはそんな場所に辿り着こうとしています。これは冒険者のための本。あなたが冒険者なら、ようこそベースキャンプへ！

大いなる冒険の旅は、今、ここに幕を開けます。

第3章

目覚めにまつわる新しい言葉

この章では、新たな〝目覚めへのアプローチ〟をわかりやすく伝えるために使用する用語を紹介します。私たちの冒険がこの先どこへ向かうのか、そのヒントを伝えるため、まるで本編で用いられるテーマを演奏するオペラの序章のようにいくつかのアイディアを分かち合いましょう。最初からすべてを理解する必要はありません。ここでは、あなたにいくつかの種を植えたいのです。

私は、過去四十年にわたり世界各地のスピリチュアルな教えを学び、それらに関する本を書いてきました。目覚めへのさまざまなアプローチは私自身に深い影響を与え、目まぐるしく展開する人生において道を開いてくれた偉大な先人たちには心から感謝をしています。

道教が語るシンプルな自然観、禅の焼けるような直接性、スーフィーにおける眩いばかりの献身、アドヴァイタ・ヴェーダンタ（不二一元論）の哲学的深さ、キリスト教における愛の広がり、カバラにおける秘儀的叡智《えいち》、シャーマニズムにおける魔術的な大地とのつながり。これらすべての、そしてこれら以外のさまざまな教えと、それぞれの形で触れ合ってきました。私は世界各地のさまざまな教えに触れて叡智を引き出したいと考えているため、特定の教えに帰依することをしていません。

近年私は、新たな〝目覚めの哲学〟をまとめる試みを続けています。他のすべてと同じくスピリチュアリティもまた生きたものであろうとするのならば、進化を遂げ続けなければいけないはずです。ですので、これまでに学んださまざまな教えの深みを宿しながら、目覚めの過程において私自身が経験したデッドエンドを回避する、新たな〝スピリチュアリティに対するアプローチ〟を生み出してはどうかと閃いたのです。

こうした経緯もあり、「わぉ！」へ辿り着くための新たな方法を編み出すにあたっていくつかのキーワードを準備しました。どのような経験をするかは考え方に条件づけられますから、どういった概念を使用するかが鍵になります。「わぉ！」は言葉を超えた経験ですが、私たちが目覚めの冒険にどのように触れるかは言葉選びに大きく影響されるのです。

私は世界各地のスピリチュアルな教えを心より愛しており、今日に至るまで語り伝えられた大いなる財産であるこれらの叡智に心より敬服しています。しかし同時に、古くからの教えにおいて使用される用語は賞味期限をとうに過ぎているため、時としておかしな響きを伴うのもまた事実であると指摘しなければいけません。ですので、「わぉ！」に出会う方法を探究するにあたり、新しい概念、新しいキーワードを用意することにしました。永遠のスピリチュアルな洞察に新鮮な光を当てる明確な概念、今日の言葉で伝える生きた概念、私自身が経験した目覚めを的確に反映する真実に満ちた概念です。

「わぉ！」とワンダーするためのいくつかの方法

この章では目覚めにまつわる新しいキーワードを分かち合います。「神秘体験」、「わぉ！」についてはすでに説明しました。しっくり来る表現であることを願っています。ここでさらに目覚めを表現する際に使用するいくつかの言葉を紹介しましょう。これらは言葉で示すことのできない目覚めを、違った角度から指し示す標識のようなもの。標識を読んで、それがどこを指しているのか感じ取ってみてください。

深い神秘（Deep Mystery）

人生を大いなる海として捉えることは大きなヒントになります。生きることの表面にだけ意識が向いている時、私たちはそれが何であるかを把握していると感じながら日々を過ごします。しかし、物事の水面下、つまり生きることの深遠にひとたび手を伸ばすと、私たちはたちまち深い神秘に浸されるのです。

深い神秘は、「火星に生命は存在するか?」といった、いつの日か解決される謎とは異なります。深い神秘は存在の究極の神秘。それはまず初めにある神秘であり、宇宙はそこに存在し、それについて考えるために私とあなたはこうして出会っています。私たちはこの偉大な神秘に生き、呼吸をし、存在しています。そしてこの深い神秘に意識的である時、神秘体験は自ずと立ち上《のぼ》ります。

深い目覚め（Deep Awake）

物事の表面を漂う時、生きることの経験は薄く浅いものとして感じられますが、神秘の深さを知ることで生きることへの感謝と理解は深まり、私たちは深く目覚めた状態に入ります。目が覚めている状態からさらに目が覚めるのです。

通常、私たちは表面的にしか目覚めていませんが、深い神秘を意識することで深く目覚めることができます。スピリチュアルな文脈において、このような目覚めた状態は「悟り(Enlightment)」とも表現されます。それは内側から照らされる(Lighten)ような経験です。

しかしながら、すべてを手放して洞窟に暮らすことを選んだ人だけが手にすることのできる究極のスピリチュアルな到達点として捉えられることが多いため、この本ではこの言葉は使いません。私やあなた、そして誰もが経験できるのですから、用語の選択において悟りという言葉がもたらす誤解を考慮し、本書では「深い目覚め」という表現を用います。

深く知る(Deep Knowing)

逆説的ですが、深く目覚め、深い神秘に浸される時、私は何かを知っています。これは「何かについて特定の情報を知っている」といった通常の〝知っている〟とは意味合いを異にします。それよりもずっと深い知なのです。ここでは「深く知る」と名づけることにします。

西洋のスピリチュアルな教えにおいて、深く知ることは「グノーシス」と呼ばれてきました。グノーシスとは物事の本質を直接的に知ること。これは生きることの大きな問いに対する大きな答えです。この答えは言葉の集合体ではなく、直接的な気づきであって概念に媒介されません。

それは、あなたが手にしてきたものの中で最も深い、考えなき考えです。

深く知ると、表面上はどうであっても人生は常に良いものであるという確信がもたらされ、生きることの経験を変えます。深く目覚めている時、私は根源的にはすべてが良いのだという揺ぎのない信念を持っています。物事が表面上ごたついていても、生きることの深みにおいて存在することの根源的な喜びを経験しています。

深い自己（Deep Self）

深く目覚めている時、私は生きることの表層に現れる一個人以上の存在です。アイデンティティにはより深い層があり、私はそれを「深い自己」と呼びます。生活の表面を漂う時は深い自己を意識していませんが、それはいつでもそこに、永遠に、つまり常にここにあり、表面的な個人としての自分の変わり続ける物語を静かに見つめています。

表層における私は私自身がそれとして現れている者です。ここで私は「ティム」として表現されます。一方、深い自己は、「私は在る（I am）」……私の神秘的本質……言葉では言い表せないスピリット……赤裸々な「存在」です。最も深い自己に気づく時、私は他のすべてとひとつであると知ります。分離した私とあなたは、存在という名の大きな海におけるそれぞれの波であると知るのです。

宇宙のビジョン（Universe Vision）

生きることの表面だけでなくその深さも意識する時、私は「宇宙のビジョン」を経験します。宇宙、つまりユニバース（Universe）という言葉はラテン語の Universus を語源とし、「すべてが一緒」、「ひとつに統合された」という意味を持ちます。宇宙のビジョンは本質的にはすべてがひとつであるという深い認識です。

この「ひとつ」は味気のない一枚岩のような「ひとつ」ではありません。それはひとつでありながら多様な宇宙の深遠なる経験。海における波のように、生きることの表面においてはすべてが分離されながらも、奥底においてはすべてがひとつであると知ることです。

宇宙のビジョンを経験する時、私は人生におけるさまざまな変化をひとつの神秘的本質による表現として捉えます。生きることにおいて分離しながらも分離していないことを理解します。表面において私は分離した個人として現れますが、アイデンティティの奥底ではすべてとともにひとつです。

深い愛（Deep Love）

本質的にすべてとひとつであると知る時、すべてを抱く愛とでも呼ぶべき生きることとの深いつながりを感じます。キリスト教徒はこれをアガペーとし、仏教徒はこれを慈悲と呼びます。深い自己を深く知る際に立ち上る感覚であるため、本書では「深い愛」と呼ぶことにします。別の著作において、私はこれを「大いなる愛」と名づけました。この愛はとてつもなく大きいのです。

愛は感覚の言葉であり、私の大好きな言葉です。深い愛は私の体の内へ広がるとても美しい感覚で、この感覚は表面的な分離した自分と、奥深くでひとつである自分の両方を同時に意識する時に立ち上ります。

分離した状態を通じて本質的にはひとつであることを経験するのが愛です。誰かを愛する時、私たちはその喜びと悲しみを分かち合います。お互いが分かたれていることと、分かたれていないこと、そのどちらをも感じています。それはお互いのつながりの親密な深さに気づくすばらしい感覚です。

同じように、深い愛において私はすべての生とのつながりの親密なる深さを意識し、生きとし生けるものを愛していると知ります。すべての物事、すべての人々と分かたれながらも、分かたれてはいないのだと知る時、私はすべての物事、すべての人々を愛していると知ります。これももちろん、とてもすばらしい感覚です。

肉体的な生きる感覚（Sensual Aliveness）

目覚めることは大きな喜びに満ちていますが、古くからのスピリチュアルな教えは喜びについて敢えて沈黙を保つことが多いようです。喜びはすばらしい感覚ですから、伝統的な教えの多くが喜びをその要素として認めようとしないのはおかしなことです。私は喜ぶことが大好きですが、表面的にしか目覚めていない時、私たちは部分的に無感覚な状態にあるため、喜びは一部しか伝わって来ません。

一方、深く目覚めている時、私は生きることの喜びをどこまでも味わいます。不思議に満ちたこの世界において、見るもの、聞くもの、触れるもののすべてに心から驚きます。体は生きることの美しさに目覚め、呼吸は味わい深く感じられ、地面に置かれた足もまた言葉にできないほどの喜びの感覚を与えてくれます。生きることそのものが「わぉ！」で、私は踊り出したくなります。

目覚めは肉体から切り離された悟りの経験ではありません。それは肉体的に生きる感覚を経験することです。深く目覚めている時、私は存在することの愛を本能的に感じ、それは皮膚に包まれた体と呼ばれる神経、肉、骨へと浸透します。すばらしい肉体！　これは誰もがすべき経験です。

生き生きとした状態（Enlivenment）

静けさに隠遁《いんとん》し、欲望を持たない受け身の生活をすることで目覚めに至るとする教えもあります。けれど、私が伝えようとしていることはこれとは少々異なります。深く目覚めている時、私は「生き生きとした状態」と呼ぶ情熱的な状態に入ります。その状態にあって私は力強く、今ここにあり、その瞬間を心より愛しています。

生き生きとした状態にある時、私は生きることの熱狂に満たされ、目の前にあるさまざまな挑戦に積極的に関わりたいと願います。人生をさらに魅力的にする流れは自然と起こり、私はインスピレーションを得てクリエイティブになり、最上の状態にあります。ありふれた生活はすばらしいものに姿を変えます。いつもの世界がワンダーランドに姿を変えるのです。

生きることの恋人（Lover of Life）

「わぉ！」はこの上ない経験ですが、その経験はただそこに留まるのでなく、「生きることの恋人」としての新たな生き方へと道を開いてくれます。第2章ですでにこのアイディアを紹介しましたが、生きることの恋人になることについてさらにお伝えしましょう。この本における冒険があなたをどこへ導くのかを垣間見てください。

生きることと恋愛をしているからといって、人生はすばらしいと常に感じるわけではありません。それは生きることをそのまま、まるごと、愛することです。良いこと、悪いことのどちらをも抱きしめるのです。人生の騒乱を情熱的に楽しみ、寛容に耐え、それらを通じて愛することを学ぶのです。「わぉ！」に目覚めるのはすばらしい感覚ですが、それはただ単に心地良い感覚ではありません。深く愛することは、時として深く苦しむことでもあります。

昨年、私の父が発作で亡くなりました。死に向かう八ヶ月間、父は片腕しか動かすことができず、床に伏したまま「助けてくれ、助けてくれ」とつぶやいていました。今でも父を心より愛していますから、心が砕ける思いでした。深く目覚めていてもこうした悲しみは訪れます。私は悲しみを避けたいとは思いません。父とともに苦しみたかった。辛い状況にあって、父のすぐ側にいたかったのです。

私にとって目覚めとは、いくつかの教えが諭すような苦しみの超越ではありません。目覚めることで私は愛に支えられ、意志をもって苦しもうとします。そうする時、心を痛めることもまた意味を得て、強く心に響き、美しく輝きます。死の床にある父とともに苦しむ中、そこには深いつながりを感じるかけがえのない瞬間がいくつもありました。ほろ苦さは甘美さでもあり、深い痛みは私を生きることの深遠へと連れ去りました。私のハートは砕かれ、そしてそこには愛が注がれたのです。

しっかりと耳を傾けると、生きることの「わぉ！」はさまざまな音色で奏でられていることがわかります。喜びに満ちた恍惚の「わぉ！」もあれば、じっと耐える悲しみの「わぉ！」もあります。興奮に溢れた希望の「わぉ！」もあれば、落胆に嘆く「わぉ！」もあります。親しみの温かさがほとばしる「わぉ！」もあれば、胸を貫くような喪失の「わぉ！」もあります。生きることの音楽は長調で奏でられることもあれば短調で奏でられることもあり、私はそのどちらにもかき立てられます。

「わぉ！」の経験をしたことはありますか？

あなたにも、ここまでに記したいずれかの形で「わぉ！」の経験をした瞬間があるのではないでしょうか？ 私たちの多くは、ある瞬間、生きることの表面をそれとして知り、神秘の深みへと飛び込みます。生まれたばかりの子どもを抱き上げる時、美しい音楽を聴く時、奥深い会話を交わす時、死に直面した時、失敗して落ち込む時、精神的に困憊《こんぱい》し葛藤する時、こうした瞬間が訪れることもあります。いつでも起こり得ます。そう、まさに今、起こることだってあるのです。

第4章

ワンダーする——「わぉ！」のワーク

神秘体験の旅は、経験による冒険の旅。この章ではワンダーすることで「わぉ！」に触れてみてください。

本書ではこの先も、神秘体験に潜るためにさまざまな「わぉ！」のワークを紹介します。

ここまで、目覚めへのアプローチとその際に使用する用語を説明してきました。ここでは、目覚めの状態が自ずと立ち上《のぼ》るシンプルなワークを紹介します。これは神秘体験の第一歩。手順はとてもシンプルです。

ワンダーして、意識の状態に何が起こるかを観察してみてください。

ワンダーの瞬間を、今すぐ経験してください。

物事をありのまま、完璧に神秘的で、奇跡的であると捉えてください。

ワンダーの瞬間

イギリス人劇作家デニス・ポッター（訳注：一九三五〜一九九四）は、癌で亡くなる直前に行われた感動的なインタビューで死に直面しながらも湧き起こるワンダーを分かち合ってくれました。彼のメッセージを受け取ってください。

西側ではすでに花々が満開の季節を迎えていてね。梅の木なんだよ。林檎の花のように見えるけど、梅の花は白いからね。「きれいな花だ」なんて言わずに、じっと見つめていたんだ。先週、執筆をしながら窓越しに梅の花を眺めていると、それが今まで見たどんな花よりも、白く、儚《はかな》く、めいっぱい咲いていることが見て取れた。そうわかったんだ。かつてなく些細でありながら、かつてなく重要で、そして些細か重要かなど、どうでもよいように見えた。

すべての物事の、今この瞬間は実にすばらしく、それが見えれば、わかるはずだ。あなたに言葉で伝えることはできない。そのすばらしさ、心地良さ、確信……誰かを確信させたいわけではないのだから、そんなことはどうでもいい。それは経験しなければいけない。今この瞬間を知ることができれば、わかるかい、祝福できるんだよ。

生きることは「わぉ！」であり、デニス・ポッターは死の床にあってそれを理解していました。だからといって、死に直面するまで待たなければいけないわけではありません。あなたがあなた自身を開きさえすれば、今が「わぉ！」の瞬間です。時間を取って、心からワンダーしてみてください。アメリカ人作家レイ・ブラッドベリ（訳注：一九二〇〜二〇一二）はこう言っています。

目をワンダーで満たし、残り十秒で死んでしまうかのように生きろ。世界を見ろ。それは工場でお金を掛けてつくられたどんな夢よりすばらしい。

今この瞬間の「わぉ！」

生きることの「わぉ！」に、今、自分を開いてください。

音楽や芸術を喜びとともに受け取り、ビートを感じ、リズムに踊り、理論と同じように詩に真実を見出す、あなたの奥深くにある秘密の場所に意識を向けます。

ワンダーすることに深く潜ると、世界がキラキラし始めます。

生きることがどれだけすばらしいかを知る時、とても強い感謝の念が押し寄せます。

この神秘を理解することが不可能であると知る時、強い謙遜の気持ちが湧き起こります。

それは私をワンダーさせる

ペンシルヴェニアには「○○は私をワンダーさせる（It wonders me）」という特有の言い回しがあります。生きることは私たちをどこまでもワンダーさせるので、これは実にすばらしい表現です。さぁ、私と一緒にワンダーしましょう。

世界が豊かで鮮明であることが、私をワンダーさせます。

宇宙が広大でありながら美しいディテールに溢れていることが、私をワンダーさせます。

ここに生き、この価値ある瞬間を経験していることが、私をワンダーさせます。

考え、感じ、想像できることが、私をワンダーさせます。

あなたがあなたで、私が私であることが、私をワンダーさせます。

ただ存在することの心地良さが、私をワンダーさせます。

存在することをどれだけ愛しているのか忘れてしまえることが、私をワンダーさせます。

あなたもワンダーしていますか？

生きることの奇跡

ここで、ワンダーの達人、ウォルト・ホイットマンの力強い詩を読んでみてください。『奇跡』と題されたこの詩は、ワンダーに満ち、「わぉ！」を直接的に指し示しています。ホイットマンが伝えるビジョンをしっかりと共有するため、声に出して朗読し、新しい目で世界を見つめてみてください。では、試してみてください！

何を与えよう？　どれが私の奇跡なのか？
現実主義は私のもの――奇跡、自由に手にすること、
終わりなく手にし、私はあなたに与える、
あなたの足があなたをどこへ運ぼうと、あなたの目が何に届こうと。
なぜ！　誰が奇跡に構うのか？
私は奇跡しか知らない、

マンハッタンの通りを歩いている時、
空に向かって伸びる家々の屋根を眺めている時、
波打ち際を素足で歩いている時、
森で木陰に立つ時、
愛する人と一日中語らう時――愛する人と夜共に眠る時、
母と夕食のテーブルに着く時、
反対車線で車を走らせる人を見る時、
夏の午前中、ミツバチが巣の周りを忙しく飛び回る時、
野原で動物たちが食物を摂る時、
鳥――あたりを漂う虫たちのすばらしさ、
日が沈み――星が静かに眩く輝くことのすばらしさ、
春の三日月の繊細で美しい曲線、
私が好きで、私を好きな職人、ボートマン、農家の人々と共にある時、
サヴァンに、夜会に、オペラにいる時、
立って機械の動きを見る時、
スポーツをする子どもたちを見守る時、

年老いた男、年老いた女の、敬意を払うべき姿、
病院で病む者、埋葬される死体、
ガラスに映った私の目と姿、
これら、そしてそれ以外の、一つひとつ、そしてすべてが奇跡、
全体が何かを指し示し、けれどそれぞれに違って、それぞれの場所にある。
光と闇のすべての時間は、私にとって奇跡、
空間におけるあらゆる場所もまた奇跡、
地球の表面のあらゆる場所は同じものが広がり、
内にある足たちは、同じようにうごめいている。
あらゆる先の尖った草、男の、そして女の骨格、あばら骨、内臓は彼らを思い、
私にとってはこれらのすべてが、完璧に奇跡的だ。
海は、連続する奇跡、
そこに泳ぐ魚、岩、波の動き、船、それに乗る男、
そこには、どんな見知らぬ奇跡があるのだ？

第5章
超論理思考

本書で伝えたいのは、生きることに驚き、ワンダーすることだけではありません。生きることとは何なのか、新たな視点を哲学的にワンダーすることもまた本書のテーマです。

この章では、スピリチュアルな哲学を形づくる新しい考え方を説明します。これまでの章と比べて理解に知性が必要となるかもしれません。

目覚めにまつわる一連の用語を紹介したところで、アイディアがつまったバッグに新たな考えをひとつ投げ込みます。私はこれを「超論理思考《パラロジカル》」と呼んでいます。これは「わぉ！」についてではなく、生きることを捉える際に用いる概念です。

超論理思考は初め抽象的に聞こえるかもしれませんが、さまざまな事柄を内包する実用性を兼ね備えています。生きることの深みについての理解を切り拓き、神秘体験への目覚めを妨げるさまざまな障害を取り除いてくれます。本書を通じてこの考え方を用いますので、ここで超論理思考とは何なのかを説明しておきましょう。

生きることは矛盾に満ちています。超論理思考の必要性は、この重要な洞察から発芽します。表面においては分離の世界を生きながら、奥深くではすべてとひとつであるという矛盾はすでにお伝えしました。こうしたスピリチュアルな矛盾は絵空事のように聞こえるかもしれません。ですので、超論理思考を用いてスピリチュアリティの洞察に新たな光を照らす前に、矛盾についての見解を厳格な科学にもとづく経験的見地へと着地させておきましょう。

波動説と粒子説の矛盾

生きることの深みを示唆《しさ》する科学的発見における矛盾をひとつ取り上げたいと思います。物理学者は光に関する研究を進める中、驚異的な発見をしました。ある特定の方法で実験すると光は粒子から成るように観察されるのですが、他の方法で実験をするとそれは波動として観察されるというのです。

光は波動なのでしょうか？　それとも粒子なのでしょうか？　量子力学によれば、同時に両方なのです。私たちがどのように見るかによって、光は波動としても、粒子としても捉えることができます。物理学者はこれを「粒子と波動の二重性」と呼びます。

簡単に理解できる内容ではありませんから混乱しても無理はありません。混乱に満ちたアイディアなのだから混乱すべきなのです。量子力学の生みの親であるデンマーク人物理学者ニールス・ボーア（訳注：一八八五〜一九六二）の有名な言葉があります。

ふらつくことなく量子論を語ることができると考えているのなら、あなたはその第一歩すら理解していない。

「どちらも／そして」のすばらしさ

量子力学者たちは、深いレベルにおいては現実とはそもそも矛盾に満ちたものであることが理解されなければならないことを見つけました。この発見が内包する可能性はとてつもなく大きなものです。一般的には矛盾は非論理的であるとされるため、生きることの深い神秘を理論によって捉えることはできません。矛盾を内包する思考が必要なのです。私たちは論理を超えてパラロジカルに考えなければいけません。

偉大な心理学者カール・ユング（訳注：一八七五～一九六一）は、「物惜しみする『どちらか／もしくは』、栄光なる『どちらも／そして』」と表現し、これらの概念の対比を試みました。論理的思考と超論理思考を区別する実にわかりやすい表現です。

論理的思考は「どちらか／もしくは」の思考。

超論理思考は「どちらも／そして」の思考。

論理的思考は光は波動か粒子のどちらかであるとします。どちらもであることは許されません。超論理思考は生きることはそもそも矛盾に満ちていると知っていますから、光は波動と粒子のどちらでもあるとします。ニールス・ボーアはこのように説明しています。

取るに足りない真と大いなる真がある。取るに足りない真の対局は明らかな偽であるが、大いなる真の対局は、それもまた真なのだ。

これは論理的思考と超論理思考の違いを語ったすばらしい言葉です。ニールス・ボーアは些細な真に向き合っているのか大いなる真に向き合っているのかによって、異なるアプローチを取ることが肝要であるとします。生きることの表面にのみ向き合うのであれば、論理的思考は完璧です。けれど、物事の深みを理解しようとするのならば、敢えて矛盾を孕んだ考え方をしなければいけません。

論理的思考は、それが正しいか、さもなければ間違っているという想定にもとづいているため、論理的正解の対局は明らかな不正解でしかない。

超論理思考は、生きることは深い層において矛盾を孕んでいるという気づきにもとづいているため、論理を超えた真の対局もまた真なのである。

パラドキシティ

哲学的概念の本棚に、超論理思考をよりよく理解するためのアイディアをさらにひとつ加えましょう。「パラドキシティ」と呼ばれる考えです。論理を超えて考える時、私たちはやがてパラドキシティに出会います。異なるふたつの側面から同時に何かを見つめる時、私たちはそのもののパラドキシティに気づきます。実験の方法によってそれが波として現れることもあれば粒子として現れることもあるという事実は、光のパラドキシティです。

「これ」と「あれ」のどちらかが正しいと決める時、私たちは論理的な思案をまとめあげます。状況の矛盾を掴《つか》み取り、ふたつの側面がどちらも正であるとする時、私たちは論理を超えた思案をまとめあげます。

よく使われる「パラドックス」と言う言葉がもたらすだろう混乱を避けるため、ここでは敢えて「パラドキシティ」という言葉を用います。論理的な観点から言えば、パラドックスは解決されるべき問題。一方、論理を超えた視点から言うと、パラドックスは答えであることがわかります。超論理思考により、私たちは矛盾を抱きしめることができます。矛盾を避けようとせず、そのもののパラドキシティを理解するのです。ニールス・ボーアはこう言いました。

こうして矛盾と出会えたのは実にすばらしい。進歩への光が見えてきた。

論理を超えたビジョン

超論理思考の価値を知ってもらうために簡単な比喩をひとつ。人間がキュクロプスのように額のまん中にある大きなひとつ目で世界を見ず、こうしてふたつの目で世界を見ているのは興味深い事実です。目がひとつしかなければ世界は平坦に感じられることでしょう。ふたつの目で世界を見ることで、私たちはその奥行きを感じることができます。

論理的な「どちらか／もしくは」の思考は、ひとつの目で世界を見ること。

論理を超えた「どちらも／そして」の思考は、ふたつの目で世界を見ること。

論理を超えて考える時、私たちはふたつの補完し合う観点から物事を見つめており、そうすることが生きることの理解に奥行きを与えます。

目の前に広がる世界を見つめる時、左右の目が見ている内容は異なりますが、それらは奥行きのある現実のビジョンとしてひとつに統合されます。同じように、論理を超えて考える時、私たちはお互いを補完し合う異なる方法で物事を見つめ、ひとつの奥行きのある現実のビジョンをつくりあげます。

「どちらか／もしくは」の理解で生きることの深みを理解しようとする人々と哲学談義を交わす時、彼らの意見に矛盾を抱えながらも賛成し、同時に彼らが真実の半分を見過ごしていると感じます。そんな時私は、偉大なニールス・ボーアのこの言葉を引用するのです。

いや、いや、あなたは考えていない。ただ論理的なだけだ。

最初の矛盾

ニールス・ボーアは実に興味深い人物です。科学史において最も影響力のある科学者のひとりでノーベル物理学賞の受賞者でありながら、自身の紋章をデザインした際に中国に古くから伝わるスピリチュアル・シンボルを施したというユニークな逸話を持っています。「陰陽」として知られるこのシンボルは厳密には「太極図」と呼ばれ、「最高の究極の図形」という意味を持ちます。これからはこの図形に沿って生きることができますね！

太極図は現実の本質的矛盾を象徴的に示します。古くからの道教の教えにもとづき、現実は陰と陽の両極からなることを白と黒のオタマジャクシのような図形で表現しています。陰と陽は矛盾しながらも共存してお互いを補い合う相反する要素であり、このためオタマジャクシの中にはそれぞれ反対の色で小さな円が描かれています。

ニールス・ボーアは物理学に向き合う中、陰と陽のシンボルが現実の矛盾を巧みに捉えていると感じるに至りました。彼は自身の紋章に次のラテン語を添え、このシンボルの意味するところをよりわかりやすいものにしています。

Contraria sunt complementa.
相反するものは、お互いを補い合う。

多くの偉大な哲学者たちもまたこの考えを重視し、これはしばしば、Coinsidentia oppositorum（対極の統合）と呼ばれてきました。存在とは根源的ワンネスから生まれたお互いを補完し合う対極だとする考えです。量子力学のもうひとりの生みの親ヴェルナー・ハイゼンベルグ（訳注：一九〇一～一九七六）は存在の根源的矛盾を次のように表現しました。

統合と補完が、現実を築き上げる。

補完する見方

あなたが用心して「ちょっと待って！」と言うのが聞こえてきます。いや、これはあなたの声ではないのかもしれません。私の哲学談義の相手が問題を提議しようとしているのかもしれません。周りから「頭のいいディック」と呼ばれている彼は、私の哲学的空想が知性に適ったものであるようにたくさんの質問を投げかけてくれます。

ティム：ディック、会えてよかったよ。哲学談義をするために現れたの？

ディック：そうだよ。君が言っていることが心配になってね。だって、相反する物事を信じていたら、ごちゃごちゃになってしまうだろう？

ティム：論理を超えて考えることが相反するとは限らない。量子力学も光を理解するためには、ふたつの見方を同時にして、それを波動と粒子の両方として捉える必要があると言っている。ふたつの見方が相反するように見えるとしても、実際はお互いがお互いを補完し合っていると理解することが大切なんだ。

ディック：何で？

ティム：ある方法で実験すると光は粒子として現れる。別の方法で実験すると光は波動として現れる。同じ方法ではなく別の方法で見ているのだから、これは相反しているのではなくて、パラドキシティであると言えるんだ。

ディック：もし、光は波動であり粒子であると言うなら、それは論理的に矛盾することになる。けれど、見方によって波動でもあり粒子でもあると言うならば……それはパラドキシティになる。

ティム：その通り。超論理思考は、お互いを補完し合う異なる視点から現実を理解することを意味しているんだ。

ディック：うーん、でも、論理的思考の方が人生に向き合うには合っているような気がするなぁ。物事がはっきりするし、論理性なしでは迷ってしまうよ。僕たちはもっと現実的になった方がよいのではないかな？

ティム：そうだね。論理的に考えることはとても大切。でも、生きることはそもそも矛盾を孕んでいるのだから、どちらの考え方も大切だよね。

ディック：それって一体どう言う意味？

ティム：科学者が現実を理解するためにふたつの異なる物理学を用いていることを見れば、僕の言っていることがわかるはずだ。科学者たちはニュートン力学と量子力学を別個のものとして捉えている。それらはまったく違うものだからね。日常生活に向き合う時、ニュートン力学の論理的な物理の法則は役に立つよ。けれど、物事の性質の深みに分け入るのであれば、ニュートン力学とはまったく相容れない量子力学の矛盾を孕んだ洞察が必要になる。

ディック：矛盾しているね。

ティム：「どちらか／もしくは」の思考は毎日を生き抜くにはとても有益だけれど、生きることの深みを理解しようとするならそれは有効ではない。だから、論理を超えた「どちらも／そして」の思考も必要なんだ。

ディック：何となくわかったけど、混乱しているなぁ。あ、僕まで矛盾したこと言ってる！

ティム：心配しないで。この本を通じて、この超論理思考をさまざまな局面に当てはめてみるから、腑に落ちると思うよ。

メッセージの本質

この章のメッセージの本質は掴みにくいものなので、ここにまとめてみましょう。

現実は、根本的に矛盾を孕んでいます。

このため、「どちらか／もしくは」の思考では、現実の深みを捉えることはできません。

見方によって「これ」でありながら「あれ」でもあり得る、超論理思考が必要になります。

超論理思考によって、物事を対極にある、けれどお互いを補完し合うふたつの視点から同時に見つめると、観察されているもののパラドキシティに辿り着きます。

論理的思考か、超論理思考か、どちらかを選ばなければいけないのではありません。どちらも生きることを理解する手助けをしてくれます。

生きることの表面に向き合うには論理的思考を、生きることの深遠に触れるには超論理思考を用いる必要があります。

ふたつの目を開いて現実を受け入れる時、奥行きを持って現実を捉えることができます。

第1部
深い神秘への旅

第6章

物事は見た目と違う

この章では、存在することの深い神秘を見つめます。生きることがいかに神秘に満ちているかを知ると、神秘体験が立ち上るようになります。宇宙は矛盾に満ちた大いなる謎であると教えてくれる科学の発見に触れながら、この章の冒険をスタートしましょう。

スピリチュアリティの探究者たちは、何千年にもわたり「現実は見た目とは違う」という大胆な主張を続けてきました。表面的な現れの下に、現実の深い層が横たわっているとしたのです。そしてここ数世紀の間、科学的見地から現実を探究する人々が、この主張が正しいことを証明しました。物事の表層下を覗くことで、現実は私たちがそれとして知るよりもずっとすばらしいものであるとわかるのです。パラドキシティによってこれを説明することができます。

宇宙に関する科学的見解に触れ、生きることに関する既成概念に対峙してみましょう。神秘体験へ飛び込むには、最も初歩的な想定に疑問を投げかけなければいけません。奥行きをもって生きることを捉えるために、新たな方法で考えなければいけないのです。

科学の世界が明らかにすることは「わぉ！」に満ち溢れているため、科学の発見を思索することもまた、スピリチュアルな洞察を思索するのと同じように私を目覚めさせてくれます。では、私たちがよく知っているパラドキシティを通じて、現実のすばらしさを垣間見てみましょう。

地球と太陽

人類はその歴史の大半において、地球は静止しており、その周りを太陽が回っていると考えていました。実際、私たちにはそのように見えますし、このように捉えることは大いに役立ちます。だからこそ一日の始まりと終わりを、日の出、日の入りによって語るのです。

やがて人類は、地球という球体が軌道を描いて太陽の周りを回っていることを発見しました。今となってはごく当たり前の事実ですが、発見された当初は常識を覆す新説で、人々の頭を吹き飛ばすようなセンセーションを巻き起こしました。

私たちの日々の暮らしを基軸にするのなら、太陽は地球の周りを動いています。しかし、科学的見地に立つのなら、地球が太陽の周りを回っています。これは、ある大きな気づきを示唆します。多くの場合、常識にもとづく見方は非常に役立ちますが、生きることの深みへ突き抜けようとするのであれば、驚きを伴う方法で物事を見なければいけないのです。

私はまだここにいる？

私はこの章を書くために一時間、ここに座って準備をしていました。いや、そうだったのでしょうか？　同じコンピューターの前に置かれた同じ椅子に座っていたので、同じ場所であるように感じられますが、私の椅子は太陽の周りを時速十万キロメートルの猛スピードで爆進する、地球という名のボールの引力によって引きつけられています。私は同じ場所にいたのではないのです。一時間前に座っていたところから十万キロ離れたところにいるのです。違うでしょうか？

太陽は銀河系の中心を軸に軌道を描いており、一周するのに二億二千六百万年掛かります。私が今いる場所に前回存在した生物は、パソコンの前に座る人間ではなく、有史以前のジャングルを駆け巡っていた恐竜でした。こうして思索を重ねると、「私は数時間ここにいた」と考えること自体が馬鹿馬鹿しくなってきます。誰も〝ここ〟にはいなかったのです。

これでもパラドックスが感じられないのなら、これはどうでしょう？　〝ここ〟はないのです。アインシュタインは、私たちが考える空間と時間は存在しないことを示しました。アインシュタインが時空と呼ぶ根源的なパラドキシティのふたつの側面として、時間と空間は共存しているのです。つまり、どこにいるかについて述べるには、いつにあるかについても述べなければならず、その逆も然りです。そして、同じ時空に再び舞い戻ることは不可能です。ですから、ある意味私はここにいて、ある意味私は別のところにいます。けれど、実際はここも、そこも、ないのです。何と言うことでしょう！

一と多

現代における科学的理論によると、宇宙は百三十億年前にポンと現れ、無から有が誕生しました。この瞬間、時空が現れ、時間が始まり、空間が生まれました。科学者たちはこの魔法のトリックをビッグ・バンと名づけました。それにしても皮肉に満ちた名前です。ビッグ・バンは微細なものであったはずだし、聞く者がいなかったのだから何の音も立てなかったはずです。

「単一」が爆発し、宇宙が生まれたその時がビッグ・バンです。宇宙のピストルが鳴らされ、私たちがここでこうしてビッグ・バンについて語るに至る進化の幕が切って落とされました。

では、単一とは何でしょう？　それはやがて生の多様性へと進化した根源的ワンネスであると言えます。宇宙の驚くべき複雑さの源である根源的なシンプルさ。すべての可能性を宿した無。パラドキシティに満ちていますから、理解するのは容易でないかもしれません。

ひとつはっきりと言えるのは、もしすべてが単一から生まれたのであれば、本質的にはすべてが単一であるということです。私たちは表面的には、分離の世界において分かたれた個人です。しかし、本質的に言えば宇宙は複雑さへと進化を遂げる単一です。私とあなたはそれ自体を見つめ、それ自体を考え、それ自体に困惑する単一です。このパラドキシティがわかりますか？

理解できないほど大きく、理解できないほど小さい

人類はかつて、地球は宇宙の中心で、昼間は太陽に照らされ、夜は星々の天蓋が空を覆うと考えていました。その頃にも夜空はとてつもなく大きく見えたはずですが、私たちの祖先が理解していた宇宙は、現代における宇宙の理解からすると遥かに小さなものであったはずです。

科学的研究を経て、この万能の太陽は千億以上の星々を湛えた宇宙におけるひとつのちっぽけな天体に過ぎないことが明らかになりました。理解の拡大がいかに大きなものであったか、わかるでしょうか？　そして百年前、私たちは宇宙がさらに大きいことを知りました。宇宙はこの銀

河系の外にも広がっていることが判明したのです。宇宙には実に百億以上の銀河系があるのです。

続いて宇宙が拡大し続けていることが発見され、ビッグ・バンの理論が打ち立てられました。宇宙が理解できないほどに巨大であることを理解することで、それがかつて理解できないほどに小さかったことを知ったのです。無の中心に小さな小さな点が現れ、やがてそれは千億の銀河系にまで広がったのです。これが「わぉ！」でなかったら、何だと言うのでしょう？

どこでもない場所から、すべての場所へ

宇宙はかつてエンドウ豆ほどの大きさであったと科学者たちは言います。もともとはもっと小さかったはずですが、宇宙をエンドウ豆に例えるのも悪くありません。口に放り込んで、すべてを呑み込めそうですね。ごくん！

さて、宇宙はどこからやって来たのでしょう？　どこでもありません。ビッグ・バン以前、空間はありませんでした。時空が現れた瞬間がビッグ・バンです。広がる先の空間がなかったのですから、宇宙が広がっているとどのように捉えることができたのでしょう？　始まりの前には時間がなかったのですから、宇宙が始まっているとどのように感じることができたのでしょう？　頭が痛くなってきましたね。

さらに、もうひとつ。空間が広がっているのであれば、宇宙のどこかにそこでビッグ・バンが

起こり、それを中心にして宇宙が広がっているポイントがあるはずです。けれど、どうやらそうではないのです。ビッグ・バンが空間をつくったのですから。エンドウ豆サイズの空間は、やがて宇宙へと育ちました。宇宙が育ったその大本《おおもと》はどこか一カ所ではなく、あらゆる場所なのです。あなたは宇宙の中心であり、私もまた宇宙の中心なのです。

すべては無である

驚きに満ちたもうひとつのパラドキシティを紹介しましょう。私たちが暮らしている物理的な世界はここにはありません。私が今こうして操作している固体はほとんどが無です。固いものであるように見えているものは、膨大な空《くう》の周りを漂う限りなく小さな原子でしかありません。こうした原子は、想像すらできないほど小さな原子より生ずる粒子から成り、巨大な空《くう》の周りを踊っています。

偉大な物理学者アーサー・エディントン（訳注：一八八二〜一九四四）が言ったように、確固としてここにあるように見える世界のほとんどは「幽玄の空《くう》の空間」です。最新の計算によると、人間が経験する世界の九九・九九九九九九九九九九九九九パーセントが実際には空っぽだそうです。物理学者は物体が何でできているのかという研究を進めてきましたが、それらは何からもできていないことを発見したのです。

今こうして、無はすべてであるように現れています。このパラドキシティを理解できますか？　私は固体としての体を持ち、こうして文章を書いているように見えますが、現実の私はほとんど空っぽです。これは常識を覆す事実です。空《くう》を取り除き、地球上に暮らす七十億の人々の原子より生ずる粒子だけを集めると、米粒ほどの大きさにしかならないのです。この「わぉ！」がわかりますか？

私は何歳なのだろう？

私は、自分自身を「これまでの五十二年間を生きてきたティム」として捉えています。けれど、体内の九八パーセントの原子は毎年入れ替えられていることが科学により証明されています。十年前に私の肉体を構成していた原子は、今の私の体にはひとつも残っていません。私の体は五十二歳ではなく、多く見積もっても十歳です。私は一体何者なのでしょう？　ある意味でこれは同じ体であり、一方でもはや同じ体ではありません。このパラドキシティをどう感じますか？

私たちが見ているものと見ていないもの

私たちは現実を見ることができると考えています。このすばらしい世界に私たちは暮らしています。ですよね？　けれど、科学者たちが物事の性質についての研究を重ねるにつれ、私たちはそのほとんどを理解していないことが明らかになっています。人間の目が知覚することのできる紫から赤へとグラデーションするスペクトラムは、私たちが知覚することのできないより大きな電磁波スペクトラムの一部に過ぎません。

人間の目に見えるスペクトラムをピアノの鍵盤一オクターブ分としてみましょう。その時、鍵盤全体はどれだけの長さになると思いますか？　大きく考えてください。とても大きく考えてください。なぜなら、キーボードは何千キロもの長さになるからです。私たちに見えるのは、その内の一オクターブに過ぎないのです！

私たちは現実を見ていると考えていますが、実際はそのほとんどに気づかずにいます。科学者たちは私たちが物質《マター》として経験するものは、ダークマターやダークエナジーと呼ばれる神秘的なものと比べるとさして重要ではないという判断に辿り着きました。宇宙における五パーセント以下のみが普通の物質でできており、残りの九五パーセントは何でできているのかわからないのです。

抽象と具現

混乱しているのなら、とどめにこれはどうでしょう。物理学者は物理的宇宙を理解するための最善策は数学であるとしました。しかし、物理的世界に数字は存在しません。数字を見たり聞いたり、また、それに触れたりすることはできません。ふたつのリンゴを見ることはできますが、

〝ふたつ〟そのものを見ることはできません。数字は抽象的思考であり、具体的な物体ではありません。物理学は物理的現実についての学問ですが、物理的現実を理解するために物理的には存在しない数字を用いているのです！

自然は法則に従うとするのが科学の中心に横たわる偉大な考えです。しかし、自然の法則は抽象的な数式から成り、数式は自然界には存在していません。アインシュタインの有名な数式$E=MC^2$は、エネルギーと質量との関係性を示していますが、数式そのものはエネルギーでも質量でもできていません。自然の法則は存在しますが、それは自然そのものが存在するのとは別のあり方で存在しています。宇宙は論理を超えた抽象的かつ具体的な現実であることを理解しなければいけません。

観察するものとされるもの

さらに驚くべき事実を紹介しましょう。現実は自然の法則に従う客観的世界であると私たちは考えています。こう捉えることで物事がどのように起こるかを予測することができるとされています。コーヒーカップを落とすと、それは上ではなく下へ落ち、もう一度落としても同じような動きをします。しかし、現実の深い層において客観的現実は意味を成さないため、物事は予測不可能になります。

量子力学の不確定性原理において、原始レベルにおける物理的宇宙は可能性の集合体であるとされます。量子の可能性を〝崩す〟観察者がそこに存在することで、粒子は同時にふたつの場所にあることをやめ、観測し得る世界をつくり出すことを科学者たちは発見しました。

表層において現実は客観性を帯びるように見え、私たちは物事の有り様を予測することができると考えます。一方で、その深みは可能性の領域であり、そこに存在するものは主観的観察者に依っています。アリスが不思議の国《ワンダーランド》で言った「ますます奇妙な」（curiouser and curiouser）とは、まさにこのことなのです。

主観的思考と客観的世界

科学がもたらす宇宙のビジョンは私たちの常識からは遠く離れ、その壮大さに気が遠くなる一方ですが、できる限りの理解を試みましょう。それができるのは私たちが賢さのランプを掲げているからであり、この灯りが言葉では説明できない方法で、とらえどころのない思考を立ち上《のぼ》らせます。

私たちの思考は客観的世界に存在するものではなく、ゆえにとても神秘的です。それらは客観的現実ではなく、あくまで主観です。私たちは客観的世界の神秘について、客観的世界には存在しない主観的思考によって考えているのです。何について考えているのであれ、これは興味深い事実です。

宇宙が想像できないほどに大きいのは事実ですが、私たちの想像力もまた想像できないほどに大きなものです。人間の脳の神経配列の可能性を数字に換算すると、脳に可能な思考は十の七十兆乗パターンあると言われています。観測可能な宇宙における原子の数は十の八十乗であるとされていますから、いかに大きな数字であるかがわかるはずです。新しいやり方で考え始めることで、まったく新しい世界が開けてくるのも不思議ではありません。

相対的な知識と絶対的な神秘

科学の歴史は「実際の現実は私たちが日頃そうであると捉えているものとは異なる」という発見の連続です。私たちが今日そうであると信じていることは明日には変わっていると、科学は伝え続けてきました。科学が伝える現実は日ごとに進化を遂げ、時に私たちの理解に革命を起こしました。

私たちは学べば学ぶほど、神秘の深みを理解します。先人にとって神秘とは目の前に広がる森、浜辺、そして世界の淵でした。知識が増えるにつれ特定の神秘は解決されましたが、私たちはもっと大きな神秘に直面していることを知りました。

いつの日か、宇宙が単一からどのように展開したのかを科学的に証明する日が来たとしても、単一とは一体何だろう、誰が私やあなたがこうして不思議に思うこの宇宙をつくりあげたのだろうという、最も大きな神秘は残されたままであるはずです。

相対的な知識は増え続けますが、深い神秘はここに残され続けます。ゆえに、ここで起こっていることが本当は何であるかを知っているとするのは非常に馬鹿げています。それを理解しようと八十年の人生を過ごすのなら、捉え難く、巨大で、難解で、矛盾を抱えた宇宙と対峙するための四千週間になってしまいます。こうして思索を重ねれば重ねるほど、大いなる現実を前に、ただひたすら謙虚な気持ちになるばかりです。

宇宙は私たちの祖先が想像していたよりも、その大きさにおいて、そしてその有り様の不可思議さにおいて、想像以上に理解し難いものであることが科学によって明らかにされてきました。私たちはどんどん加速しながらより多くを発見していますが、一番大きな問いは残されたままです。生きることとは何でしょう？　私たちは知らないのです！

科学的ビジョンを得る

現代科学のパラドキシティに満ちた発見を通すと、生きることはどのように見えてくるでしょうか？　この章で紐解いた「どちらも／そして」のパラドキシティをもう一度見てみましょう。

私たちは同じ場所に二度いることができ、そして、いることができません。

私たちは分離した個人であり、そして、分離した個人ではありません。

宇宙の中心はここであり、そして、すべての場所です。

世界は固体でできていて、そして、できていません。

体には連続した個性があり、そして、ありません。

私たちはあたりに広がる世界を見ていて、そして、見ていません。

自然は確固たる法則に従っており、そして、従っていません。

現実は客観的に存在しており、そして、存在していません。

私たちは人生は何であるかを知っていて、そして、知りません。

日々を暮らすためには、ここはここであり、固体は固体であり、自然界は法則に従い、現実は客観的にそこにあると理解する必要があります。こうした常識に従わなければ頭がおかしくなってしまうので気をつけてください！

しかし、水面下を覗く時、現実は新たな次元を呈します。これは科学による偉大な発見であり、矛盾するように聞こえるかもしれませんが、スピリチュアルなメッセージを裏づけてもいます。スピリチュアルな世界においてもまた、表面的なアプローチのその先に触れると、より深い現実が姿を現すからです。

科学の偉大な探究者たちは、私たちが共有する客観的世界をつぶさに観察することで、隠された現実の深みを発見しました。スピリチュアリティの偉大な探究者たちは、彼ら自身の人生における主観的経験をつぶさに観察することで、隠された現実の深みに出会いました。

科学とスピリチュアリティは、一見してまったく異なるアプローチに見えるかもしれませんが、それらはどちらも驚きに満ちた同じ答えにつながっています。現実はこうして見えている以上のものであり、ゆえに、常識にもとづいた理解だけでは足りないのです。

第7章
深い神秘

私たちは生きることについて何も知りません。物事の深みを見つめる時、姿を現すこの深い気づきがこの章のテーマです。

この気づきこそが、神秘体験への扉なのです。

私は人生のすべてを通じ、生きることとは何なのかを思索し続けてきました。真摯《しんし》に学び、スピリチュアルな実践を積み重ね、革新的な魂の探究の試みに実直に向き合い、意義深い哲学談義を重ね、五十年にわたる情熱的な探究を経て、私はあるすばらしい結論に辿り着きました。人生とは何なのでしょう？　そう、私たちは知らないのです！

難解な哲学書を読むこともできますし、量子力学について議論を交わすこともできます。しかし、この賢さは不確実性という巨大な海を漂う漂流物でしかありません。組み立てられた情報系統は「すべては実際に存在しているのだろうか？」という究極の謎の上で、あっけなくぐらついてしまいます。

生きることの謎はあまりに壮大で、私は息を呑み、言葉を失います。それは、いつか解くことのできる〝なぞなぞ〟ではなく、私をはっとさせる本物の魔法です。私の知性に照らされる闇ではなく、それ自体がキラキラと輝く眩い発光体であり、この謎を前にすると最高のアイディアですら薄ぼんやりした愚策でしかなくなってしまいます。

私たちは何が起こっているか知っているフリをして日々を過ごすかもしれません。けれど実際は、生きることが何であるのか知りません。誰も知らないのです。

何？　誰も知らないって？

そう。

白装束を纏《まと》った人たちも？

知らないよ。

教皇は？

冗談でしょう？

悟ったグルはどう？

グルと過ごした時間が足りないんじゃないの？

ソクラテスみたいな賢い哲学者は？

ソクラテスこそ、無知の知で有名じゃないか!

キリストは?

キリストは、実際には存在しなかったんだよ。キリスト教についての僕のベストセラーは読んだ?

すべてがわかってる人がどこかにいるはずだよ!

僕がその人と知り合いじゃないから、もしくは僕より頭のいい人なんて思いつかないから、誰もいないと言っているのではないんだ。生きることが何かを知ることはできないと気づいたから、こう言っているんだよ。

どういう意味?

生きることの神秘を言葉で説明することはできる? 一行で、一段落で、一冊の本で、図書館いっぱいの本で、ある一定の言葉で神秘を説明することはできる?

多分無理だね。

人類は現実の性質を説明するために山のような言葉をこしらえてきたけれど、生きることの神秘は、これらすべての言葉の水面下にあって常に荘厳なんだ。

つまり、生きることとは何なのか、言葉で説明することはできない、と。

その通り。だからこそ、偉大な神話学者ジョゼフ・キャンベル(訳注:一九〇四~一九八七)は「究極の真実を見つけたと思っている者は間違っている」と言ったんだ。

僕だけじゃなくて、何が起こっているか誰も知らないんだね。

ヒンドゥー教の古典『リグ・ヴェーダ』にはこのように記されている。「誰が真実を知るのか?天の高みから見ている神のみだ。彼だけが知っている。いや、彼すら知らないかもしれない」

深い知

私たちが置かれている状況のパラドキシティとは、生きることが何なのか、知りながらにして知らないということです。生きることの表層において私たちは役立つ知恵を持っていますが、一方で人生は深い神秘であり続けます。そして深い神秘に意識的になると、神秘体験が自ずと立ち上《のぼ》ります。

私にとってはそうなのです。生きることの深みを思索すると、言葉で語ることはできなくなります。それはあまりに大きな最初の問いを組み立てようとして、言葉が見つからないのと似ています。この問いは思考よりも深く、感じられるもの、ハートから湧き起こるものなのです。

敢えて表現するならこうでしょうか。「何が起こっているの?」、「生きることって何なの?」、「今この瞬間とは何なの?」、そして、「僕は誰?」、「生きていることって何なの?」、「何をすべきなの?」、もしくは、何が……どのように……なぜ!? と口ごもった方がいいのかもしれません。

生きることについて科学がもたらす視点に私の頭脳は喜びますが、それはハートのまん中にある言葉にすることのできない問いには答えてくれません。私が読む本にはたくさんの価値ある情報が詰め込まれていますが、それらの言葉は私の言葉なき問いに答えてはくれません。生きることに関して持ち得るすべてのアイディアは、神秘の海に投げ込まれて水を捉えようとする〝概念の網〟のようなものです。

生きることについて深く思索する時、私は深い神秘に浸されます。すると、驚くべきことが起こります。ハートのまん中にあった言葉にすることのできないその問いが、神秘の海に溶かされるのです。そして求めていた答えをそこに見つけたと感じるのです。

しかし、この答えは問いと同じように考えであるより感覚です。言葉にすることができない問いは、言葉にするには深過ぎてそれが何であるかを語ることはできません。言葉にすることができない答えもまた、言葉で語るには深過ぎて、表現することができません。

〝知らないこと〟が〝深く知ること〟へ導くという真実は、大いなるパラドキシティのひとつであり、古来よりこれは「グノーシス」と呼ばれていました。詩人ロバート・フロスト（訳注：一八七四〜一九六三）はこのことを美しく表現しています。

私たちは輪の周りを踊って、予測する。
ところが秘密はまん中に座って、知っている。

〝知らないこと〟を知っている時、言葉の先に何があるのか、言葉なく知ることがあります。精神《マインド》のまん中に直観的知恵として湧き上がる静かなる叡智。境界線のない愛としてハートのまん中に湧き上がる情熱的な知。

生きることが解いてみたいと思わせるほどに大きな謎であったからこそ、私はスピリチュアルな探究の旅に出ました。しかし、やがて私は問いこそが答えであったと気づいたのです。人生は神秘です。それこそが生きることです。神秘を知る時、生きることとは何なのかをとても親密に知っていて、そこに言葉は必要ありません。

神秘と物語

人生とは、私たちがそれについての物語を語る神秘です。私たちはそれぞれ個々の物語によって、生きることとは何なのか、その航路を見出します。何が起こっているのかを理解するための物語、自分が何者なのかを教えてくれる物語、生きることに意味を与えてくれる物語。物語はすばらしいものです。私は人々の物語に耳を傾けるのも大好きです。あなたの物語もぜひ聞いてみたいものです。

生きることの語り手を失ったら迷子になってしまいます。人生を理解するために、物語は必要不可欠です。問題なのは、私たちが物語と現実とを混同してしまうことです。生きることについての観念に身を預け過ぎて、それが何か本当は知らないのだということを忘れてしまうのです。

意見に囚われて息を呑むような神秘を忘れてしまいます。そうすると人生はありきたりで、ワンダーを欠いたものになります。

自分の物語に囚われると、ある種のトランス状態を生きるような気分になります。よく知らないにも拘わらず、何が起こっているかを確信し、私が「普通の状態」と呼ぶ感覚が麻痺した状態を過ごし、半分しか生きていないように感じます。目覚めている時、物語は物語に過ぎないことが見えています。深みを覗くと、物語の背後に清純で、汚れのない、触れることのできない神秘が横たわっているのが見えます。すると、神秘体験は自ずと立ち上ります。

「わぉ！」に目覚めたいのであれば、物語を通して深い神秘を見つめなければいけません。けれど誤解しないでください。物語を破棄しろと言っているのではありません。生きることの語り手を持つことは必要不可欠で、物事に筋を通してより良くしてくれます。この時、哲学とは生きるためのより良い語り手を育てる芸術として捉えることができるはずです。

物語を持たなければ、目覚めてワンダーするどころか、迷い、混乱してしまいます。けれど、これは「どちらか／もしくは」の選択ではありません。私たちは論理を超えて物事にアプローチすることもできるのだから、物語と神秘の両方を意識することができます。生きることの表層においては、経験の理解を手助けする語り手が必要です。けれど、その深みにおいて私たちは、生きることとは何なのかを知らないのです。

何が起こっているのかを知っていると考え、人生の表面を漂っている最中、突然、深い神秘について思い出すことは、いつであっても大きな喜びです。これが起こると、意識の状態は深く変容し、すべてが変化します。私は深く目覚め、超意識的で、生き生きとします。知らないことそのものを知る時、生きることは「わぉ！」に変貌するのです。

神秘を恐れ、神秘を愛する

しかしながら、時として神秘は恐ろしいものであるように感じられます。夜中にひとりで目覚める時、世界は奇妙で不気味です。何が起こっているかを知らないことに気づき、私は困惑します。深過ぎて溺れるのではないかと恐れ、神秘に飛び込みたくないと頑なになります。神秘を脇へ押しやり、明瞭な日々を生きるために知っていることにしがみつこうとします。自分を開くのではなく、閉ざしてしまうのです。

生きることの神秘に怯《おび》える時、私は表面的なことで自分自身をごまかそうとします。陳腐《ちんぷ》な何かで自分を麻痺させ、退屈なことで自分を甘やかします。生は生であることをやめるため、この代償は大きなものです。しかし、これは皮肉なこと。神秘に満たされる時、それはまるで我が家に戻るように完全に安全で、怯える必要など少しもないのですから。

未知の世界は怖いと自分自身に言い聞かせるから、神秘に怯えるようになるのです。神秘に怯える時、実際にはまったくと言っていいほど神秘に浸されていません。想像上の怪物を暗闇に投影しているだけなのです。すると未知は、攻撃しようと闇に潜む危険に姿を変えてしまいます。

実際のところ、神秘は怖いものでも何でもありません。神秘が何かわからないのですから、どうして怖いとわかるのでしょう？　ホラーに固執するのをやめて未知に浸される時、そこに恐れはありません。むしろその逆で、そこには安心とワンダーがあります。神秘にリラックスしていれば、心配が物語において私を占領することはありません。物語は失われてはいけませんからそこにあり続けますが、それはホラーから神秘の物語へと姿を変えるのです。

物語が壊れる時

物語を飛び出して神秘に飛び込むことは完璧に安全ですが、一方で、自分の物語との接点を失っていると感じることは大きな不安をもたらします。日々を暮らすために活用している物語がバラバラになると、私たちは拠《よ》り所を失ってパニック状態になります。精神が崩壊する際に経験するのはこれです。物語が壊れ、筋書きを失ったと感じるのです。

精神の崩壊が、生きることをより深くへと突き抜けさせるきっかけとなった事例を数多く目撃しているのも事実ですが、物語に着地していないことが原因で感じるストレスは非常にやっかいです。だからこそ、物語と神秘の両方を意識することが大切なのです。

矛盾するようですが、自分の物語をしっかりと把握している時、神秘においてリラックスすることはより簡単になります。生きることが何なのかを知りながらにして知らないと気づいている時、存在することの荘厳な謎と恋に落ちます。私を取り巻く神秘をまるで温かな抱擁のように感じ、私の内にある神秘がすべてを確証する存在であるように感じます。恐れてなどいません。驚異の念でいっぱいなのです。

真実はあなたを自由にする

私たちが知っているあらゆるものごとの中心は深い神秘である、ということがこの本であなたと分かち合いたい論理を超えたメッセージです。深い神秘の中心には深い知恵が横たわっていて、それは直接的なもので言葉に媒介されることはありません。それはすべてが良いという静かな確信、大切なのは愛だけだという揺らぎのない信念です。

これは数えきれないほどの世代を通してスピリチュアルな探究を行った人々が口々に伝えてきた、荘厳で興味深い洞察です。何でもないようなシンプルな気づきがすべてを変えます。真実はあなたを自由にするのです。

知らないことは、あなたが真に知り得ること、そしてあなたが真に知るべきことへの扉。

その扉を開けましょう。

パーティーはそこで開かれています。

第8章

深くワンダーする——「わぉ！」のワーク

ワンダーを深いレベルへと導くため、この章では「わぉ！」のワークをしましょう。時間を取り、この本に記された「わぉ！」のワークにしっかり取り組むと、あなたの意識状態は根底から変わるはずです。

変化がすぐに起こらなくても心配しないでください。ワークを楽しみ続ければ、いつか驚きに出会うはずです。まったく予期していない時でさえ、神秘体験は起こるのです。

〝目覚めること〟は〝知らないこと〟と同じだけ簡単です。この大胆なメッセージの神髄を理解してください。生きることに深くワンダーすることへとあなたを誘いますので、「本当は何も知らないのだ」という深い状態にあって、意識の状態にどのような変化が起こるのかを見てみてください。

何も知らないフリをしなさいということではありません。フリをするのではあまりに馬鹿げています。人類が得てきた知恵の豊かさを否定しなさいと言っているのでもありません。それでは、知恵ではなく無知に辿り着いてしまいます。生きることについて知りながらにして知らないという論理を超えたアプローチをして欲しいのです。

生きることが意味を成すよう、私たちはその物語を必要としますが、「わぉ！」を経験するには、何が起こっているのかを本当は知らないと理解しなければいけません。目覚めのアートとは、物語と神秘の両方に気づいていることです。

私たちは時に物語に囚われ、深い神秘を見逃します。この「わぉ！」のワークでは、思考をしばし片隅に置いて、「本当は何も知らないこと」に焦点を当てます。物語から飛び出して深い神秘へと飛び込んでください。その時にこそ、深い目覚めの状態が自ずと立ち上《のぼ》るはずです。

ソクラテスは賢人として崇《あが》められていますが、それは彼が何も知らないことを知っていたからです。ソクラテスの業績は実に偉大です。私たちの多くは「生きることについてよく知らないのではないだろうか?」とあやふやに疑っている程度です。本当に何も知らないのだとハッキリと知るには多少の労力が必要です。物語は物語に過ぎないと知り、根本において深い神秘に気づく必要があるのです。

道教の賢人、老子は「学びの過程において、私たちはさらに多くを知るようになる」と説明しました。しかし、もし目覚めたいのであれば私たちは、「物事がありのままであるように、より少なくを知る必要がある」と言ったのです。言葉で語ることのできない現実の真の姿を曖昧にする、私たちが知っていることのすべてを手放さなければいけません。

ウォルト・ホイットマンは、自身の詩においてこのように述べています。

自分について説明する時だ――さぁ、立ち上がろう。
知っていることは、脱ぎ去ってしまおう。
すべての男と女を、私とともに未知へと出発させよう。

ホイットマンを追って神秘の深みへと分け入りましょう。未知という名の扉を開き、「わぉ!」へと旅立ってみましょう。生きることについてのさまざまなアイディアは概念のベールを編み上げ、生きることそのものがいかに美しく神秘的であるかを隠しています。神秘を纏ったこのベールを取り払って花嫁にキスをすると、一体何が起こるのでしょうか？　さぁ、見てみましょう。

知らないこと

前回の「わぉ！」のワークでは、私たちが生きる世界のすばらしさをワンダーしました。今回の「わぉ！」のワークでは、ワンダーを深く見つめ、深い神秘に浸されます。あなたの側にいて、実際にあなたを神秘へと導けたらよいのですが、それはできません。その代わり、未知の世界に入ることが私にとってどのようなものかを分かち合いますから、私に続いてあなたも試してみてください。

静かに座ります。体と心はリラックスしています。

当たり前のように捉えられているこのすばらしい世界をワンダーすることで、〝普通〟と呼ばれる無感覚の状態から自分を立ち上らせます。

何が起こっていて、自分が何者であるか、自分に言い聞かせている物語を意識しています。

物語がどれだけ大切かはわかっていますが、それが物語に過ぎないことをはっきりと理解しています。それは人生を理解するための概念の集合体です。

生きることについて知っていて、そして知らないことに気づいています。

表面的には人生の役に立つ理解を持ったまま、水面下に手を伸ばし、未知に焦点を当てます。

生きていることとは何なのか、深く思索します。

ハートのまん中にある、言葉で答えることのできない言葉なき問いに意識を向けています。

言葉にすることのできない問いに、生きることの深い神秘へと連れて行ってもらいます。

生きるというこのすばらしい体験が一体何なのか、本当に知りません。

これに気づくと、恍惚としたすばらしい解放感があります。

無限の世界で無重力に踊るような軽やかさがあります。

深く目覚め、濃く生きています。

深い神秘の神聖な静寂を泳いでいます。

言葉で語る以前のそれが何なのかを知っています。

存在することの根源の愛があります。

神秘体験に溶けてゆきます。

神秘を知る

次に、深い神秘にたっぷりと浸されるワークを試してみてください。時間を掛けてゆっくりとワークに向き合い、経験をたっぷり味わいましょう。あなたの頭があなたを物語に連れ戻し続けても、辛抱強く続けてください。最初は簡単でないかもしれませんが、生きることをより深い方法で理解することに慣れてくると次第に楽にできるようになります。神秘に浸される経験は素潜りのようなもの。練習を重ねれば重ねるほどより深く潜れるようになり、深く潜れば潜るほど長くそこに留まることができるようになります。

ワンダーする

心を落ち着け、体をリラックスさせます。

今この瞬間に焦点を当て、あなたを取り巻く世界をワンダーします。

物語

あなたの物語に意識を向け、その重要性を認識します。

しかし同時に、物語は物語に過ぎないことを理解します。

生きることについて知りながら、何も知らないことに気づいています。

知らないこと

物語を手放し、何も知らないことに強く意識を向けます。

ハートの中心にある言葉にできない問いに意識を向けると、あなたは生きることの深い神秘へと導かれます。

物事の表層の奥へ潜り、理解することのできない深みに触れます。

それが何であるのか言葉にすることのできない神秘を意識します。

何も知らないことにワンダーする恍惚を感じます。

そこに考えはありません。生きることの「わぉ！」だけがあります。

神秘

深い神秘に溶けてゆきます。
深い神秘とひとつになります。
深い神秘と恋に落ちます。

第9章

科学とスピリチュアリティ

深い神秘へ飛び込むと私たちは深く目覚めます。しかし、生きることが何なのかを知っていると、断固として確信していると目覚めることはできません。

現代人の多くは、スピリチュアリティは時代遅れのナンセンスとして目覚めの可能性を拒否し、科学こそが宇宙の神秘を解決するものだと考えています。この章では、科学に対するこうした誤解を批判的に紐解いてみます。

科学とスピリチュアリティは相反するものとして捉えられ、多くの場合、そのどちらかを選択し、どちらかを破棄しなければいけないと考えられていますが、実際には、それらは論理を超えてお互いを補完し合うものであり、どちらも抱きしめることができるということを、この章で紹介しましょう。

ティム：ディック、こんにちは。現れてくれてありがとう。何か問題があるの？

ディック：何が起こっているのか誰も知らないという君のその考えを科学者が知ったら、皆笑うと思うよ。

ティム：偉大な科学者たちは深い神秘に気づいていたと、いずれ君も知るはずさ。

ディック：本当かい？　君がアレコレ言っているその神秘の話は、科学者たちには宗教的過ぎると思うけど。科学がもたらしたすばらしい知識を手放して、未知へ飛び込んでその漠然とした「わぉ！」を体験しようなんて、絶対に言わないと思うよ。

ティム：目覚めるために科学による理解を手放す必要はないよ。僕たちが知っている世界の奥に、生きることの神秘が横たわっていると理解すればいいんだ。

ディック：君は合理的であることも大切にしていると言うわりに、なぜこんなにスピリチュアリティに傾倒するのかまったくわからないな。何で科学的なアプローチをしないんだい？　それが文明の最先端じゃないか。

ティム：科学はすばらしい。だけど、科学が人間の状態のすべてを説明できるとは思えない。科学とスピリチュアリティのどちらも生きることについての大切な何かを明らかにしてくれる。どちらかひとつを選ばなければいけないとは思わないよ。どちらも採用することができるんだ。

ディック：くだらないよ。科学と宗教はずっと闘ってきたじゃないか。補い合うことなんてできないよ。

ティム：確かに、迷信や表面的なスピリチュアリティと科学は相容れない。けれど、奥深いスピリチュアリティは科学的発見と矛盾しないんだ。

ディック：そうは言うけど……ティム、君が一体何を知ってると言うんだい？　君はプロじゃないし、何も知らないだろう？

ティム：そうだね。僕みたいな風変わりなスタンドアップ哲学者ではなく、権威ある科学者からこの話を聞きたいよね。

ディック：厳格な科学がふわふわしたスピリチュアリティと相容れるなんて、そんなことを真面目に語る科学者はいないと思うよ。

ティム：じゃぁ、アインシュタインを呼んで彼に質問してみたらいいよ。アインシュタインより尊敬されている科学者はいないだろう？　彼は科学界のスーパースターだからね。

ディック：でも、もう亡くなってるだろう？

ティム：そう。だから、かつて言い残したことだけを教えてくれるはずだよ。

ディック：どういう意味？

ティム：彼の言葉の引用と会話するんだ。

ディック：でも、それは確かに、実際に彼が言ったことだよね？　君が勝手に何かを付け足したりはしない？

ティム：もちろんしないよ。

ディック：なら、やってみよう。

ティム：よかった。僕はアインシュタインを尊敬しているんだ。カッコいい白髪と、バイオリン好きなところもね。彼を招き入れて意見を聞いてみよう。

アインシュタインとの会話

ディック：アインシュタイン博士、科学的手法のおかげで、生きることの謎は解明されつつあるんですよね？

アインシュタイン：「人間の精神《マインド》が宇宙を捉えることはできない。それは小さな子どもが大きな図書館に入ってゆくようなもの。さまざまな言語で書かれた本が壁を天上まで埋め尽くしている。その子は誰かがこの本を書いたはずだと知っているが、誰がどのように書いたのかは知らない。それらが書かれた言語も理解できない。けれど、本が並べられた様子から、何か壮大な計画があることはわかっている。それは神秘的な配列で、その子どもにはよくわからない。ぼんやりと感づくのが精一杯なのだ」

ディック：でも、人類の理解は増していますよね？

アインシュタイン：「情熱的献身により、人間が真実から捻り出して観測し得る客観性は、実に微小だ。けれど、このように努力することは、私たちを自分から解き放ち、最上であり最高である人々の一員にしてくれる」

ディック：いずれにせよ、科学は物事の真実について本物の知識を与えてくれるんですよね。

アインシュタイン：「真実と知識を決めようとするその者が誰であれ、神々の笑い声にくじけることになるだろう」

ディック：けれど、現実をコントロールできるように、科学は数式を用いて現実を測定してきましたよね。それらが本当の世界についてのものであるからこそ、こうして機能しているはずです。

アインシュタイン：「数学の法則が現実を参照しているのなら、それは確かなものではなく、確かなものであるのなら、それは現実を参照していない」

ディック：科学はこの具体的な現実において、それがどのように成り立っているかを計る手立てであることには変わりありません。

アインシュタイン：「時間と空間は私たちの思考の手段であって、私たちが生きる世界の条件ではない」

ディック：何ですって?!

アインシュタイン：「現実は永続性のあるものではあるが、幻想に過ぎない」

ディック：アインシュタインさん……僕は学校で科学を習いました。すべては物理的な物事に集約され、実際に存在するものであるはずです。

アインシュタイン：「いいや、このトリックは効かない。初恋といった大切な生物学的現象を、どうして物理や化学で解析しようとするんだ？」

ディック：科学者は物質主義者だと思っていました。

アインシュタイン：「場が唯一の現実であるのだから、この新たな物理学において場と物質が共存することはない。場こそが、粒子を統括する唯一の要素である」

ディック：うん、そうですね。いずれにせよ、僕が言いたいのは、科学はスピリチュアルな絵空事とは違うということなんです。

アインシュタイン：「人間的な知識と技術だけが、人類を幸福で確立された人生へ導くものではないことを忘れてはいけない。私にとっては、仏陀、モーゼ、キリストらが人類のために成し遂げたことは、探究心に富む建設的な精神が達成したすべてのことよりも尊いのだ。人類がその存在の威厳と安全、そして生きることの喜びを守ろうとするのであれば、これら祝福された人々が与えたものを守り、全力で保とうとしなければいけない」

ディック：よく聞いてください。仏陀は自然の法則を発見していません。じっと座って、瞑想をして、ふくよかになっただけです。客観的知識は瞑想ではもたらされません。スピリチュアルな教えは主観的感覚で、ふわふわした直観です。

アインシュタイン：「直観は聖なる贈り物であり、合理的精神は信念を持った召使いである。我々はこの召使いを讃え、贈り物を忘れた社会を築き上げた」

ディック：でも、科学は確固たる事実を取り扱うのだから、想像するだけではダメですよね。

アインシュタイン：「想像力は知識より大切だ。知識は制限されているが、想像力は全世界を包み込み、進歩を刺激し、進化を育む」

ディック：科学者は合理的で、直観とは無縁の人たちだと思っていました。

アインシュタイン：「精神はそれが知っていて証明できることの上でのみ進歩することができる。時に、精神が知識のひとつ上の水準を取ることがあるが、どうやってそこに達したのかを説明することはできない。すべての偉大な発見はこのような跳躍を孕んでいる」

ディック：わかりました。でも、どうして知ったのか言葉にできないグノーシスとやらの、直観的な深い知という考えは受け入れ難いです。馬鹿げていますよ。

アインシュタイン：「最初、そのアイディアが馬鹿げていないのなら、そこに望みはない」

ディック：僕は道理にかなった答えが欲しいんです。言葉にできる何かを拠り所にすることは大切でしょう？

アインシュタイン：「大切なのは問い続けることをやめないことだ。永遠の神秘、生きることの神秘、現実の構造の眩いほどの神秘について黙考する時、驚かずにはいられないのだ」

ディック：わかりました。だけどワンダーマニアになって、座って、ワンダフルな宇宙がいかにワンダフルか、ワンダーし続けなければいけないわけじゃないですよね？

アインシュタイン：「人間が持ち得る最も深く美しい経験は、神秘の感覚である。それは宗教の、また科学や芸術の真摯な探究の根底を流れる原則である。ワンダーすることに立ち止まらず、驚きに心奪われることをしないのであれば、その人は死んでいるも同然だ。彼の目は閉じてしまっている」

ディック：時々ワンダーするのは構いませんよ。でも、宇宙の神秘という砂場で子どもみたいに遊ぶという馬鹿げた考えには同意できないんです。

アインシュタイン：「真実と美を追い求めることは、人生を通じて子どもであり続けることを許された領域である」

ディック：変わり者のアインシュタイン博士、すてきな言葉ですね。では、こう言い換えてみましょう。神秘体験はスピリチュアルな絵空事だ、と。

アインシュタイン：「経験できるあらゆるものの背後には、私たちの精神が捉えることのできない何かがあり、その美しさ、その雄大さは、間接的な、かすかな反射としてしか私たちに届かず、この知識、この感覚、それは真の宗教心の核を成すものである」

ディック：宗教心と科学にどんな関係があると言うんですか？

アインシュタイン：「私は科学的研究における最も優雅かつ力強い原動力とは、宇宙の宗教性であるとの立場を取っている」

ディック：でも、科学は宗教と対立するものです。ずっとお互いを攻撃し合ってきたのですよ。

アインシュタイン：「私は科学と宗教がそもそも相反するとは考えていない。実際、非常に似通った共通点があると考えている。さらに言えば、宗教を欠いた科学はつまらないもので、逆に、科学を欠いた宗教は盲目的であると言える。どちらもが重要であり、手と手を取ってともに働くべきである」

ディック：そうですね、包括的で開放的で……、でも、本《もと》を正せば科学は生きることの謎を解明するためのものです。スピリチュアリティは神秘的な未知に漂うことに満足しているだけに見えます。

アインシュタイン：「限られた手段を用いて自然の秘密へ突き抜けようとすると、認識できることとの連鎖の背後に、些細で触れることのできない説明不可能なものがあることに気づく。私たちが理解できるすべてを超越したこの力に対する崇拝が、私にとっての宗教である。この意味においては、私は信仰心を持つ人間だ」

ディック：何ですって？　あなたは科学者じゃないんですか？

アインシュタイン：「科学の探究に真剣に臨む者は皆、宇宙の法則において精霊が現れていると確信する。人間のそれを遥かに超越した精霊だ」

ディック：科学は精霊についてなんて語らないでしょう？　物理的な世界を知ることが科学であるはずです。

アインシュタイン：「神聖さは、物理的世界においてそれ自身を現す」

ディック：もう！　宗教を盲信している人みたいに聞こえますよ！

アインシュタイン：「私は宗教を信じない人間だ。これは、ある種の新しい宗教である」

ディック：通りであなたはマッド・サイエンティストみたいな格好をしているわけだ……。あなたは本当におかしな人ですよ！　科学史において最も有名なのに宇宙の宗教を信じているみたいだ。あなたが何を信じているのか、よくわからなくなってきましたよ。

アインシュタイン：「私は神秘を信じている」

還元論

時としてスピリチュアリティと科学が相反するものであるとされるのは、それぞれが本当のところ何であるのか理解されていないためだと言えるでしょう。スピリチュアリティを無意味な迷信とし、科学を還元論の一種であるとしているのです。しかし、科学は還元論ではありません。それは科学の発見についての誤った解釈であると言えます。

還元論者の考え方は、超論理思考の真逆であると言えます。超論理思考では現実を最大限に理解するためには、さまざまな方法で物事を見なければいけないとします。還元論は特定の見方で世界を見ることを主張し、現実に対する視点を乏しいものにします。還元論的思考の一例をここに挙げてみましょう。

宇宙は、素粒子でしかない。

意識は、肉体の一部が生み出した副産物でしかない。

愛情は、肉体の化学反応でしかない。

鳥の鳴き声は美しいが、自分のテリトリーを誇示するために鳴いているだけだ。

このような形で「……だけだ」と言う時、その人は還元論にもとづいて語っています。けれど、宇宙はこれかあれではなく限りなく多様です。こうした還元論への私の回答をここに記しましょう。

宇宙が素粒子でできているのは事実だが、素粒子だけに還元することはできない。それでは、部分が組み合わさることで全体を築く時、その全体は部分の集合以上のものであるという宇宙の最もすばらしい性質を見逃している。

意識は神経の伝達と関連しているが、それは脳の活動だけに還元できるものではない。今、あなたの中に何らかの考えが浮かんでいるだろうが、脳の中を覗いてもそこに考えを見つけることはできない。考えは非物理的なものであり、それを物理的に還元することはできない。

情緒の有り様は体内の化学物質と関連しているかもしれないが、愛することを化学物質だけに還元することはできない。愛を経験したことがなければ、化学物質について書かれた資料を読んだだけで愛を理解することはできない。自分自身で愛を感じる必要があるからだ。

鳥がテリトリーを示すために鳴くというのは興味深い観察結果だが、鳥の鳴き声がなぜ美しいかの説明にはなっていない。明け方の鳥のコーラスにときめくのはなぜか、説明されていない。鳥の鳴き声には機能的な理由もあるだろうが、それはそれ以上のものでもある。

還元論は宇宙の現実を矮小化し、ワンダーに満ちたときめきから生命を奪い去ります。還元論は生きることとの神秘があたかもそこにないフリをして、それを解決したことにします。無意味なアクシデントの産物としての宇宙の物寂しい姿をつくり出したのは、こうした還元論です。しかし、これは科学が明らかにしたことではありません。科学が明らかにしたことについての還元論的解釈に過ぎないのです。

万物の理論

還元論者は現実を理解するのに必要なのは科学だけだと確信しています。多くの人々が科学がすべてを説明する「万物の理論」を手にする日は近づいていて、やがてこの理論が物理学におけるさまざまな事柄に筋道を与え、ひとつにまとめあげるだろうと考えています。実際にそうなるのであればすばらしいことですが、仮に物理学が待望の「万物の理論」へと進化したとしても、生きることとの神秘は残されたままであるはずです。

スティーブン・ホーキング博士は著書『ホーキング、宇宙を語る――ビッグバンからブラックホールまで』において、「万物の理論」はいくつかの数式からなるだろうが、大いなる問いはそれでも残されるとした上でこう語りました。

数式に吹き込まれ、それらが語るべき宇宙をそこにつくりあげる、この息吹は何なのだ？

いわゆる「万物の理論」（Theory of Everything）は、実際に〝すべての〟理論ではあり得ません。それは物事が物理的にどのように働いているかについての理論でしかありません。音楽がなぜ美しいのか、悲しみの感情がなぜ起こるのか、「わぉ！」とワンダーする気持ちは何なのか、説明してはくれません。

媒体とメッセージ

フランク・キャプラ監督作品『素晴らしき哉、人生！』のＤＶＤを友だちに貸したとしましょう。しばらくして「映画はどうだった？」と質問した時にこんな返答があったら、あなたは困惑するはずです。

ＤＶＤを詳細にわたって観察したけれど、デジタル情報が巧みに組み込まれていて、色と動きの幻想をスクリーンに映し出すことができるんだね。

間違いはひとつもなくうんちくたっぷりですが、肝心なところが抜けているのは聞いての通り。ＤＶＤに収録された映画はデジタル情報かもしれませんが、それはただのデジタル情報ではありません。何にも増して、それは物語なのです。そして、私たちはその物語に興味を持っているのです。当たり前のことですよね？

同じように、宇宙はビリヤードの玉のようにあたりを飛び交う原子によって、現れては消える量子によって、現象という巨大な網を縫い上げる驚異的な糸によってできているのかもしれません。けれどそれ以前に、生きることとはまず、物語なのです。あなたの物語。私の物語。自然の物語。終わることなく展開する、可能性の物語です。

物理学が物理的宇宙を語るにあたって成し遂げた業績は偉大で、これを媒介として生きることの物語を語ることができるのもまた事実です。しかし、私たちはその物語を理解する必要があります。

映画はＤＶＤというデジタル情報の媒体を通じて物語を語ります。けれど、もし物語の意味を理解したいのなら、変容を促す物語の力を知りたいのなら、物語に感動し、そして知性を試されたいのなら、その物語が語る媒体を分析しても何の役にも立ちません。私たちは物語に入っていかなければいけないのです。

生きることにおいても同じことが言えます。科学は生きることの物語が語られる媒体について述べることはできますが、私たち個々の生きるというドラマの語り手をナビゲートすることはできません。科学は生きることを数式へ還元することはできますが、どのように生きるべきかを教えることはできません。宇宙がどのような働きをしているのかを教えることはできますが、生きることが何を意味しているのかを明かすことはできません。生きることの意味を見出すには、物語を理解しなければいけないからです。

主観的意味

何人かの友だちが『素晴らしき哉、人生！』を観たならば、それぞれがそれぞれの感想を持つはずです。痛快な楽観主義として捉える人もいれば、センチメンタルに感じる人、馬鹿げていると感じる人など、さまざまでしょう。まあまあだったと言う人もいえば、傑作だと言う人もいるでしょう。どの意見が正しいか、理由を述べながら議論するかもしれません。けれど、誰が正しいということはありません。すべてが主観的意見だからです。

生きることもこれと似ています。科学は宇宙がどのような働きをしているかを調査し、客観的事実を提示します。しかし、私たちは皆、生きることの物語について主観的解釈を持っています。この本で探究する奥深いスピリチュアリティは、存在の深みに佇む深い知へと導く〝生きることの物語〟の解釈を示します。しかし、グノーシスは科学的理論のように客観的に証明されることはありません。それは私たちが自分で知らなければいけないことだからです。

補完し合う物語たち

生きることを物語に例えましたが、これは比喩に過ぎません。生きることは、実際には物語ではありません。生きることは、私たちがその物語を語る神秘です。科学とスピリチュアリティは、生きることについてまったく異なる物語を提示しますが、それらは論理を超えてお互いを補完し合っており、私たちはそのどちらをも包み込むことができます。

科学のおかげで、私たちは神秘を客観的に探究することができます。一方、スピリチュアリティは、生きることの主観的神秘を探究する手助けをします。本質的に言えば、科学とは宇宙がどのような働きをしているかを理解するための集合的な冒険です。そして、スピリチュアリティとは、生きることの意味を理解するための個人的な冒険です。

科学の物語だけでは足りないのです。意味は主観的である一方、科学は客観的世界だけを対象にしており、生きることに意味をもたらしません。けれど、ふたつの目で論理を超えたビジョンを見ようとする時、私たちは機械的な現実と、意味に溢れた現実の両方に生きているのだと知ります。これは「どちらか／もしくは」の選択ではありません。同時に両方であるのです。これが、存在することのパラドキシティです。

私たちの多くは、普段から生きることに対して論理を超えたアプローチをしています。恋人と喧嘩をして皿を投げつけられる時、重力の法則に従って皿が床に落ちてゆくのだと理解します。一方で、生きることの物語に照らし合わせ、この出来事が何を意味しているのか、誰のせいでこの出来事が起こり、それが自分たちに何を教えているのかを理解しようとします。なぜこのような事態になったのか、この状況が将来についてどんな意味を持つのかを考えます。

深い科学と深いスピリチュアリティ

私たちが生きるこの時代に課せられた最大の任務とは、スピリチュアリティの主観的洞察と科学の客観的洞察とを調和させることです。客観的に、そして同時に主観的に物事を捉えるやり方があるのだというパラドキシティを受け入れる必要があります。答えを求めて外を見つめることもできれば、内を見つめることもできるのです。

還元論で科学を解釈して迷信的にスピリチュアリティに向き合うのであれば、それらは反発し合います。しかし、深い科学と深いスピリチュアリティは、お互いの核を完璧に共有しています。どちらも善き目的のため、神秘に関する物語を語り、そしてどちらも経験の純粋さにもとづいているために合理的です。そしてこれらふたつが、生きることのパラドキシティに対し相互補完的な視野を与えるのです。

もちろん、考えることが大好きな人たちはこのアプローチに反対するかもしれません。近年、好戦的な合理主義者たちは、スピリチュアリティに反発する彼らの立場をより鮮明にしています。多くの人がスピリチュアリティは科学の登場以前に人類を支配していた、合理性を欠く宗教的見地にしがみついているとします。スピリチュアリティと科学はお互いを補完し合っているとする私のような人間は、原始的なものの見方の正しさを証明しようと科学の権威に楯突く者であるとされてしまいます。

この論点は、人々が時代錯誤な宗教にしがみつくのは科学では証明できない何かがあるからだという重要なポイントを見逃しています。宗教は私たちの存在についての大いなる問いに答えようとします。生きることの意味を見出そうとします。神聖な経験を与えてくれます。非合理的な宗教を乗り越えて欲しいと望むのであれば、合理的な科学以上の何かを差し出さなければいけません。宗教の中心に絶えることのない知恵を甦らせる深いスピリチュアリティ、科学的知恵と補完し合うスピリチュアリティを提示する必要があるのです。

ディックの疑問

ディック：君の考えには感心しないなぁ。科学とスピリチュアリティはお互いを補完し合う、生きることについての物語だと言うけど、それは間違っているよ。科学は物語ではない。科学とは物事が実際どうであるかを伝える真実だ。科学とスピリチュアリティはお互いを補完し合ったりしないよ。科学とは間違った見解を律する正しい見解なのだから。

ティム：君がそう言うと思ったから、君の話し相手に三人の偉大な物理学者を連れて来たよ。

ディック：すばらしい。アインシュタインは面白い考えをする人だけど、奇人だよ、靴下もはかずにノーベル賞の授賞式典に行ったのだから。頭がちゃんとしている科学者と話がしたいな。

ティム：これらの量子力学者たちは、科学史に残る偉大な科学者たちだよ。皆がノーベル物理学賞を受賞している。さっき上がった矛盾点についてヴェルナー・ハイゼンベルグ、ヴォルフガング・パウリ（訳注：一九〇〇～一九五八）、そしてもちろんこの人ニールス・ボーア、彼ら三人の意見を聞いてみよう。

ディック：デンマークのあの人はもういいよ……ちょっと心配になってきたなぁ。

ティム：三人ともすでに他界しているから、アインシュタインの時と同じように、彼らがすでに述べたことからの引用になるよ。

三人の量子力学者たち

ディック：では、皆さん、手伝ってください。科学は物語以上のものであることをティムに納得して欲しいのです。科学とは物事の実際の成り立ちを示すものです。物理学者である皆さんは僕に賛成してくれるはずですよね。物事の成り立ちを説明するのはあなたたちの仕事なのですから。

ニールス・ボーア：「物理学の任務が自然の成り立ちを説明することであると考えるのは間違いだ。物理学は『私たちが自然の何を語るのか』についての学問である」

ディック：でも、科学が明らかにするのは覆すことのできない事実です。例えば、現実は原子でできている。これは物語ではありません。

ニールス・ボーア：「原子について語る時、言葉は詩においてと同様に扱われることになる」

ディック：では、どうして物理の知識でロケットをつくって、月に行くことができたのですか？詩でそれをすることはできません。科学は物が他の物にどのように作用するのか理解する手助けをしてくれます。

ヴェルナー・ハイゼンベルグ：「量子論によって物事の関係性を完璧に理解することはできるが、それをイメージや比喩でしか語ることができないという事実の、著しい実例を提示してくれる」

ディック：でも、物理学は比喩ではないですよね？　科学的手法とは中立で偏りのない方法で自然と向き合うことで、そうすることで僕たちは宇宙の確固たる姿に辿り着くことができるはずです。

ヴェルナー・ハイゼンベルグ：「私たちが観察するのは自然そのものではなく、問いの手法に対して表された自然なのだ」

ディック：僕の言っていることが通じていないのかな、僕たちは本物の世界に住んでいて、科学は現実が現実においてどう成り立っているかを説明してくれるはずだと言いたいのだけど……

ヴォルフガング・パウリ：「俗人は現実と言う時、それ自体を証明し、知られる何かについて語っていると考えているが、私たちの時代において最も重要で、非常に困難な任務とは、現実についての新たな考えを構築することにあると私は考えている」

ディック：それは、科学がすでにやったことではないのですか？

ヴェルナー・ハイゼンベルグ：「既存の科学は常に現実の限られた一部しかその範疇に収めておらず、まだ理解されていない残りは常に無限である」

ディック：でも、僕たちはどんどん無知の領域を狭めていますよね。ビッグ・バンから始まった物事の全容を知りつつあるのではないのですか？

ヴェルナー・ハイゼンベルグ：「私個人としては自然を理解したと言う時、何を意味しているのかもはやわからない」

ディック：量子の可能性や何やらで、現実は奇妙なものだということが明らかになったのですよね。でも、私たちが少しずつ宇宙を理解しつつあるという事実は変わらないはずです。

ヴェルナー・ハイゼンベルグ：「宇宙は私たちが考えるより奇妙であるだけでなく、私たちが考え得るよりも奇妙なのだ」

ディック：五千万以上の論文が発表されているとインターネットに載っていました。現実についての全体像を理解したと言えると思うのですが。

ヴェルナー・ハイゼンベルグ：「言葉にできる現実は、決して現実ではない」

ディック：哲学的な駄弁はやめてください。人類は原始的な迷信から自由になって、合理的に考えるようになったのだし、真実に近づきつつあるのですよね？

ヴェルナー・ハイゼンベルグ：「純粋な理由から言って、唯一の真実に辿り着くことは不可能である」

ディック：そうかもしれないけど……。合理的な科学が、非合理的な宗教と何世紀にもわたって闘ってきたのは誰もが知っていることです。スピリチュアリティは時代錯誤な絵空事として拒否できることは明白だと思うのです。僕が言いたいのはこれです。

ヴェルナー・ハイゼンベルグ：「ガリレオの試行錯誤以来、科学の歴史において科学的発見は宗教における世界についての解釈とは相容れないとされてきた。科学はその領域において攻撃されることはないが、かといって、宗教的見地を人類の意識における時代錯誤な部分、これから先は捨て去らなければいけない部分であるとして破棄することはできないと、今、私は確信している。私個人の人生においても、それぞれが指し示す現実を疑うことはできず、これらふたつの見解について熟考することを強いられてきた」

ディック：驚きました。パウリ博士の意見はきっと違いますよね？

ヴォルフガング・パウリ：「私は相反するものを乗り越え、合理的理解と統合における神秘的経験の両方を受け入れ、それがこの時代に語られようと語られまいと、その神話でありたいという野心を抱いている」

ディック：でも「統合における神秘的経験」は、科学的知識を前進させる助けにはなりませんよ！

ヴォルフガング・パウリ：「告白しよう。君とはかなり違うかもしれないが、科学的閃きを神秘の中に得ることもあるのだ。けれど、それは即座に数学的感覚とバランスを取ることになる」

ディック：論理を超えてますね！　どうせまた、現実はパラドキシティだとか何とか言い出すんでしょう？

ヴォルフガング・パウリ：「量子力学によるならば、時間を超えた存在を現すエネルギーの破壊することのできない性質と、時空に登場するエネルギーの現れは、補完し合う現実のふたつの側面に呼応しているように見える」

ディック：おーい！　皆計算のし過ぎで現実に生きていないんだよ！

ニールス・ボーア：「私たちが現実と呼ぶものは、現実的ではないとされているものでできている」

ディック：そうなの？　本物は本物にしか見えないけどなぁ。自分で何を言っているか分かってないんでしょう？

ニールス・ボーア：「私から発せられるすべての言葉は、肯定文ではなく疑問文として理解されるべきだ」

ディック：ねぇ、矛盾はもうたくさんだよ！　物理学者さんたちは本当に変な考えをするんだなぁ。宇宙は物理的現実で、理由なく存在し、人類はそこで偶然進化したんだって言いたいだけなのに……

ニールス・ボーア：「君の理論はクレイジーだが、真実であり得るに十分クレイジーではない」

ディック：はいはい、面白いコメントですね。僕は現実の性質を議論したいだけなのに……

ニールス・ボーア：「事があまりに真面目過ぎて、笑わざるを得ないこともある」

ディック：好きなだけ笑ってくださいよ。でも、科学についての理解が深まったことで、神や神秘といった宗教的な絵空事は無用だという理解が増した、これは真実であるはずです。
ヴェルナー・ハイゼンベルグ：「自然科学というグラスから飲む最初の一杯は君を無神論者へと変えるだろうが、そのグラスの底で神は君を待っている」

第10章
考えてしまう人が考えないために

ここまで合理的精神の力を過大評価しがちな、科学に対する表面的な理解を見てきました。続いて、合理的精神を否定することで真逆の間違いを犯してしまう、スピリチュアリティに対する表面的な理解を見てみましょう。

神秘に目覚めるにあたって物事をクリアに考えることをやめる必要はないと知ってください。

この章では考えることについて考えてみたいと思います。いくつかのスピリチュアルな教えにおいて〝考えること〟は、目覚めの妨げとして問題視されています。私個人の経験から言っても間違ってはいません。精神《マインド》は私の人生をナビゲートする物語をつくり出してくれますが、物語に囚われ過ぎると何が起こっているかを確信するようになります。すると、生きることの深い神秘に気づくことはなくなり、深く目覚めることはなく、表面的に目覚めるに留まってしまいます。

精神は言葉の網を広げ、私たちはそれに囚われて逃れられなくなります。ゆえに、スピリチュアリティにおいて考えることは常に悪役なのです。しかしながら私には、これもまた精神による画一的なものの見方であるように感じられます。他のすべてと同じように、考えることには良い面と悪い面があるはずです。

私自身、スピリチュアルな旅路において、精神は乗り越えなければいけない課題であると何度も教えられました。目覚めたいなら考えることをとめないといけない、考えは瞑想の邪魔をする悪者だ、と。考えると私は意見に呑み込まれ、より深い知の有り様に触れることは難しくなります。思考の性質を疑うようになり、意地悪な精神が目覚めを阻んでいるのだと考えるようになります。考え続ける精神は、悪いヤツ。この言葉が信憑性《しんぴょうせい》を持ち始めます。

けれど、精神を悪者にするのは大きな間違いです。いつもの思考パターンに囚われると目覚めるのが難しくなるのは事実。これは価値ある洞察ですが、これではまだ途中段階なのです。ここで論理を超えたアプローチをしましょう。精神は生きることの物語をつくり上げ、時に鍛え上げるすばらしいツールです。けれど、精神とそれが紡ぎ出す物語だけに気づいているのでは不十分。深く目覚めるには深い神秘を意識する必要もあるのです。

多くの教えは精神を敵と見なしますが、これはクレイジーな考えです。物事を十分に考えていないから、このようなアイディアを真面目に信じるようになるのでしょう。子どもから大人へと成長するに従って考える能力を鍛え上げて来たのに、突然「それは全部間違いだ」と主張するスピリチュアル・ティーチャーが現れる……それでいいのでしょうか?

その教えが筋の通ったものであるかどうかをチェックするために、子どもに教えたいかと自分に尋ねてみるとよいでしょう。答えがノーならその教えは何かを欠いているはずです。こう問いかけてみましょう。「精神は問題があるから考えることをとめる努力をしなさい」と子どもに教えたいだろうか?

答えは明らかにノーです。子どもたちにはもっと考えてもらいたい。はっきりと、想像力豊かに考える方法を学んで欲しい。生きることにおいて筋の通った物語を紡いでもらいたい。けれど、精神が孕むパラドキシティも掴んでもらいたい。私はそう思っています。ですから、子どもたちには「精神はすばらしい贈り物だけれど、間違った考えに取り込まれてしまうとさまざまな問題が起こるよ」と教えます。これが、私にとって最善の「どちらも／そして」のアプローチです。

精神との格闘

精神を悪者として位置づけることで目覚めはさらに難しくなります。目覚めるには考えることをとめなければいけないとするならば、精神との格闘にいつまでも取り組み続けることになります。そして、格闘し続ける時、「物語と同時に神秘を意識すればよい」というシンプルな目覚め方は見えなくなってしまいます。

静めろと言われると精神はむしろ頑固に思考機能を展開し続け、私たちは自分自身の失敗を責めることになります。もっとわかりやすく言えば、精神であることをとめられない精神を咎《とが》めるのです。けれど、心臓が心臓をとめることができないように、精神は考えをとめることはできません。それが役目なのです。そして精神がこの役割を担っていてくれることはとてもありがたいことです。考えることをとめたら、私たちは目覚めるどころかただの馬鹿になってしまうのですから。

精神に囚われると目覚めることはできないため、スピリチュアルな敵であると捉えられがちなのかもしれません。けれど、精神はモンスターではありません。〝考える〟という経験を吟味すると、それは喋ることに似ているとわかります。考えることとは、心の中のプライバシーが守られた状態での自分との対話です。

話し続けるのをやめない人がいるとうんざりするのと同じで、私が私へ話すのをやめないと頭がおかしくなりそうになります。私たちには喋るのと同じだけの沈黙が必要なのです。静けさに立ち上《のぼ》るアイディアとともに過ごすのと同じだけ、静けさそのものと過ごすことが必要なのです。こうすることで、物語だけでなく神秘にも意識を向けることができるようになります。

やむことのない気になる独り言に悩まされる時には、神秘に飛び込むすばらしさを味わうといった集中できる何かを見つけることが最善の解決策。すると、私たちは目覚め始め、悩みは溶け出します。一方、考えないことで不安に満ちた喋り声をとめようとするならば、心配は戻り続けてうまくゆきません。精神のパラドキシティを認めた方が物事はスムーズに運ぶのです。

私はまず、例え故障しているように見えたとしても精神はやるべき仕事をしているのだと理解します。精神の役割とは、私がより良い時を過ごせるよう物語について考えること。不快な経験を避けるために未来を想い描くこと。そして過ちから学ぶために過去を分析すること。この先もそれを続けるために精神は必要ですから、深い神秘に飛び込む前、やがてまた思考の過程にたっぷり向き合うことを自分の中ではっきりさせておきます。

そして考えることから離れ、神秘のまっただ中で自分をリフレッシュします。その後、物語に戻って精神との関わり合いを再開すると、物語におけるジレンマを新たな光の中で見つめられます。思考は不安から離れ、腰を据えて熟考するようになります。精神がリラックスしていると物語と深い神秘の両方を意識することができ、注意力はその狭間で自由に踊るようになります。

子どもじみたスピリチュアリティ

「思考する精神は目覚めへの障害だ」と考えることでスピリチュアリティは子どもじみたものへと後退します。私たちの多くは大人の世界に取り込まれており、子どもの頃に味わった喜びを渇望しています。このため、スピリチュアリティに対する子どもじみたアプローチが魅力的に映るのでしょう。けれど、私には危険に満ちたアプローチとしか思えません。

深く目覚める時には、深い神秘に遊ぶ子どものように感じるのは事実。けれど、子どものようであるだけではありません。深く目覚めることは人生の初期段階に後退することではないのです。それは、人生におけるさまざまなチャレンジに向き合うことのできる思慮深い大人でありながら、神秘に遊ぶ子どもでもある状態へと進化することです。

子ども心を忘れた大人でいる時、生きることの喜びはどこかで損なわれています。大人であることを捨てて子どもでいる時、実際の出来事に対応することはできません。けれど、どちらかを選ばなければいけないのではありません。同時にどちらでもあることができます。子どもから大人へと成熟しながらも、初めからそこにある純真無垢《じゅんしんむく》なハートを意識することができるのです。

残念なことに、スピリチュアリティの探究者たちの多くがこの点において困惑しているようです。アメリカ人哲学者ケン・ウィルバー（訳注：一九四九〜）は、目覚めの理解において重要なこのポイントを「前／超の混同」と名づけ、このように書き記しています。

「前／超の混同」の本質は非常にシンプルだ。前合理段階と超合理段階はどちらも、それぞれのあり方で非合理的であるため、訓練を受けていない人にはどちらも同じものとして、もしくは完全に一致したものとして映る。

深く目覚めた状態は超合理段階であり、合理性を含みながら超越しています。それは合理的でありながら深い神秘にも気づいている広がりのある意識状態であり、合理性を知らない前合理段階とはまったく異なるのです。

子どもじみた状態へと後退することなく進化したいのであれば、目覚めの状態は非合理的ではなく超合理的であることを理解する必要があります。問題なのは、現代における多くのスピリチュアリティが敢えて前合理的であろうとすることです。このような未熟なアプローチの結果、何が起こるのかを見てみましょう。

非合理的楽観性

親が子どもの面倒を見るように、人生が自ずと私たちの面倒を見てくれるとする子どもじみた楽観主義を信じる人が多いのもまた事実です。生きることに信念を持つのはすばらしいことですが、この未熟な姿勢からは、人生は私たちの思考と行動を通じて私たち自身の面倒を見るのだという肝心なポイントが抜け落ちています。私たちはその過程の一部であり、責任を持たなければいけません。信じながらも、自分が何をするのかを考えなければいけません。スーフィー（イスラム教神秘家）が「アラーを信じ、ラクダをつないでおけ」と言ったのはこのためです。

「世界を変えるための大きなイベントを企画するから参加してくれないか」と無謀に思える計画を楽観的に携えて、たくさんの人が私のもとを訪れました。彼らの情熱には感化されます。どこへ行こうと追いかけたいビジョン。生きることの女神に対する揺るぎない信心。伝染しそうな情熱です。心から敬服しますが、けれど何かが間違っています。

何が欠けているのかと言うと、彼らは論理を超えたアプローチをせず、クリスマスにはサンタクロースがプレゼントを持って来るはずだと信じている子どものような状態になっているのです。疑うことなくビジョンを信じ続け、意思を持ち続け、考えず、なすがままにしていれば、人生はシンプルに祝福を授けると信じているのです。

このやり方はしばらくの間はうまくゆくかもしれませんが、いずれ失敗と落胆に終わり、結果として生きることに魅力を感じなくなってしまうはず。だからこそ、直観的ビジョンに従いなががらも、それらを実際に引き起こすための合理的精神を忘れない、論理を超えたアプローチが必要になります。

誤解しないでください。善い行いに自信を持つことはすばらしいことです。思考する精神だけでは、生きることの困難を乗り越えるのに十分ではありません。困難にあって私たちは存在することの根元的善良さを心から信じる必要があり、それは深く目覚めた状態において自然と湧き起こるものです。

この本の執筆中、私の娘が虫垂炎で入院しました。娘の健康状態を心配する私の精神はひたすら考え続けていました。だからこそ私は神秘に入り、すべてが大丈夫であるという確信で娘を満たす必要がありました。

私はそこに私が存在し、ただ愛している未知に入りました。しかし同時に、これから施す医療行為を把握し執刀している医師に心より感謝しました。私はすべてがベストな状態で終わるはずだという信念だけに頼るのではなく、医師が物事を注意深く考えていることも頼りにしていました。

奇跡

奇跡を渇望するからこそ、私たちはスピリチュアルな子どもになるのです。大人の世界からはワンダーが追放されてしまったため、大人たちは生きることが魔法であった子ども時代の、あの生き生きとした感覚を懐かしんでいます。このせいで、不可思議な話を聞いた時、噛《か》み砕くことなくすべてを丸呑みしてしまうのです。絵空事を売りつけられているのではないかと注意深く考察することをやめてはいけません。私たちがこうした話を信じがちなのは、心地良く感じるからこそなのです。

勘違いしないでください。「生きることは魔法ではない」と言っているのではありません。生きることは、確かに魔法です。ワンダーに満ちた魔法は、確かに起こります。私自身、数えきれないほどの魔法を目撃してきました。言葉にすることのできない生きることのワンダーを目撃するのは本当にすばらしいことです。

大晦日に行われた神秘体験リトリートで私は参加者たちを外へ連れ出し、夜空にランタンを上げました。その日はその月二度目の新月〝ブルームーン〟で、あたりは静まり返っていました。皆が愛に震え、子どもに還ったように感じていました。そしてその時、月の周りに虹が掛かっていることに気づいたのです。

固唾《かたず》をのんで見守っていると、虹は目のような形になり、まん中にある月がまるで眼球のように見えました。本当に魔法の瞬間でした。多くの人と一緒に目撃しなかったのなら、自分の目を疑ったことでしょう。

ブルームーンには奇跡が起こる。大きな夜空の目がどうやって形を成したのかはわかりませんが、合理的な説明も可能であるはずです。けれど、それが起こった時、それは奇跡的でもあったのです。

私は合理的精神を大切にしていますが、だからといって生きることの奇跡を捨て去りたいと思っているわけではありません。出来事の隠された意味、隠されたパターンを解き明かすシンクロニシティを無視したいとは思いません。それよりも私は、あらゆることを奇跡として捉えるようになったのです。理性を持って人生を理解することもまた奇跡なのです。

アインシュタインはかつてこう言いました。

生きるにはふたつの方法がある。何ひとつ奇跡でないとして生きるか、すべてが奇跡であるとして生きるか。

超論理思考ですね、アインシュタイン博士。私も両方の見方に賛成です。

騙されやすさ

合理的精神を否定する時、私たちは賢くなるのではなく騙《だま》されやすくなります。子どもじみたスピリチュアリティのせいで、人々がくだらない話を信じるようになるのも無理はありません。

しっかりと考えなければ、聞こえがいい話は何でも信じるようになってしまいます。新たな可能性に自分を開くのはすばらしいことです。けれど〝馬鹿げた話探査装置〟を手放してしまうと、あらゆる戯言《たわごと》を受け入れることになります。

先日、新しいグルに出会ったという人に遭遇しました。このインド人のグルが数百万にのぼる信者の前で一度に三つの異なる場所に出現する時が来ることを明かしたと聞き、この男性は感銘を受けていました。彼に意見を求められたため、私は「探査装置が耳が痛くなるほどの音を立てているよ」と伝えました。私はすべてにオープンですが、何かを信じるには確固たる証拠が必要です。

この探査装置なくしては私たちはただの迷子です。プレアデス星からやって来た宇宙人やスピリットとのチャネリングを通じて生き方を学ぶことになってしまいます。チャネリングを馬鹿にするわけではありません。若い頃チャネリングについてかなり調べたこともありますし、深く閃きに満ちたメッセージを伝えるチャネラーにも出会いました。けれど多くの場合、それらは絵空事に過ぎませんでした。

絵空事であっても、すっかり感心する人もいます。合理的な疑問を否定的な考えとして拒否し、その絵空事を信じたいのです。だから誰も手品を一時中断するような、こんな込み入った質問を敢えてしないのです。

あなたは高度に進化した文明からやって来た宇宙人で、人類が原始段階から進歩するのを手助けしたいのですね。すばらしい。ありがとう。でも、あなたが本物か確認させてください。私たちがまだ知らない数式を教えてくれますか？　そんなに進歩しているのであれば簡単なはずですよね。それをオックスフォードのホーキング博士に見せて、彼をビックリさせれば、あなたがチャネラーやライトワーカーを通じて私たちに伝えようとしている急を要するその知恵に、皆が耳を傾けるようになるはずですよ。

それでも、信じる人たちは後を絶ちません。子どもたちはただただ信じたいのでしょう。

スピリチュアリティの文法

スピリチュアリティにおいて子ども返りする時、私たちはその文法に惑わされます。摩訶不思議な名前で、摩訶不思議な洋服を着た師に憧れ、悟りを開くことが何なのかもよくわかっていないのに、師には完璧に悟っていて欲しいと思います。グルは神の生まれ変わりで、その人の慈愛において救ってもらいたいと考えるのです。父親的存在に面倒を見て欲しいのです。私にもそんな時期があったからよくわかります。

しかし、今の私は違います。自身もまた生徒であると知っている師に惹《ひ》かれます。完璧であるフリをせず、人間的な弱さを見せるだけの強さがある人に惹かれます。師を知ろうとするなら、教え子を見るのが一番です。しっかりと教えを受けたので、もう師を必要としない教え子は何人いるのでしょう？　だってそれが先生の仕事でしょう？

スピリチュアリティにおいて子ども返りすることの危険性は、子どもが成長することにまったく興味のない父親のようなグルを取り囲むカルトの一員になってしまうことです。究極の権威であると主張する師を追随する時、自分らしさは隠されてしまいます。けれど、目覚める時に必要なのは自分らしさなのです。

スピリチュアリティにおいて子ども返りをする時、私たちは幼児レベルに留まり、独自の視点を持った個人になる機会を逸します。師と同じように語り、他の弟子と同じような格好をし、集団トランスにおいて大切な個性を失いながらも、それを目覚めと勘違いします。

子どもじみた考えをする時、人はあらゆる魅力的な幻想を信じ、幻想から覚まそうとする合理的精神を嫌うようになります。自分たちが属している集団は世界を救うために選ばれたと信じる人にもたくさん出会いました。特別な師を追い求めることが自分たちを特別にすると信じているのです。子どもが自分は特別だと信じたいのと同じように、自分は特別だと信じたいのです。私たちは誰もが世界において唯一の存在であり、すでに皆が特別なのだから皮肉なものです。自分自身について考え、個を強めることで、私たちはどんどん特別になるのですから。

最新の流行

子ども返りをする時、私たちは最新情報を信じるようになります。先週の流行は「みずがめ座の時代がやって来た」でした。今週は「二〇一二年に世界は終わるのか?」です。二〇一二年以降であっても、あなたはこの本を読んでいるはずですし、また二〇一二年の後も、世界の終わりや集団覚醒を謳うさまざまなニュースが飛び交うのでしょう。

スピリチュアリティを探究し続ける中、長年にわたりこうした〝トレンド〟がやって来ては去って行くのを見てきました。ある時は「不死性」が流行し、今は「引き寄せの法則」です。流行が悪いと言っているのではありません。むしろ可能性をとことん追求し、そこに何かがあるのかどうかをしっかりと探るべきだと言いたいのです。そしてその時、直観的ハートと合理的精神の両方を使うべきなのです。

近年、断食とデトックスが流行りました。妻のデビーはデトックスを行い、コーヒーは体に良くないがコーヒーエネマ(コーヒー浣腸)は良いと言われ、試してみてすばらしいと言っていたので、きっと悪くないアイディアなのでしょう。けれど、コーヒーを口ではなくてお尻の穴に入れなさいと言われたら、立ち止まって考える必要はありますね。その内スターバックスでコーヒーエネマを始めるかもしれません。

論理を超えた選択

目覚めたいのであれば、世界にワンダーする子どもの本質を思い出さなければいけませんが、論理を超えたアプローチを取って、子どもと大人どちらもの自分に気づく必要があることを忘れてはいけません。こうすることで、生きることの魔法と現実世界における機能性の両方を楽しむことができます。

大人の精神を形づくるのは思考能力です。熟考することをやめる時、私たちは前合理的な子どもの状態へ後退してしまいます。しかし、深く目覚める時、私たちは超越して広大に広がる意識状態において合理的精神を持つことができます。遊び心に満ちた子ども、しっかりと考える大人、両方の自分に気づいています。

深く目覚めた状態は精神を無視しません。私の経験では、目覚めはより深く物事を考える力を与えてくれます。精神は解き放たれ、直観的な安らぎにおいて機能します。「わぉ！」に目覚めると精神がゼリー状になり、へらへら笑って甘ったるいナンセンスをつぶやくようになるのではありません。神秘体験にしっかりと浸される時、大切なのは深い愛だけであると知っているのです（私が時々ふわふわしているように見えるのもまた事実ですが……）。

第11章

入る――「わぉ！」のワーク

ここまで生きることに向き合うには物語が必要であることを見てきました。目覚めるために非合理的になって科学を手放す必要がないことも理解しました。

今、私たちは物事について考えることができることがどれだけすばらしいことか、しっかりと理解しています。精神の重要性を理解したところで、精神を超え、神秘体験の深みへと飛び込んでゆきます。

この章では、今この瞬間の感覚的体験に焦点を当てるワークを紹介します。心を静め、物語から飛び出して、「わぉ！」のワンダーに満たされましょう。

深い神秘に意識を向けると、深く目覚めることができます。しかし、精神《マインド》が私たちを物語に引き戻す限り、神秘に集中し続けるのは容易ではありません。この「わぉ！」のワークでは、この瞬間の神秘に深く入る簡単な方法を紹介します。精神がリラックスし、静寂が広がってゆくはずです。ここでひとつ、禅のメッセージをお伝えしましょう。

禅僧が弟子と歩いていると、その弟子がこう言いました。「どうしたら悟りを開けるのですか？」

禅僧はしばらく静かになり、そして答えました。「さらさらと音を立てる小川のせせらぎは聞こえるかね？　そこに入りなさい」

この弟子は崇高でスピリチュアルなメッセージを求めていたのでしょうが、禅僧は交わされる会話の背後で小さな音を立てていた小川に注意を向けると悟ることができると答えたのです。今、経験していること、つまりこの瞬間の感覚的体験に入ることを通じて意識を深くするように伝えたのです。

感覚的体験に入ると、目覚めは力強く引き起こされます。感覚的体験の直接性に入る時、それは深い目覚めへの入り口となります。陳腐な毎日が神秘的ですばらしいものへと変容します。五感は甦り、肉体は深く安らぎ、存在を強く感じるようになります。

ロンドン大学の脳神経学者セミール・ゼキ教授は最近、美しいものを見た時と恋に落ちる時に脳の同じ箇所が活性化されることを発見しました。今ここにある直接的な感覚的体験に深く入り込むとあらゆる感覚が美しく、瞬く間にこの瞬間と恋に落ちますから、この研究結果にも納得です。

「入る」ワーク

「入る」ワークはこれまでのワークに続くもので、このワークにより「わぉ！」に入ることは容易かつ効果的になります。本当に聞いて、見て、感じることで、私たちの五感のすばらしさに深く感謝しましょう。私の経験では、この瞬間の感覚に入ると、そこは大きな喜びに満ちているため、物語を手放して神秘に飛び込むことがより簡単になります。精神は静まり、神秘体験が自ずと立ち上《のぼ》るようになるのです。

今ここでしている経験を深く意識するだけで「入る」ことができます。味わいの喜びに入る、音楽の魔法に入る、他の誰かに触れる喜びに入る、この本を読む喜びに入る。いつでもどこでもこのワークを通じて神秘に飛び込むことができます。

感覚的呼吸

呼吸の感覚に入ることは特に大きな力となります。私は定期的に感覚的呼吸を練習してきたため、自分の呼吸に深く入ることができるようになりました。存在することのすばらしさを忘れてしまった時、呼吸が私を生きることに引き戻してくれます。

スピリチュアルな教えは呼吸とともに瞑想の練習をすることの大切さを説きます。練習と言われると難しく感じられるかもしれませんが、感覚的呼吸はすばらしいものです。二十代の頃、私は一年のほとんどを瞑想して過ごしました。そしてこの頃、呼吸に入ってゆくことが本当に心地良いものであると知ったのです。

瞑想の先生は呼吸することの感覚的喜びを見逃すことが多いため、呼吸に集中することは喜びを味わう経験ではなく難しい挑戦であるように聞こえがちです。けれど、ただ呼吸することの喜びに浸されることは実に美しい経験です。

感覚的に生きる

「入る」ワークは簡単かつ効果的。これまでの「わぉ！」のワーク同様、感覚的瞬間に入ることが私にとってどんなものかをまずあなたと共有しますので、私と一緒にワークをしてから次はあなたひとりで試してみてください。

ワンダーする（Wondering）

静かに座り、リラックスします。

ワンダーすることで自分を目覚めさせます。

私を取り巻く世界のすばらしさと美しさに驚いています。

ワンダーすることで、深い未知の感覚に入ってゆきます。

物語を飛び出し、この瞬間の神秘へ入ります。

今、私は直接的な感覚的体験に焦点を当てています。

感覚的に聞く（Sensual Listening）

庭で鳥が鳴いているのが聞こえます。私はその音に入ってゆきます。

私は本当に聞いています。

歌声の声色とリズムが聞こえてきます。

深く聞くに従い、私の意識状態は変化してゆきます。

まるで初めて聞いているかのように、聞くことはとても美しく感じられます。

この瞬間の経験は完璧に神秘的で、ワンダーに満ちています。

注意力は集中しながらもやわらかく、まるで音を撫《な》でているかのようです。

聞こえてくる音と音の輪郭が溶け出し、気づきに立ち上るひとつの美しい音の流れになります。

音の小川とひとつになったかのように感じます。

世界のすべてが震える音とともに鳴っています。そして、私もまた音です。

感覚的に見る（Sensual Looking）

窓の外を見ると、庭の木にきれいなピンク色の花が咲いています。

デニス・ポッターが死の直前、庭にある花を初めて見たかのように感じていたあの時のようです。

ピンク色の花に入ってゆきます。

本当に見ています。

私は静まりかえり、強く存在しています。

花々の繊細な質感に入ってゆきます。

花弁の生き生きとしたピンク色に入ってゆきます。

こんなにきれいなピンク色をしたものは見たことがないと感じます。

こんなに美しいものを二度と見ることはないと感じます。

物事の本物の姿、魔法のような、奇跡的な、神秘的な姿を見ていると感じます。

花の色を近く、親密に、まるでそれとひとつであるように感じます。

私は花に恋しています。

感覚的に呼吸する（Sensual Breathing）

体を感じながら、この椅子に座っています。肌が感じる空気を意識しています。

息が上《のぼ》り、そして降りてゆくのを意識しています。

呼吸に入ってゆきます。

体に入り、体から出てゆく空気の感覚的な流れを意識しています。

息に浸り、ただ呼吸することはどんどん大きな喜びになります。

空気が濃く感じられ、体はエネルギーとともに震えています。

ここにあって呼吸していることは、想像できる中でもっとも充実した経験です。

呼吸に溶けてゆきます。

宇宙が私を呼吸しているかのように感じます。

私は気づきに立ち上る呼吸の感覚とひとつです。

体がやわらかくなり、ただ存在することを心地良く感じます。

神秘に浸されています。

今この瞬間のそのままに、恋をしています。

存在することに恋をしています。

ここでワークをやめますが、深くつながっている感覚、味わい深い体感はいまだ圧倒的です。靴を履いていないので、足がカーペットを踏む感覚のすばらしさが感じられます。コーヒーを飲めば、その味もまた格別です。生きていることは最高だと感じています。

この瞬間を感じる

では、あなたの感覚的体験に入ってみましょう。神秘体験リトリートでこのワークをする時、私は美しい音楽を掛けます。音楽は魔法。意識をこれほど早く変容させてくれるものは他にありません。私自身もミュージシャンですが、音楽がどうやってそれをやってのけるのかわかりません。音楽は神秘です。

このワークではミニマル音楽を手がけるアルヴォ・ペルトの優しく、アンビエントで深い『アリーナのために』をよく掛けます。大げさな曲である必要はありません。普段の無感覚状態から離れ、感覚に満ちた時間へと自分を誘うことができればよいのです。必ず音楽を掛ける必要はありませんが、試してみるとよいでしょう。

感覚的体感に入る機会が増えると神秘に深く入ることができるようになるので、このワークを定期的に続けてみてください。思考が邪魔するのであれば、感覚的体験に集中することがどれだけ喜びに満ちているかに注意を向けてください。そうすると精神は次第に穏やかになるはずです。

ワンダーする（Wondering）

静かに、心地良くします。リラックスし、アンテナを張ります。

あなたを取り巻く世界にワンダーし、深い未知へと入ってゆきます。

物語を抜け出し、この瞬間の神秘に入ります。

今ここにある、感覚的体験にあなたの注意を向けます。

感覚的に聞く（Sensual Listening）

聞くことに意識を向け、そこに入ってゆきます。

音の流れ、大きな音、小さな音を意識的に聞きます。

さまざまな音の音色に意識を向けます。

何かを聞くこととは何でしょう？

聞くことがいかにすばらしいか、たっぷり味わいます。

これまで耳が聞こえず、まるで初めて何かを聞いているかのように聞きます。

まるで、これが最後に聞く音かのように聞きます。

親密に聞き、気づきに立ち上る音とひとつであるかのように感じます。

聞くことと恋に落ちます。

感覚的に見る（Sensual Looking）

見ることに意識を向け、そこに入ります。

あなたの前にあるものを、本当に見ます。

形、色、質を意識します。

何かを見ることとは何でしょう？　見ることと聞くことはどう違うのでしょう？

何かを見ることがどれだけすばらしいか、たっぷり味わいます。

これまでの人生で見ることができず、まるで初めて何かを見ているかのように見ます。

まるで何かを見るのがこれで最後であるかのように見ます。

親密に見て、見る感覚とひとつであると感じます。

見ることと恋に落ちます。

感覚的に呼吸する（Sensual Breathing）

今この瞬間の感覚を意識し、そこに入ります。

体から力を抜き、緩めます。

肌に触れている空気を感じます。

何かを感じることとは何でしょう？　感じるという性質の感覚を経験することはどのようなものでしょう？

あなたの体に入って来て、そして出てゆく呼吸に焦点を当てます。

呼吸に溶け出し、呼吸をすることがどれだけすばらしい味わいかを感じます。

呼吸することを親密に感じ、気づきに立ち上る呼吸の感覚とひとつであると感じます。
呼吸することに恋をしています。
存在することに恋をしています。

第12章

この瞬間の神秘

この章では、日々の暮らしにおいて、今この瞬間の神秘に目覚めるために「入る」ワークをどのように活用することができるかお伝えします。

同時に、表面的なスピリチュアリティがいかにしてあなたを目覚めから遠ざけてしまうかについても話しましょう。

私は今この瞬間に存在し、物語は私に何が起こっているのかを教えてくれます。今、この本をあなたのために書いているという物語が展開しています。ちょうど朝食をつくり終え、子どもたちを学校へ送り出し、あなたを深い目覚めに導くためにややこしい言葉をわかりやすくまとめあげる仕事が待っています。

私の物語を愛していますが、今日は少し不安を感じています。執筆がスケジュール通り進んでいないのです。締め切りまでに草稿を提出しないとどんな問題が起こるのかは明らか。けれど、すばらしい本を書くには時間が必要なのです。

これまでこの本に多くの時間を割いて来たため、先々のことも少し心配です。この苦境を生み出した過去の出来事を後悔してもいます。不安と後悔により、今この瞬間の経験は損なわれています。

こんな気分は楽しくはないので、今に対する視点を変えてみることにします。物語を傍らに置いて、体に入っては出てゆく味わい深い呼吸の感覚に焦点を当てます。心を落ち着けると、物語における不安の正体を見抜くことができるようになります。何が起こっているのかを一体誰が知っていると言うのでしょう?　私が計画した通りに人生が展開することなどないのです。ありのままの流れに抗《あらが》うのは得策ではありません。起こっていることと調和していることの方がずっと大切なのです。

そして、波立つ表層の下、深い神秘へと入ってゆきます。そこで私は膨大な静寂、始まりの安らぎ、すべてが良いという確信に気づいています。力強く、今、ここに存在しています。体がリラックスし、気分が楽になります。今ここに存在していることの奇跡に、そしてただ存在することがどれだけすばらしいことかに気づいています。私を取り巻く日々の暮らしのワンダーに感謝しています。心配が引き起こした疲労は過ぎ去り、リフレッシュします。

この瞬間の神秘に留まることを阻む何かは消えはしません。「時間はどんどん過ぎて行くし、やることはいっぱいあるよ」と思考は私を急かします。けれど、私はそうやって思い出させてくれる思考に感謝し、憤りません。「神秘と一緒にいる方がいいのだから、馬鹿馬鹿しい締め切りなんて構うもんか」と言ってみることもできますが、それも良い気分ではありません。他人と交わした約束を果たす責任ある人物でありたいからです。責任を果たすこととは、つまり愛することです。

そして私は物語における課題に戻ります。課題は変わらずそこにありますが、私の意識の状態は変化しています。人生の重みに圧倒されることなく、今この瞬間において生き生きとしています。ティムの冒険は、私を今のこの状態へと導きました。これが在るべき姿です。生きることは言葉で言い表すことのできない奇跡であり、人生の物語において私たちはさまざまな挑戦に立ち向かうのです。どんどんチャレンジを持ってきて！　準備は整っているから！

〝今〟はどれだけ長いのか？

意識の状態を変えるとても効果的でシンプルな方法は「入る」ことです。感覚的体験の直接性へと注意を連れ去るために「今、ここ」を強く意識します。すると、物語から抜け出し、神秘へ入ることができます。神秘に浸される時、物語に対する見方は変化します。

このワークの効果を知るには、〝今〟のパラドキシティを理解する必要があります。これについては、著書『HOW LONG IS NOW?』に記しましたが、ここで改めて述べましょう。これは「わぉ！」に目覚めながら、日々の暮らしのジレンマに対峙するための大きなヒントです。

「今はどれだけ長いのだろう？」という質問は、ふたつの異なる答えを導き出します。今はとても短いようでもあります。考えた瞬間、その瞬間は過ぎ去っていて、今を捕まえることはできません。しかしその一方で、いつも今です。過去は記憶として未来は可能性としてそこにありますが、永遠の今は今です。

今は、短過ぎて捕まえられないのでしょうか？　それとも、長過ぎて常に今なのでしょうか？あなた自身の経験を見つめると、そのどちらも正しいとわかるはずです。時間とは永続する今に現れる、変わり続ける経験の流れでしかありません。今は時間に存在しながらも〝時間を超えた性質〟を持っています。

他のさまざまなパラドキシティ同様、ここにおいてもどちらか一方ではなく、両方の側面を意識する必要があります。問題なのは私たちがどちらかひとつの側面からしか、今を見ようとしないことです。どこから来てどこへ行くのかに関心を持つ時、私たちは時間の中の今だけを意識しています。この時、私たちは今の〝時間を超えた性質〟には興味がなく、それについて考えもしません。

物語は時系列に存在するため、今の時間を超えた性質に意識的になると私たちは物語から抜け出して神秘へと入ることができ、すると意識の状態は大きく変化します。物語とは思考によって捉えられた〝生きること〟です。そして、時系列に沿って並べられた言葉たちがつまりは思考です。例を挙げましょう。この……文章を……ゆっくり……読むと……私が……何を言いたいのかは……最後まで……わかりません。そう、思考は時間に縛られているのです。

一方で、時間を超えた今に注意を向ける時、生きることは言葉では理解されません。私たちは今この瞬間に生きていることの輝かしい直接性を経験します。それは過去や未来に囚われないすばらしい解放感です。

物語は私たちがどこからやって来てどこへ行くのか、文脈の中で理解されるべく語られます。変わり続ける日々の出来事と対峙するには、この視点が必要です。けれど、深く目覚めると、私たちは〝今、ここ〟を深く理解し、それに感謝するようになります。

時間の物語に囚われると過去を後悔し、未来を心配するようになります。不安に駆られ、ストレスを抱え続けるようになります。けれど、時間を超えた今に入る時、そこに物語はありません。この瞬間の神秘において、波打つ水面下の深い安らぎを見つけるのです。そして生きることをありのままにすることを知ります。

私の経験では、今この瞬間に入るとワンダーに驚く子どものようなリラックスした状態にいる自分に気づきます。広大な広がり、裸のままの存在、深い未知。禅僧の鈴木俊隆《しゅんりゅう》(訳注：一九〇五〜一九七一)はこれを「初心」と呼びました。

初心に返ると、私はここにあることを過去の出来事に汚されていない新鮮な視点で見つめるようになります。その時私たちは時系列の旅にあってたくさんの情報を携えた大人であるだけでなく、過去のパターンに則って物事の意味をつくり上げずに永遠の今に遊ぶ無垢な子どもでもあるのです。

情熱と安らぎ

この瞬間の神秘に意識的になることがもたらす力に気づいた二十代のある日のことを、今でも鮮明に覚えています。その頃私は何ヶ月もを瞑想リトリートで過ごしており、それはすばらしい時間だったのですが、当時恋愛をしていた女性との諍《いさか》いで心の安らぎはすっかり乱れていました。その頃住んでいた小さなコテージの開かれた窓の側に座り、小川のせせらぎを聞きながら、けれど心には不安と後悔が渦巻いていました。

私は前述の禅僧の話を思い出し、せせらぎの音へと入って石の上を踊る水が奏でるメロディーに身を委ねました。今この瞬間に強く意識を持った時、意識の状態が変わってゆくのを感じました。この瞬間に物語はなく、後悔も不安も苦しみもありません。私はその深く、強烈な静寂に心を浸したのです。

心が痛む時には、後悔に満ちた過去と未来への恐れの物語へと戻ってゆくのを感じました。けれど、時間を超えた今に自分を放つと、深い安らぎが再び姿を現しました。物語に戻ると、そこには以前の苦しみがありました。そしてありのままにすべてを委ねると、深い安らぎが現れるのです。

こうした体験を重ねるにつれ、私は自分の物語を嫌い、この瞬間の神秘に自分を解放したいと思うようになりました。けれど、物語を手放すことはできなかったのです。私は物語に立ち返り続け、心の苦しみを体験し続けました。

正確に表現するなら、私の一部が物語に戻りたいと思っていたのです。自分の感情を無視するのは、自分を誤魔化すことだと感じていたからです。物語を追いやろうとする時の私は、自分のもとを去ろうとする女性を愛しているという現実を追いやろうとしていました。私にはそれをする準備ができていなかったのです。苦しみを拒絶することすらできなかったのです。

今をひとつの見方でしか見てはいけないと考える時、イライラに消耗されるか、深い安らぎに驚くか、このふたつの間を右往左往することしかできませんでした。けれどやがて、私はもうひとつの可能性に気づいたのです。

私は時間を取り、ティムの物語での出来事について感じていることをたっぷりと受け入れました。別れの苦しみを讃えました。後悔と恐れを認めました。そして、その物語をしばし傍らに置くことを選びました。意識的に時間の物語から身を引き、この瞬間の時間を超えた安らぎにおいて自分をリフレッシュすることを決めたのです。

この瞬間の神秘に深く入るとそこにあるのはせせらぎの音楽だけで、私の心掛かりを優しく撫でながら取り去ってくれました。私のハートは開かれ、存在することの深い愛を感じ、表面上の出来事がどうであれ、すべては良いと深く知っていることに気づきました。意識の状態が変容するまで時間を超えた瞬間に留まりました。そして、直観的に「今だ！」と思ったその時、注意を物語に戻したのです。その時、私は自分の苦難を新たな視点で見つめ、何をすべきかを知っていました。

時間に入り、時間から抜け出る

私が伝えたいことは論理を超えています。物語から目覚めることは、この瞬間の神秘に気づくことです。けれど、時間における物語を意識することもまた大切なので、「どちらか／もしくは」のアプローチで対応しないことが肝心なのです。

「時間について考えずに、今を生きろ」というのがスピリチュアリティにおけるトレンドであるようで、「今この瞬間になる」を呪文のように唱えている人たちにもたくさん出会いました。けれど、ただこの瞬間になることなどできません。時間について考えるのをやめてしまうと、自分が誰で、昨日何が起こったのかを忘れ、記憶喪失になってしまいます。記憶喪失は目覚めではありません。それはできることなら避けたい病いです。

パラドキシティの一極を否定しようとすると、対極に意識を向けることも困難になります。さらに困難になるのです。時間に関する心配を排除することで、時間を超えた瞬間に注意を向けることは困難を極めるようになります。

目覚めるためのシンプルな方法は、「どちらも／そして」のアプローチを取ることです。時間に気づいていることは祟《たた》りではなく、大いなる祝福であることを認めるのです。そして同時に、この瞬間のワンダーにも気づかなければいけません。そうすれば時間とこの瞬間との間で注意力を自在に動かし、日々の暮らしにおけるさまざまなチャレンジに向き合いながら、この瞬間の神秘に感謝することができます。

子どもと大人

子どもに伝えたいかどうかを考えることで、教えの真価を試すやり方はすでに伝えました。では、時間を忘れてこの瞬間に生きるよう、子どもたちに伝えたいかどうかを自分自身に尋ねてみましょう。答えはもちろんノーです。子どもにそんなことは言いません。

親として私は、時間にはより意識的になるよう子どもに伝えています。夜更かしが楽しかったとしても、明日の学校のことをしっかり考えて欲しい。将来のためにしっかりと宿題をして欲しい。年老いても健康でいるために歯はしっかり磨いて欲しい。

過去にしたことに対して責任を負い、未来に何が待っているかについて考えて欲しいのです。こうすることで子どもたちは目覚めから遠ざかっているのでしょうか？　子どもたちにはこの瞬間だけを楽しませるべきでしょうか？　いや、違うはずです。

子どもたちは自然とその瞬間を楽しんでおり、それは良いことでもあり、また、その逆でもあります。今ここにいることをシンプルに楽しめるのはすばらしいことです。けれどそれだけでは、時間の中に生きることの現実的要求に応えることはできません。だからこそ、子どもは面倒を見てくれる大人を必要とするのです。

成長することは時間における旅であり、私たちはその旅をしてここまで来ました。時間の物語の中にいるのだから、過去や未来について考えるのをやめるべきだというのはおかしな話です。それでは意味を成しません。成長することのすべての過程が、後悔すべき過ちだったというのでしょうか？

生きることにおいて私たちは、今に生きることから、時間における物語を生きることへと成長を遂げます。時間における物語を生きるために、私たちは子ども時代に経験していた〝この瞬間に在る感覚〟を代償として支払います。このため、大人の世界はとてもシリアスで不安でいっぱいなのです。けれど、子どもの頃に経験したこの瞬間に在ることの喜びは表層下にいつもあって、思い出されるのを待っています。

スピリチュアルな目覚めとは、この子どもの頃に持っていた本質と再びつながることにあります。これは子どものようになるという意味ではありません。そんな人に出会ったことがあるかもしれませんが、とても厄介な人たちです。子どものように振る舞う大人たちは深く目覚めてはいません。彼らは成熟しておらず、わがままで、影響力がなく、信頼に値しません。まさに子どもなのです！　大人たちは子どもより多くを期待されますから、子どもであれば耐えられることも大人となると耐え難いもの。大人は自分を信じ、他人に対して責任を持つことが求められます。

そうあるべきなのです。

一方で、成長することの不安がもたらすさまざまな層を内に重ね、子どもらしさの本質を地中深くに埋めてしまった大人に出会うと、この瞬間を味わうという生きることの喜びを忘れ、気難しく、緊張しながら生きている人たちであることが手に取るようにわかります。

このジレンマに論理を超えて向き合う時、私たちは時間において責任を持つ大人であると同時に、永遠にここにある今に遊ぶ子どもでいることができます。時間の流れと、時間を超えた今の両方を意識することができるのだから、どちらかだけを選ぶ必要はありません。そうする時、生きることはワンダーに満ち溢れるのです。

第13章

目覚めの冒険——「わぉ！」のワーク

この章では、日々の暮らしにおいてこの瞬間に目覚めるワークを紹介します。

第1部を終えるにあたって、神秘体験に入り、人生を変える挑戦をしてください。この本を読み進めながら、意識の状態に注意を払い、物語を飛び出して神秘に飛び込むことを定期的に試してみてください。時間の中に生きながら、永遠の今にも意識を向けると、生きることの経験が目覚めの冒険へと変容するのがわかるはずです。試してみてください。

注意力のパラドキシティ

時間にある物語とこの瞬間の神秘の両方に注意を向けることは難しいことかもしれませんが、注意力そのものの論理を超えた性質を理解することでずっと簡単になるはずです。視界の性質は注意力のそれと似ているので、ここで例として挙げましょう。

視界をよく見てみると、焦点の中心ではない周辺的視野にもぼんやりとした焦点が当たっていることがわかります。

今、私は目の前にあるパソコンの画面に焦点を当てていますが焦点はあっておらず、ぼんやりしているものの窓の向こうの庭も見えています。あなたも視界もこのような状態でしょう。

同じように、注意においても、焦点が当たっている部分とともに周辺的視野が広がっているはずです。

今、私の注意は書くことに向けられていますが、周辺的注意は時間に遅れそうだからそろそろ書くのをやめなければいけないことに向けられています。今、あなたの注意はこの本を読むことに向けられているはずですが、周辺的注意はあなたの人生で今起こっている何事かに向けられているはずです。

私にとって目覚めのアートとは、周辺的注意を保ったまま神秘と物語の間で注意を行き来させることです。神秘に焦点を当てるのなら物語は周辺的に意識され、物語に注意を向けるなら神秘は周辺的に意識されます。

最初の内、これは簡単ではないはずです。私もスピリチュアルな探究を始めたばかりの頃には、物語に焦点を当てると神秘についてすっかり忘れてしまいました。けれど、今では神秘体験を熟知しており、物語に焦点を当てながらも神秘を周辺的に意識することができるため、そうしたいと思えばすぐに神秘に焦点を戻すことができます。物語と神秘の間で注意を自在に行き来させることができるのです。

流体と固体

元旦を含む日程で神秘体験リトリートを開催した時、参加した皆さんと一緒に一年の始まりを祝いました。私の娘も遊びに来ていたのですが、彼女は私たちが感じていた深い愛をすぐに感じ取ったようで、その夜、娘を寝かしつけようとすると、娘は私に「お父さん、私、愛で酔っぱらっているみたい」と言いました。

深い神秘に浸される時、私たちはこのように感じます。すばらしい感覚ですが、何かに酔った気分でいることが常に適切であるとは限りません。

会計士と打ち合わせをするのなら、私の焦点は実務的なことに向けられなければいけません。深い愛を泳ぐ時、お金という概念は馬鹿げたものだと感じられます。私はその瞬間に遊んでいて時間から離れているからです。人生のチャレンジから離れた余暇としてはすばらしいことです。けれど、遅かれ早かれ、人間としての旅を続けるために日常の世界に注意を戻さなければいけません。

深く目覚めている時、私の注意は固定されず、流動的で、生きることの変わり続ける要求に応えることができます。思いっきり「わぉ！」に飛び込むこともありますし、物語に焦点を当てながら神秘は背後に留まることもあります。私の注意力は論理を超えた両極を行き来します。

どの状態にあるのか？

この瞬間の神秘を意識すればよいだけなので、目覚めることは簡単です。しかし、深く目覚めるためには、表面的に目覚めている状態をそれとして知らなければいけません。私たちはこの半意識的な状態を普通と呼び、そこに生きます。どれだけ意識せずにいるのかを知ることは簡単ではありません。私たちはほぼ無意識で過ごしているからです。これは論理を超えた悪循環です。

ここで、私たちが本来どれだけ目覚めているのかを知ることが鍵となります。人生の物語で起こる出来事に注意を払い、語り手としてその展開に習慣的に反応するだけでなく、立ち止まって「今、自分はどの意識状態にあるのだろう？」と自分自身に問いかける必要があります。

あなたが考え行動することは大切ですが、行動や思考はあなたの意識の状態から立ち上《のぼ》ります。このため意識の状態はとても重要で、そこに注意を払うことがあなたの人生を良い方向へと向かわせるはずです。

意識の状態に注意を払うことに慣れてくると表面的にしか目覚めていない状態にも気づくようになり、深く目覚めたいと思えばすぐにそうすることができるようになります。表面的にしか目覚めていない時の兆候をここに記しておきましょう。

何が起こっているかを確信しているのなら……あなたは表面的にしか目覚めていません。

人生が平凡で魔法に欠けていると感じるのであれば……あなたは表面的にしか目覚めていません。

この瞬間の神秘を無視して、どこかに辿り着くことで頭がいっぱいになっているのであれば……あなたは表面的にしか目覚めていません。

真面目になり過ぎて人生を笑えないのであれば……あなたは表面的にしか目覚めていません。

人生がすばらしい冒険であるという事実を見逃しているのであれば……あなたは表面的にしか目覚めていません。

意識の状態に意識的になることは、夢の中で自分をつねって目覚めさせようとするようなもの。意識的に視点を変えるために、生きることにおける無意識の流れを遮《さえぎ》るのです。

「わぉ！」の言葉

日々の暮らしにおいて目覚めることとは、普段私たちが半分しか目覚めておらず、反射的に反応しながら過ごしていると知ることです。深く目覚めようと試す前に再び眠りに落ちることはいとも簡単です。ですから、あなただけの「わぉ！」の言葉を用意してみてください。これは物語という眠りに落ちてしまった時、あなたがあなたに囁《ささや》く魔法の言葉。その言葉で意識の状態に変化を起こすのです。

私は「呼吸して」という言葉を「わぉ！」の言葉にしています。表面的にしか目覚めていないと気づいた時、私はこの言葉を繰り返して、意識を呼吸に向け、深く目覚める過程を起動させます。「目覚める」、「何も知らない」、「ここに在る」、「愛する」、「本物である」、「神秘に潜る」なども「わぉ！」の言葉にぴったりです。

効き目のある「わぉ！」の言葉を見つけて試してみてください。ポストイットに書き、部屋やオフィスに貼るのも良い考えです。「変わった人ね」と言う人もいるかもしれませんが、だから何だというのでしょう。私は何年もこうしていますし、効き目は抜群です。ポストイットは定期的に変えるようにしてください。さもないと、理解せずにただ見ているだけになってしまいます。私たちはあまりに早く状況に慣れてしまうのです。

目覚めが可能であると自分自身に思い出させるさまざまな方法を試し続けてください。二十代の頃、私は自分の無意識にメッセージを送る実験をしました。外国語を覚えるためのスピーカーをセットし、メッセージを録音したテープをループ再生して睡眠中の自分に聞かせたのです。フランス語の動詞のテープの代わりに自分で録音したテープをセットし、呼吸に意識するようメッセージを流し続けて一晩眠りました。そんなに効き目はありませんでしたからお勧めはしませんが、何でも試してみるのは悪いことではありません。さまざまな方法を試してみてください。

ワンダーすることを思い出す

あなたへのお勧めを、ここに記しましょう。

一日を通じて、あなたの意識状態にできる限り注意を払ってください。

表面的にしか目覚めていないと気づいたら、深く目覚めるために瞬間を捉えてください。

ワンダーする（Wondering）

生きることのワンダーに焦点を当ててください。

何が起こっているかを本当に知らないと気づいてください。

未知に注意を注いでください。

入る（Entering）

今ここにある感覚的体験の直接性に入ってください。

体に入り、そして出てゆく、味わい深い呼吸の感覚を意識してください。

この瞬間の神秘に注意を向けてください。

神秘を生きる（Living in the Mystery）

直観的に今だと感じた瞬間、時間にある実際の世界に注意を戻し、周辺視野にこの瞬間の神秘を留めてください。

新たな目であなたの物語を見つめ、日々の生活にクリエイティブに向き合ってください。

日常を暮らしながらも、生きることがどれだけ奇跡的であるのかを忘れずにいてください。

そうすることで日々の暮らしはワンダーでいっぱいになります。

第2部
深い自己への旅

第14章 深い自己

本書では、自分自身を深い愛の喜びへと導く、目覚めの「わぉ！」への旅を続けています。このすばらしい深みを手にするためには、人生をより深く理解しなければいけません。第２部では少し複雑な哲学的内容に触れることになります。

ここで取り扱う考えは常識からかけ離れているため、理解するのが難しいと感じる人もいるかもしれません。けれどそれらはシンプルに、この瞬間の現実を表現しています。この本を読み進め、実際に経験していることに注意を注ぎながら、これらのアイディアに触れてみてください。

生きることの深遠へと旅した私たちは、深い神秘に意識的になりました。ここまで「生きることとは何なのか？」という問いに焦点を当ててきましたが、ここから先は論理を超えて視点を転換し、「私は誰なのか？」という問いに焦点を当てます。この問いが神秘体験のさらなる深みへと私たちを連れ去るのです。

「私は誰なのか？」と問う時、明らかな答えは「私はティムです」でしょう。けれど、それが何を意味するのかは私にはよくわかりません。世の中にはたくさんのティムがいます。そしてここには、哲学者として本を書くひとりのティムがいます。けれど、そのティムは一日の終わりにベッドで妻と戯るティムとはまったく違います。子どもたちと一緒にテレビゲームをしているティムとも違います。ティム以外誰も知らない、ひとりの時間を過ごしているティムともまた違います。

それぞれのティムを演じ分けるために着る服すら替えているのですから、感心せずにはいられません。子どもたちと庭で遊ぶにはTシャツにショートパンツ、外でプレゼンテーションをする時にはきちんとしたスーツ、ＰＴＡの集まりにはジーンズとジャケット、友だちと遊ぶ時にはもう少し派手な格好。そして、裸でベッドに入る時の解放感。

そう、たくさんのペルソナがあるのです。ペルソナはマスクという意味。私はたくさんの異なるマスクを身につけています。けれど、これらのマスクの下にいるのは一体誰なのでしょう？

〝哲学のストリップ〟をして、変わり続けるアイデンティティを脱ぎ去ったら一体どうなるのでしょう? 私とは誰なのでしょう? 裸の自分とは何なのでしょう?

私は誰?

何年も掛けて自分自身の性質を吟味し尽くした結果、自分についての見方にはふたつの論理を超えたアプローチがあることに気づきました。客観的に、そして同時に主観的に、自分自身を見つめることができるのです。どちらの視点を採用するかで、私は誰かという問いへの答えも変わります。一体どんなことか、一緒に見てみましょう。

客観的視点

まず、客観的アイデンティティを見てみます。

客観的には、私はこの世界に存在する人物で、さまざまな状況に適応するためにいくつかのペルソナをまとっています。

想像の中ですべてのペルソナを脱ぎ捨て、自分の根源的性質を現してみます。

さまざまな洋服、つまり日々演じているさまざまな役割を脱ぎ去ると、私は裸になります。

客観的に言えば、私は世界における客体です。

主観的視点

次に主観的なアイデンティティを見てみましょう。客観的に自分が何であるかを見るのは簡単ですが、主観的に見る時、そこには実体があまりありません。

主観的には、私はこの瞬間を経験する者です。

私は自分を私と呼ぶ神秘的な存在です。

私は今この瞬間に訪れる経験の流れを経験している私を意識しています。

では、私とは何でしょう?

私とはこの瞬間に気づいている者です。ですので、私を気づきと表現することができます。

私は人生と呼ばれる変化し続ける経験の流れを目撃している意識です。

主観的には、私は世界を目撃する主体です。

アイデンティティのパラドキシティ

私たちのアイデンティティにはふたつの極があります。

私の客観的アイデンティティは、この世界における肉体です。

私の主観的アイデンティティは、この世界における肉体に気づいている私です。

では、私はどちらなのでしょう? 主体なのか、客体なのか? この瞬間の現実を見つめてみると明らかにその両方であるとわかります。多くの人が、自分は世界に存在する肉体に過ぎないと考えており、多くの場合、私たちは客観的な視点にのみ意識的です。一方、スピリチュアリティは掴みどころのない主観的視点に注意を向けるように促します。内を見つめ、深い自己に気づくことを勧めるのです。

実存主義のなぞなぞ

深い自己に関するふたつのすばらしい言葉をお伝えしましょう。ひとつ目は、グノーシスの『トマスの福音書』より、ふたつ目はヒンドゥー教の『チャーンドギヤ・ウパニシャッド』より。まったく違った文化圏で育まれたにも拘わらず、どちらも同じことを指し示しているのですから、興奮せずにはいられません。

キリストはこう言いました。

あなたに向けて現そう。
見られることのないものを、
聞かれることのないものを、

触れられることのないものを、
考えられることのないものを。

一体どういう意味なのでしょう？　わざと難しく表現しているのでしょうか？　ふたつ目の言葉はなぜなぞの形態を取っているため、もう少しわかりやすいはずです。答えは一体何でしょう？

見られることのないもの、
けれど、見ることを可能にするものは何？
聞かれることのないもの、
けれど、聞くことを可能にするものは何？
知られることのないもの、
けれど、知ることを可能にするものは何？
考えられることのないもの、
けれど、考えることを可能にするものは何？

この〝実存主義なぞなぞ〟の答えは何でしょう？　それは明らかです。見られること、聞かれること、触れられること、考えられることのないものとは何でしょう？　それは見て、聞いて、触れて、考える神秘的な私です。経験するすべてを意識している気づきです。
これがこのなぞなぞへの私からの答えです。

気づきは見ることを経験しているが、
それに色や形はない。
気づきは聞くことを経験しているが、
いかなる音も立てない。
気づきは触れることを経験しているが、
それは有形ではない。
気づきは考えることを経験しているが、
それは考えではない。

これこそが、世界中のスピリチュアルな教えの中心で見つけることのできる大いなる秘密。あなた自身のアイデンティティにたっぷりと注意を払うと、あなたの主体は気づきである〝神秘的な私〟であることがわかります。それが、深い自己なのです。ヒンドゥー教の哲学者たちがアートマンと呼ぶのがこれであり、仏僧はこれを内なる仏陀と呼び、キリスト教の神秘主義者たちはこれをスピリットと呼びます。スピリットとはつまり本質《エッセンス》のことです。エッセンス（Essence）という言葉はラテン語のEsseから来ていますが、これは存在することを意味しています。深い自己とは、あなたの存在。それこそがあなたなのです。

深い自己を深く知る

自分自身のスピリチュアルな性質を意識することで私たちは目覚めます。深い自己を深く知ることで深い目覚めに出会うのです。ややこしく聞こえるでしょうから、言いようのない気づきである自分に注意を向けることが私にとってどのような体験かを説明しましょう。

気づきを見たり、聞いたり、それに触れたりすることはできないため、気づきはとてつもなく神秘的です。

経験していることに意識を向けることには慣れていますが、深い自己は経験する何かではありません。それは経験するすべてを経験する者です。

展開する物語に意識を向けることには慣れていますが、深い自己は私の物語の一部ではありません。それは物語を目撃する気づきの存在です。

経験において深い自己を客体として知ることはありません。なぜなら、深い自己は主体だからです。本質的な主観を認識することでのみ、深い自己を深く知ることができます。

知る者を知ることで、深い自己を深く知ります。

存在することの目隠しをされた感覚

キリスト教神秘主義の文献『不可知の雲』は、スピリチュアルな性質に目覚めるには、「裸の概念と存在することの目隠しをされた感覚」を意識しなければいけないとします。これは価値あるアイディアですので詳しく説明しましょう。

深い自己を深く知ることは難しく感じられるかもしれませんが、実際はあまりに明らかなことに注意を向けるだけのことです。「私は存在することを知っています」

深い自己に意識的になるには、自分自身についてのアイディアを手放し、自分が誰であるかについての「裸の概念」に焦点を当てる必要があります。

存在することの「目隠しをされた感覚」に意識的になる必要があります。

自分が存在することを深く知ることへと注意を沈めてゆきます。

意識していることを意識する

深い自己を見たり、聞いたり、それに触れたりすることはできないため、言葉にすることはできません。しかしながら、深い自己は私たちの本質的存在であり、明らかなもの。深い性質を見つけるために深い自己を深く知るとはどういうことかを説明しましょう。

今ここに立ち上《のぼ》る感覚と思考の流れを意識しています。

普段は経験していることに注意を向けていますが、今は経験する者としての主観的な性質に強く意識を向けています。

私は、意識していることに意識的です。

私は、存在していることを意識しています。

さぁ、どのように感じるでしょう？

常に存在する、とても神秘的な存在であると感じます。

私は、変わり続ける経験の流れを見つめる、変わることのない静けさです。

経験の流れにおいて、私はティムと呼ばれる人物として現れます。

けれど本質的には、私は展開し続けるティムの冒険を目撃する気づきです。

これが、私の深い自己です。

裸の体と裸の存在

私のアイデンティティは、人生におけるそれぞれの場面でそれぞれの役割に適応するさまざまなペルソナの複合体であるように見えます。けれど、じっと見つめてみると、裸のアイデンティティにはシンプルなパラドキシティがあることがわかります。

客観的に言うと、さまざまなペルソナを演じるために身につけている服の下で私は裸です。

主観的には私は気づきの存在であり、これはすべての経験の背景です。これが私の裸の存在です。

他のあらゆるパラドキシティと同じく、このふたつの相反する視点もまた矛盾し合うように見えるでしょうが、実際はお互いを補完しています。

体は、私がそう現れるもの。

気づきは、私がそうであるもの。

表面的な自分と深い自己

アイデンティティにおけるパラドキシティを今一度説明しましょう。あなたにとっても同じかどうかを確かめてみてください。

アイデンティティの表層において、私はティムと呼ばれる肉体です。

アイデンティティの深みにおいて、私はティムの冒険を見つめている気づきです。

表層において、私の体は感覚の世界に存在しています。

深みおいて、私は見ることも、聞くことも、触れることもできない気づきです。

表層において、私は物理的な客体として現れています。
深みにおいて、私は本質的なスピリチュアルな主体です。

第15章

気づきはどこに？

私たちは深い自己とは気づきの存在であることを意識するようになりました。

この章では、気づきの神秘的な性質を探ることで、すばらしい何かをお見せしたいと思います。

客観的に言うならば、私は物理的な肉体です。主観的に言うならば、私は気づきの存在です。私の体はコンピューターの前に座っています。では、気づきはどこにあるのでしょう？　目をじっと見つめると気づきの存在とつながることができるので、気づきは頭の中にあるように思うかもしれません。でも、本当にそうなのでしょうか？

あなたの前にひざ立ちしているところをイメージしますので、私の中を見てみてください。私の頭には大きなチャックが付いています。今チャックを開けますから、中を覗いて気づきを探してみてください。あなたはネバネバした脳みそをかき分けて、私の脳を手探りしています。さぁ、引っ張り出して皆に見せてください、「これが、ティムの気づきです！」と。あなたが想像していた程、大きくないかもしれませんね。

そうであったら面白いでしょうが、気づきは私の頭の中にはないため、こんなことは起こりません。顕微鏡を使って私の脳を調べても構いませんが、決して見つかりません。なぜなら、気づきはこの世界に存在する物体ではないからです。それはあなたが見たり、聞いたり、触れたりできるものではありません。

気づきは一体どこにあるのでしょう？　ここで論理を超えた可能性を提示します。気づきがこの世界に見つからないという事実は、発想の逆転を示唆しています。そう、世界は気づきの内に存在するのです。気づきが私たちの経験にあるのではありません。経験が気づきにおいて起こっているのです。詳しく説明しましょう。

今この時、私は流れゆく思考と感覚を経験している気づきです。

気づきにおいて思考が立ち上《のぼ》るのを理解するのは簡単ですが、感覚もまた思考と同じように気づきの内に起こっています。

私が見るもの、聞くもの、触れるもののすべては、気づきに起こる感覚です。

庭を吹き抜ける風の音を聞いています。この音は、気づきにおいて起こっています。そうでなければ、この音を意識していないはずです。

オフィスに掲げられたギルバート&ジョージのポスターを見ています。ポスターの色は気づきにおいて立ち上っています。そうでなければ、色を意識することはありません。

今飲んでいるコーヒーのまろやかな味を楽しんでいます。味は気づきにおいて立ち上っています。でなければ、この味を意識することはありません。

私が経験するすべては、気づきにおいて立ち上っています。

肉体としての私は世界の内に存在するように見えますが、私は本質的には気づきであり、世界は私の内に存在します。

広大な気づきという存在

スピリチュアリティの奥義は、本質的に言うならばあなたは世界に存在しているのではないということです。あなたの本質的な性質は気づきの存在であり、その内においてすべてが立ち上っています。風変わりな考えかもしれませんが、これを理解すると何が起こるか試してみましょう。

自分自身はそう見えている肉体であると仮定するのをやめてください。

代わりに、そこにおいてすべての経験が立ち上る広大な存在であると考えてください。

初めてこの可能性に対して自分自身を開いた時、あまりに繊細で捕まえることができないのではないかと感じました。けれど、この経験を重ねるにつれ、人生における経験は根底から変化したのです。今となっては、今この瞬間を見つめると論理を超えたそれぞれのアイディアのどちらも真実であることが見えます。

物理的肉体であるという感覚の、客観的な現実がある。

広大な気づきの存在であるという感覚の、主観的な現実がある。

生きることの夢

多くの教えは人生を夢に例えます。初めこれは馬鹿げた考えであるように感じられるかもしれませんが、この見方は「気づきはどこにあるのか?」という問いに、興味深い答えを与えてくれます。

夢を見ている状態

夢を見ている状態を探り、この問いに対する答えを見つけましょう。

夢において気づきは、夢の登場人物の頭の中にあるのではありません。

夢を見る者は夢の中にはいません。夢は気づきの内に立ち上っています。

気づきは、夢の中のどこにもなく、そのあらゆる部分である広大な存在です。

目が覚めている状態

目が覚めている時も、同じではないでしょうか？

目が覚めている時、生きることの物語に登場する人物の頭の中に気づきはありません。

私が経験しているすべては、気づきに立ち上るのであって生きることの物語にはありません。

気づきは、どこにもなく、そしてすべてである広大な存在です。

そう、気づきはそこにあるのです！

夢見ていることと目覚めていること

人生は本当に夢のようなものなのでしょうか？　私自身の経験、そして科学の発見に触れれば触れるほど、夢を見ている状態と目が覚めている状態はかなり似通っていると考えるようになりました。ここで、これらふたつの状態に共通する真実とは何か、お伝えしましょう。

夢を見ている状態と目が覚めている状態のどちらにおいても、私は何が起こっているかを知っていると思っていますが、本当は何も知りません。

夢を見ている状態と目が覚めている状態のどちらにおいても、固い物に囲まれた世界を経験していると思っていますが、それらは実際にはそこにありません。これは科学的にも証明されています。

夢を見ている状態と目が覚めている状態のどちらにおいても、私たちが暮らす世界は時空に存在しているように見えますが、実際にはそれは幻想に過ぎません。

夢を見ている状態と目が覚めている状態のどちらにおいても、私は物語の登場人物であるよう見えますが、私の深いアイデンティティは物語を見ている気づきです。

夢を見ている状態と目が覚めている状態のどちらにおいても、私は物理的肉体であるように見えますが、本質的には形のない気づきです。

夢を見ている状態と目が覚めている状態のどちらにおいても、私は見て、聞き、触れることを経験していますが、気づきとしての深いアイデンティティを見て、聞き、それに触れることはできません。

夢を見ている状態と目が覚めている状態のどちらにおいても、私は広大な気づきの存在であり、その内においてすべての経験が立ち上っています。

明晰夢

夢を見ている状態と目が覚めている状態を比べると、深く目覚めた状態がくっきりと見えてきます。深く目覚めた状態は明晰夢《めいせきむ》と似ています。詳しく説明しましょう。

夜、夢を見る時、私は無意識の内にそれに夢中になっています。

けれど意識すると、時として夢の中にいながら夢を見ていることに気づきます。

これは明晰夢と呼ばれています。

明晰夢を見る時、私は自分のアイデンティティのパラドキシティをはっきりと見て取ることができます。

ある視点からは、夢の物語に登場する人物であるように見えます。

もうひとつの視点からは、私は夢が起こっている気づきです。

明晰に夢を見る時、夢は同じように続きますが、私は夢にありながら夢にないことを知っているため、夢の経験は変容します。

明晰に生きる

目覚めている時も、明晰夢と同じようなことが起こります。

時に私は、人生の物語に夢中になっています。

けれど意識すると、人生は夢のようであると気づきます。

明晰夢に似ているので、私はこれを「明晰に生きる」と名づけます。

明晰に生きる時、私は自分のアイデンティティのパラドキシティに気づいています。

ある視点からは、私は物語に登場する人物であるように見えます。

もうひとつの視点から見ると、私はすべての経験が立ち上る広大な気づきです。

明晰に生きる時、人生の物語はそれまでと同じように続きますが、私は世界にありながら世界にないことを理解しており、生きることの経験は変容します。

論理を超えた明晰さの経験

明晰に生きる時、私は自分のアイデンティティのパラドキシティを理解します。生きることから分かたれながら、分かたれていないことを知るのです。私は世界において分離した個人であるティムの冒険を経験していますが、そこに世界が立ち上る広大な気づきの存在が自分であると奥深くで知っています。そして夢を見る人が夢とひとつであるように、気づきとしての本質は私の生きることとひとつであると知っています。生きることとひとつであることを深く知る時、私はすべてのもの、そしてすべての人とつながっていることを親密に感じます。生きることに対し、すべてを抱きしめるような愛を感じるのです。

安全な脆さ

明晰に生きる時、私は脆《もろ》くとも安全であると感じています。人間としての私は繊細でいとも簡単に傷つきますが、深い自己はこの世界には存在しないため傷つけられることはありません。これを理解すると「すべては良い」という強い確信を得ます。

人生において起こることは、とても重要でありながら、同時にどうでもよいことなのだと感じます。生きることの夢において人生がどのように展開するかはティムにとってとても重要で、その結果を誇りにも思います。一方で、より深い視点から見るのなら心配することは何もないと知っています。世界は過ぎ去ってゆくショーです。人生で起こるあらゆる挑戦は小説の山場のようなものなのです。

そう理解している時、私は本質的に安全で恐れに囚われません。私はティムの物語であるその山も谷も、嬉しい驚きも失望も、始まりも終わりも、そのすべてを理解し、すべてに感謝しています。根本的にすべてが良いと知る時、私は本腰を入れて人生に向き合う勇気を得ます。

意味はなく、そして意味に満ちている

明晰に生きる時、生きることの物語には意味がなく、同時に意味があると感じられます。物事は表面的にはランダムに起こり、何の因果関係もないように感じられますが、出来事の流れから象徴的に何かを表現する隠された意味を感じることができるのです。時折、奇妙なシンクロニシティが起こり、そのパターンから隠れた重要性を読み取ることもできます。

目覚めれば目覚めるほど人生はますます夢のように感じられます。ティムは人生という夢の登場人物であることに意識的になればなるほど、ティムの物語はさらに魔法でいっぱいになります。

すると、人生は偶然の展開だとするのは馬鹿げていることがわかります。出来事の意味を予言することはできないかもしれませんが、重要な何かが起こっているのだという確証を得るのです。

一時的であり、永遠である

明晰に生きる時、自分は時間にありながら時間にはないということが明らかになります。時間とは気づきが目撃する変わり続ける形。個人としての私は時間の流れにある形ですが、深い自己は時間を超えたところにあります。それは時間を超えた存在です。

数年前、あるセミナーで八十代の女性が「ティム、あなたが言っていることは歳を取ればもっとよくわかるようになりますよ」と言いました。私が「ほう、何でですか?」と聞くと、彼女は「年を取って体はだいぶ変化しました。でも、本質的には十八歳の頃と何も変わっていないと感じるのです」と答えてくれました。

ほとんどの人が、深い自己は若い頃と変わっていないと感じているのではないでしょうか?私はそうです。子どもから中年へと成長するに従い、私の体や個性は大きく変化しました。けれど、自分が何であるかは変化していません。私の本質はいつの瞬間も新鮮で、時間の猛威に晒《さら》されることはありません。私の本質は時間において展開するティムの冒険を目撃しています。

いつか死ぬ身でありながら、永遠に死なない

明晰に生きる時、私はいつか死ぬ身でありながらも永遠に死なないと知っています。時間において現れる個人としての私には始まりがあり、そしていつか終わりを迎えるのでしょう。けれど、夢を見る人が夢の中にはいないように、深い自己は時間の中にいません。個人としての私は死を運命づけられた肉体です。けれど、深い自己は生まれていませんから、死ぬこともできません。私の本質である〝存在すること〟とはつまり〝在る〟ことなのだから、それは常に在らねばならないのです。これが腑に落ちる時、それはとてもとても大きな「わぉ！」であるはずです。

不死についてのこの視点はさまざまな哲学的疑問を呼び起こしますが、ここで詳しくは触れません。時間を超えた存在を意識することで意識のある個人としての私たちが死を克服するとは思っていませんが、私たちが本質的には時間に存在しないのだと理解することは、この可能性を信頼できるものにします。

死に向かう人たちのカウンセラーとしての職務、そして死の床にある最愛の人を見守った経験を通じて、私は深く目覚めた状態において立ち上る不死についての直観を再確認しました。深く目覚め、自分自身の直観に触れてみてください。

スーフィーの詩人ルーミー（訳注：イランの神秘主義詩人。一二〇七～一二七三）の言葉は、私の死生観を見事に表現してくれています。

世界は過ぎゆく夢であり、
眠っている者はそれが現実だと確信する。
予期せぬ死が立ち上る時、
その人は幻想から自由になる。

第16章

在る――「わぉ!」のワーク

ここで、私が「在る」と呼んでいるパワフルなワークを紹介します。このワークを行うことで広大な気づきの存在としての自分を意識できるはずです。そこでは、今まさに、生きることの夢が立ち上っているのです。

この「わぉ！」のワークで、深い自己を深く知ることができるでしょう。グノーシスの『トマスの福音書』では、イエスは「スピリチュアルな目覚めのためには、私たちはすべての服を脱ぎ捨て、その上に裸で、まるで子どものように立つ必要がある」と語ったとされます。では、立ち上がって、ベルトを取って……

と言うのは冗談で、実際に服を脱ぐ必要はありません。けれど〝裸の本質〟を意識するには、表面的なアイデンティティを脱ぎ去り、深い自己を現さなければいけませんから、これはすばらしい例えです。それこそが、あなたの無垢で本質的な性質です。あなたは常にそれであり、また、これからもそれであり続けます。

今回の「わぉ！」のワークでは、生きることの夢が今この瞬間も立ち上《のぼ》る、広大な気づきの存在としての深い自己に出会いましょう。私はこのワークを「在る」と呼んでいます。

こうしたワークは「目撃する」と呼ばれることもあるでしょうが、「在る」という言葉の方がしっくりきます。「目撃する」では、頭の中にいる小さなあなたが受け身の姿勢で人生の出来事を目撃しているかのように聞こえます。けれど、私が伝えたいのは、あなたの本質的な性質は頭の中になど存在していないということです。

「在る」に似たワークはさまざまな伝統的な教えにおいても重要視されています。禅僧元叟《げんそう》（訳注：生没年不詳）はこのように語ります。

禅のさまざまな教えや修行は、あなた方各々が自身を見つめ、自身の精神《マインド》を発見し、そうすることであなたの本質を知り、大いなる安らぎと幸福の状態に休むことを鼓舞するためだけにある。

ね、すてきでしょう? では、やってみましょう。あなたが思っているほど難しくはありません。深い自己を意識するためにしなければいけないことは、明らかにそこに在るあなた自身の存在を感じることだけ。チベットの師パドマサンバヴァ(訳注:八世紀後半のチベット密教の開祖。生没年不詳)はこのことを実に雄弁に表現しています。

今ここにあるのは、あなた自身の気づきだ。
それはシンプルで、自然で、はっきりしている。
なぜ、気づきが何であるかわからないと言うのか。
考えるものではない、それは単に永遠の気づき。
なぜ、気づきの現実が見えないと言うのか。

気づきはこれらの考えを考えている者。

なぜ、見つけようとしても見つからないと言うのか。
探す必要はない。

なぜ、試すことが何もうまくいかないと言うのか。
シンプルにいればよい。

なぜ、達成できないと言うのか。
純粋なる気づきの空《くう》は、ただ存在している。

広大な気づき

今回の「わぉ!」のワークは、神秘体験に出会うためにこれまで行ってきたワークの上に成り立っています。「在る」のワークをする時、私たちはまず体感に焦点を当てます。そしてウパニシャッドで詩的に表現されているように「五感の花から滴る密を楽しむ者である自分」に意識を向けます。
シンプルな手順で説明しますので、このワークがもたらすギフトを存分に楽しんでください。目覚めに馴染んでくると、これまでに紹介してきたワークがあなたの意識においてひとつとなって作用するのがわかるはずです。でもまずは、一つひとつを順番に試してゆきましょう。
私自身がこのワークをどのように経験するのかを説明しますので、まずは私と一緒にやってみましょう。次にひとりで試してみてください。「ワンダーする」、「入る」はすでに詳しく説明しましたからここでは簡単に説明しますが、あなた自身を目覚めさせるために必要なだけ時間を取ってください。そうすると、私の体験を読みながらあなたが「在る」ことを経験する確率も高くなるはずです。

ワンダーする（Wondering）

表面的にしか目覚めていないと認識し、この瞬間のワンダーを経験することで自分自身を目覚めさせます。

生きることとは何であるか、本当に知らないことを意識しています。

物語を飛び出て、この瞬間の神秘に入ります。

入る（Entering）

直接的な感覚的経験に入ってゆきます。

本当に見て、聞き、感じています。

呼吸することの喜びに感覚的に生きています。

在る（Presencing）

ひたすら変わり続ける経験の流れを意識しています。

意識的であることを意識しています。

私はこの瞬間を目撃している気づきです。

私は見ながらも見られることはない気づきです。

私は聞きながらも聞かれることのない気づきです。

私は「概念から解き放たれ、存在の目隠しをされた感覚」を意識しています。

まるで後ろに沈み、巨大な空《くう》に溶けてゆくように感じます。

私はそこに自分の経験が立ち上る、広大な気づきの存在であることを意識しています。

自分の感覚はどこまでも広がり、輪郭はなくなります。

私が経験するすべては、広大な気づきの存在に、まるで夢のように立ち上っています。

すると、すべては自ずとひとつになります。

まるで夢を見る者が夢とひとつであるように、空間がその内包するすべてとひとつであるように、私は気づきに立ち上るさまざまな経験とひとつになります

私は生きることから分離していません。私は生きることとひとつです。

あらゆるもの、すべての人とともにあるという、すばらしい感覚を得ます。

深い自己を深く知っており、それはとてもすばらしい感覚です。

「在る」のワーク

あなたひとりでこのワークを試し、何が起こるかを試してみましょう。ゆっくりと試しながら経験を味わってください。ここに基本的な手順を改めて記しますので、まずは、ゆっくりと読んでください。次に本を閉じて、「在る」のワークを始めてみましょう。

ワンダーする（Wondering）

物語から飛び出て、生きることのワンダーに入ります。

深い未知の感覚に入り、この瞬間の神秘に自分を浸します。

入る（Entering）

この瞬間の感覚に入り、肉体的な感覚に生きます。

体に入り、体から出てゆく、味わい深い呼吸を楽しみます。

在る（Presencing）

意識していることを意識します。

あらゆる経験が立ち上る、広大な気づきの存在として在ります。

今この瞬間に、存ります。

第1部の最後に、日々の暮らしの中で「入る」のワークをすることをお勧めしました。この先はこのワークをさらに深め、「入る」と「在る」を合わせてやってみましょう。今この瞬間に入り、そこに瞬間が立ち上る広大な気づきの存在としての自分を意識してください。深い神秘に入り、深い自己に出会いましょう。

第17章

生きることの夢を見ているのは誰なのか？

生きることはまるで夢のようだということに触れましたが、では一体、誰が夢を見ているのでしょう？

この章では、古くから受け継がれる「生きることは神が見る夢である」という教えを紐《ひも》解きながら、この考えに新たな洞察の光を当てたいと思います。

ヒンドゥー教の哲学者たちは、生きることはブラフマンが見る夢であると諭します。ブラフマンとは神のこと。ですので、ヒンドゥー教によると「人生は神の夢である」ということになります。他のさまざまな神秘主義においても、同じような教えを見て取ることができます。ブラフマン、神、もしくはその他の呼称の根源的な存在があるとされるのです。この最高位にある存在は根源の気づきであり、そこに生きることという夢が立ち上《のぼ》るとされます。禅僧ならばこれを「すべてはひとつの大きな精神《マインド》に立ち上る考えだ」と表現するのでしょう。

私とあなたは、今、生きることの夢を経験しています。けれど、これは私の夢でも、あなたの夢でもありません。なぜなら、私たちは夢の登場人物だからです。生きることの夢は、神が見る夢。根源の気づきは、それ自身を私やあなたとして夢見、私たちを通じて夢を体験します。だからこそ、私たちは同じ生きることの夢において異なる視点を体験しているのです。

ひとつの気づきが、それ自身をすべてのもの、すべての人であると想像し、さまざまな変装をしながらそれ自身に出会います。ジョゼフ・キャンベルの言葉を借りるならば、生きることは「ひとりが夢見る大いなる夢であり、その内において登場人物たちもまた夢をみている」のです。実にすばらしい視点です。

新プラトン主義の哲学者たちは神を神秘的存在と表現し、神とは神がそのすべてになる過程であるとしました。存在の神秘は〝すべての個人〟という存在として立ち上ります。この深遠な考えは、私たちを世界中のスピリチュアルな教えの中核へと誘います。

アートマンはブラフマンである。

魂は神である。

個人としての私は、存在の神秘とひとつである。

私個人の経験においても、このすばらしい教えは真です。生きることの夢を眺める時、私は個人としての私です。けれど、自分自身に注意を戻すと、深い自己は根源の気づきであり、その内にすべてが立ち上っていると深く知っています。生きることの表面においてはティムとして現れていますが、奥深くにおいて私は神です。

よく神を信じるかと尋ねられますが、私は神以外の何者も信じないと答えます。すべてが神なのです。私たちは皆、神です。神しかありません。神とは空の向こうの遠いところにいる何者かではないのです。神とは私の、そしてあなたの最も深遠なる性質です。私たちはかくれんぼをする神です。驚くべき何かに気づくため、分離した個人であるフリをしながら深い性質に目覚めてみるのです。本質的には、私たちはひとつです。何て美しいのでしょう！

存在の〝場〟

神という言葉に抵抗がある人も多いでしょうから、物理学の中核を成す〝場〟という言葉を使ってこの考えを紐解きましょう。科学者はよく、重力場、電磁場といった言葉を用いて説明します。

これを科学の領域ではなくスピリチュアルな領域に応用することで、遍在する〝場〟としての存在の神秘を表現してみましょう。こうすることで、まったく新しい観点から生きることを理解できるはずです。

存在の神秘とは、生きることが夢のように立ち上る〝無意識の気づきの場〟であると考えてみましょう。

〝無意識の気づきの場〟は、それがそれ自体を夢見るという特殊な形態によって意識されます。

〝無意識の気づきの場〟において意識の中心を成り立たせる手段が肉体です。意識は脳にあるのではありません。脳の働きにより、そもそもある気づきの場が意識されるのです。

脳をラジオ機に例えるとわかりやすいでしょう。ラジオが流す音楽はラジオそのものではありません。ラジオ波の電磁場にチューニングを合わせることにより、ラジオ機で音楽を聞くことができます。

同じように、脳もまた〝無意識の気づきの場〟にチューニングを合わせる機器として捉えることができます。すると、意識が立ち上ります。

ラジオをラジオ波の波長に合わせる時、無音の電磁場において音のポケットをつくり出します。同じように、脳は〝無意識の存在〟の内において〝意識的な存在〟の〝泡〟を照らし出す〝意識の中心〟を創出します。

ラブ・ストーリー

古くからの神話の根底に遍在するモチーフは、根源のワンネスはそれ自体を知るためにさまざまな生《せい》の形態を取って現れるというもの。グノーシス主義の賢人シモン・マグス（訳注：グノーシス主義の開祖とも言われるサマリア人。生没年不詳）は『The Great Announcement（大いなる知らせ）』でこのように述べています。

それ自体を生じさせ、それ自体を増やし、それ自体を探し、それ自体を見つける、すべての源であるただひとつの力がある。

想像の中で星空のもと、あなたとたき火を囲んでいます。では、この神話のティム・バージョンをお話ししましょう。これは単なる物語ですが、私の内ではまるで古くからの記憶のように響いています。この物語は、人間としての冒険にそれに値する壮大さを与えながら、生きることをより深く理解する手助けしてくれます。さぁ、近くに来てください。すばらしい物語をお届けしましょう。

初め、言葉はなかった。

考える者はなく、考えられるべきこともなかった。

そこには意識されるべき経験はなく、根源の気づきの場は無意識でいた。

気づきの場は照らすものがない光の存在のようであり、矛盾するようだが、光は暗かった。

しかし、気づくことが気づきの性質である。根源の気づきは生きることの夢を想像した。

時間を超えたすべての可能性は、それを通じてすべてが存在するようになる時間の流れを想像した。

存在の神秘は論理を超えた可能性を現し、根源のワンネスは生きることの多様性として現された。

存在の神秘は、何かに成るという進化の過程を現した。

〝無意識の気づきの場〟は生きることの物語を夢見、それがそれ自体であることを想像する〝進化を続ける〟という形態において意識を強めた。

ゆえに、根源なる無意識の存在の場は、数多くの意識的な存在の中心として立ち上った。

物語のひねり

ここまではいいですね。次に私たちの物語にドラマを引き起こす、このストーリーの〝ひねり〟を見てみましょう。

根源の気づきはそれがそれとして現される分離した状態によって認識されるため、すべてはワンネスであるというそれ自体の深いアイデンティティに気づかないのです。

そして、そう……それが私とあなたです。どちらも気づきの場でありながら、どちらも単に分離した存在だと信じています。

分離した状態は孤独で恐れを伴い、良い状態ではありません。

何かが欠けていると常に感じます。それは、私たちが実際にそうであるからです。

けれど常にそこにあるこの不満が、生きることの深みを探究するようにと私たちを焚きつけます。

そして生きることにはさらなる何かがあるに違いないと、私たちはワンダーし始めるのです。

目覚めの旅

こうして目覚めの旅が始まります。

この旅のどこかで私たちは深い自己に気づき、最も深遠な自分とは存在の根源の神秘であったと知ります。

私もあなたも気づきの場に立ち上る意識の中心です。こう知ることで、根源のワンネスは私たちを通じてそれ自体を知ります。

無意識の気づきの場は、目覚めの旅における私とあなたとしてそれ自体を夢見ることで、それ自体を知るようになります。

無意識のワンネスから意識のワンネスへ

この幻想的な物語が伝えるメッセージとは何でしょう？

意識の中心を通じてすべてはひとつであると知ることができるため、無意識の気づきである根源のワンネスは、分離した意識の中心として立ち上ります。

生きることとは、無意識のワンネスから意識的な分離を通じ、意識的なワンネスへと向かう旅なのです。

ハッピー・エンド

そして私たちはハッピー・エンドを迎えます。

すべてと、そしてすべての人とひとつであると知る時、私たちはすべてを、そしてすべての人を愛していると知ります。愛とはワンネスの感覚だからです。

存在のワンネスに気づいている時、私たちは生きとし生けるものに恋をします。

存在することをシンプルに愛するようになります。

ここで叙事詩的寓話はラブ・ストーリーに変容します。だからこそ、こうした物語は言い伝えるに値するのです。

第18章

深く在る――「わぉ!」のワーク

私とあなたは、無意識の気づきの場に立ち上る意識の中心です。この深い理解を「在る」のワークと結びつけてみましょう。

この「わぉ！」のワークでは、すべての源である根源の気づきの場としてのあなたの本質に気づき、この深遠な視点を持って今この瞬間に存在してもらいたいと思います。老子はこうしたワークを実に美しく表現しています。

無になる。
静寂になる。
すべてがやって来て去るのを見る。
源から現れ、源に還る。
これが自然のあり方。

偉大なる安らぎになる。
源を意識する。
運命を満たすのはこれだ。
決して変わらないと知る。
それが、目覚めること。

意識的に分離し、無意識の内にひとつである

このワークを始める前に混乱を取り除いておきましょう。これが理解できれば、ワンネスに目覚めることも簡単になりますから、ゆっくり説明したいと思います。

深く目覚めている時、私は根源の気づきの場自体が、すべての存在であることを夢見ていると深く知っています。

だからといって、すべての存在が経験するすべてを意識しているわけではありません。

私は特定の経験の〝泡〟を照らす個別の意識の中心として立ち上《のぼ》る、無意識の場です。

他の意識の中心に照らされている経験を意識してはいません。

むしろ、私は自分の存在のパラドキシティを深く知っています。私は意識的に分離をしながら、無意識の内にすべてとひとつなのです。

深く目覚める時、私は無意識の気づきの場であることを意識しています。

無意識の場であることを意識する

「深く在る」ワークをすると何が起こるのか、私のストーリーを共有しましょう。まずこれを読んでから、次にあなたひとりで試してみてください。そして日々の目覚めのワークのより深いステージにしてみましょう。

すでに詳細に述べた箇所はここでは簡潔に描写しますが、先を読み進める前に時間を取って「ワンダーする」と「入る」のワークをするようにしてください。私のストーリーを共有している間に、あなたの準備も整うはずです。

ワンダーする（Wondering）

宇宙の輝きにワンダーしています。

生きることが何であるのか、まったく知らないことを意識しています。

入る（Entering）

この瞬間の感覚的経験に入ってゆきます。

呼吸することの味わい深い感覚に潜ってゆきます。

在る（Presencing）

自分が存在しているという感覚に意識を向けます。

自分が経験しているすべてを経験する者としての自分を意識しています。

私は色、音、感覚、考えを存在させる気づきです。

私は見られず、聞かれず、触れられることのない、神秘的な深い自己であることを意識しています。

私は私のすべての経験がまるで夢のように立ち上る、広大な無です。

深く在る（Deep Presencing）

深い自己に意識的になるにつれ、私は深い安らぎを感じます。

自分の存在の深さを測ると、そこにはまるで海のようなワンネスの感覚があるとわかります。

私の本質的存在は時間と空間に存在していないことがわかります。

私はすべての場所であり、どの場所でもない、気づきの根源の場です。

私は今ここを意識していますが、私の最も深い存在は存在することのワンネスだと深く知っています。

私は無意識の場において、経験の〝泡〟を照らす意識の中心として立ち上る、無意識の気づきです。

私は今こうして起こっている特定の経験の流れを存在させる、気づきの場です。

私はそれ自体を特定の個人として夢見る、気づきのワンネスです。

個人として存在する感覚は、存在の根源の場とひとつになっています。

私はすべての存在として現れている、存在のワンネスです。

私は意識的に個人であり、無意識の内にすべてとひとつです。

私はすべてのものと、あらゆる人と、分かたれながらも、分かたれていません。

これはすべてを抱きしめる愛の、とても美しい経験です。

第19章

神秘主義のマッド・サイエンティスト

スピリチュアリティと科学のそれぞれを深く理解することは、論理を超えてお互いを補完すると述べてきました。

そして、生きることとは気づきの根源の場に立ち上る夢のようなものであることも見てきました。生きることに対するこのスピリチュアルな理解は、一見して科学とはかけ離れたものであるように見えます。

この章では、多くの偉大な科学者たちが「〝宇宙とは、まるでひとつの大いなる精神に立ち上るひとつの考えのようだ〟というアイディアを多くの科学的発見が裏づけた」と考えていることを紹介したいと思います。

ティム：やぁ、ディック。そろそろ来る頃かと思ったよ。

ディック：そうだね、何だか神秘めいていて、不安になってきた。

ティム：わかるよ。でも、言葉は神秘体験を指し示す標識でしかない。大切なのは実際に目覚めの「わぉ！」を体験することだからね。

ディック：でも、生きることは夢だなんて馬鹿げてるよ。

ティム：比喩だよ。生きることを理解するには比喩が必要だ。けれど、それらは比喩に過ぎないから注意しなければいけない。

ディック：合理的な科学は比喩なんて必要としない。それをそれとして伝えるはずだ。

ティム：それは違うね。例えば、ニュートンの偉大な発見の後、科学者たちは、宇宙は大きな機械で、その歯車は確かな法則に従って回っていると表現してきた。けれど、宇宙は機械ではない。

人間が機械をつくるのが上手になったから、物事を説明する際にそれを比喩として用いていただけだ。

ディック：いい比喩だよ。

ティム：でも、何だか寂しい例えだと思わない？　いずれにせよ、ニュートン力学から量子力学へと時代は変わったから、その信憑性も失われたけれどね。

ディック：今、科学者たちはどんな例えをしているの？

ティム：さまざまだよ。コンピュータープログラムやホログラムに例える科学者もいる。生きることの神秘的な性質をどうにかして捉えようと、最新の発明を用いて例えようとするのが人間だからね。知っている何かで比喩して、知らないことに触れようとするのさ。

ディック：でも、科学者は数式を通じて生きることを理解するはずだ。

よね。

ティム：その通り。でも、それもまた宇宙の有り様と数字の働きを結びつけた、ある種の例えだ

ディック：数学は理にかなったものだよ。でも、夢に例えることは馬鹿げている。

ティム：そうかな？　夢の例えは経験的な例えだから、とても説得力があると思うよ。夢を見るとはどういうことかを知っているから、今この瞬間を見つめ、その夢のような性質を体験することができる。自分は夢における登場人物で、本質的には夢を見ている気づきであるとわかるんだ。

ディック：常識的なアプローチをしたいな。現実は現実。それだけだよ。

ティム：まったくその通りだよ。でも、大いなる問いは、「それ」とは何なのかと問うてくる。

ディック：うーん、科学によれば、もちろん夢ではないよね。

ティム：実際、多くの物理学者が宇宙は根源的な精神《マインド》に立ち上《のぼ》る考えのようなものだと言ってい

るんだよ。

ディック：そんなことないだろう。

ティム：じゃあ、直接聞いてみたらいいよ。ノーベル賞を受賞している量子力学者マックス・プランク（訳注：一八五八～一九四七）とエルヴィン・シュレーディンガー（訳注：一八八七～一九六一）を招こう。それから、物理学への貢献でナイトの称号を得たジェームズ・ジーンズ（訳注：一八七七～一九四六）とアーサー・エディントン（訳注：一八八二～一九四四）もね。

ディック：他の物理学者とも対談したけど、彼らの言っていることは意味不明だったよ。

ティム：わかるよ。僕にもよくわからない時が半分ぐらいある。神秘主義者のアイディアがそうであるように常識とはそぐわないからね。でも、物事に対する実に興味深い視点を与えてくれるから、神秘主義者や物理学者と話をするのが好きなんだ。

ディック：そうかなぁ。

ティム：やってみなよ、君の頭も吹っ飛ぶはずだ。彼らもすでに亡くなっているから、引用との対話になるよ。

大いなる思考

ディック：よし、偉大な学者さんたち、現実は宇宙が見る夢などではないと確証してください。むしろそれは、大いなる機械のようなものであると。

ジェームズ・ジーンズ：「人間の知識の流れは、その全体が非機械的現実へ向けて流れている。宇宙は大きな機械としてよりも、大きな考えとして見られるようになっている。精神は物質領域を偶然訪れた侵入者ではなく、物質領域の創造者であり統治者であることを認めねばならないかもしれないと私たちは疑い始めている。もちろんそれは私たち個々の精神ではなく、そこから私たち個々の精神が思考として存在するに至った原子を内包する精神だ」

ディック：でも、宇宙は物質でできています。

マックス・プランク「明瞭な科学、物質の研究に人生を捧げてきた人間として、原子をこれだけ見つめ続けてきた結果としての考えを伝えよう。物質は、それとしては存在しない。すべての物質は、原子における粒子を振動させる力の効力により生まれ、それにより存在させられている。この力の背後には、意識を持ち、知性のある精神があると推測せざるを得ない。この精神こそが、すべての物質の母体なのだ」

ディック：そんなはずはありません。精神は脳により起こっているはずです。そして脳もまた物質の塊です。物質こそが実際に存在しているのです。

マックス・プランク「私は意識が根本にあると捉えている。物質は意識から派生する。意識の裏手に回ることはできない。私たちが語ること、私たちが存在すると見なすものは、意識を前提としている」

ディック：物理学者なのに、意識が根本にあると言うなんて。物理学者は文字通り、物理的な物事を研究しているのではないのですか？

アーサー・エディントン「物理学とは、意識の構造についての学問だ。世界における〝物〟とは、精神の〝物〟なのだ」

ひとつの精神

ディック：シュレーディンガー教授は発言していませんね。人生は夢のようなもので、私たちは本質的には物理的世界の外に夢見る者として存在するという考えに賛成しますか？　スピリチュアルな絵空事ですよね？

エルヴィン・シュレーディンガー：「私たちは科学が構築するこの物質世界に属しているのではない。私たちはそこにはいない、その外にいるのだ。私たちは観衆に過ぎない。そこにいる、つまり自分がその絵に属していると信じるのは、自分の体がその絵に加わっているからだ」

ディック：でも、ひとつの大きな精神なんてありませんよね、そうでしょう？

エルヴィン・シュレーディンガー：「最終的に、精神の数はひとつだ。精神は常に今という時間軸に沿っているから、不滅であると言って差し支えないだろう。その精神には、後も先もない。記憶と期待を含んだ今があるだけだ。けれど、言葉はこれを表現するのには適していないことを認めねばならないし、敢えてそれを述べようとするならば、私は科学ではなく宗教について述べているということになる。それは科学に反するものではなく、公平無私な科学的研究が明らかにした結果によって支えられる宗教だ」

ディック：偉大な科学者たちも、ファンタジーの旅に出る傾向があるということですね。精神がひとつ以上あるのは明らかだ。私は分離した個人です。

エルヴィン・シュレーディンガー：「個人としての私は、宇宙的私と同義である全体のひとつの側面であり、その世界もまた投影されるひとつの側面にすぎない」

ディック：教授、完全に逸脱していますよ。あなたと一緒の精神を共有していなくてよかった。

エルヴィン・シュレーディンガー：「多様性は表面的であって、真実においてはひとつの精神しかない」

ディック：けれど、宇宙は大きなワンネスなんかじゃありません。それはたくさんの小さな粒子から成っています。

エルヴィン・シュレーディンガー：「粒子は波の頂点、つまり宇宙という深い海の泡である」

ディック：少しでいいから地球に帰って来てください。世界は多種多様なもので、ひとつではないとはっきりわかるはずだ。

エルヴィン・シュレーディンガー：「複数に見えるものは、ひとつのものの側面の連なりに過ぎない」

ディック：ワンネスなんていう神秘的な考えで、科学が生きることの神秘を解明することはありませんよ。

マックス・プランク：「科学は、自然の究極の神秘を解き明かすことはできない」

ディック：僕が知る限り、科学はそれを成し遂げてきました。僕は物理世界に生きる物理的な体であると科学が証明したんです。そして死んだらそれで終わり。スピリチュアルなファンタジーはありません。それが変えようのない事実です。

エルヴィン・シュレーディンガー：「亡くなった大切な友人の遺体に向き合う機会があるのなら、この体は彼の個性が座っていた椅子ではなく、象徴的に実際の参照をするために存在していたと考える方が心が落ち着くのではないだろうか？」

最後の言葉

ディック：もうたくさんだよ。シュレーディンガー教授はおかしな人だ。この人、猫を箱に入れたまま生き死にを気にしなかったから問題になったんだよね？

ティム：君には理解し難いだろうけれど、思考を試す実験だったんだよ。

ディック：このやり取りは聞くに耐えないよ。人生は夢ではない。僕は本当の世界で、本当の会話をしている、本当の体だ。

ティム：ディック、どうやって伝えたらいいのかわからないけど……君は僕の想像上の友人なんだよ。

ディック：あぁ！　誰か何が起こっているか教えてよ！

ティム：エディントン教授、何かおっしゃりたいことは？　何十年にもわたり科学的探究を続けた後、どんな理解に辿り着いたのですか？　一体何が起こっているとお考えになりますか？

アーサー・エディントン：「未知なるものが、私たちが知らないことを行っている」

第20章
存在の神秘

本書の第1部では、生きることの深い神秘に触れました。第2部では、内にある深い自己と向き合ってきました。この章では、深い神秘と深い自己は、存在の神秘の異なる側面であることを説明したいと思います。

この視点により、スピリチュアリティと科学の乖離《かいり》を癒したいのです。私にとってはどちらも、存在の神秘についての論理を超えた相互補完的な視点だからです。

こうすることで、私が伝えようとしている新たな目覚めの方法に哲学的な深みが与えられるはずです。最初は難しく聞こえるかもしれませんが、その真意を掴んだのなら、それが大きな「わぉ！」であることがわかるはずです。

神秘体験の旅において私たちは「生きることとは何なのか」、そして「私とは誰なのか」という大いなる問いに向き合ってきました。宇宙の現れの水面下を覗き、そこに深い神秘を見つけました。内を深く見つめ、そこに深い自己を見つけました。そしてここで深い神秘と深い自己は、根源的存在の神秘を見つめるための相互補完的なふたつの視点であることを説明したいと思います。

客観的宇宙

客観的世界に関する科学的研究により、物事はそう見えているのとは異なるということがわかりました。

物事の表面においては、私たちは固体でできた具体的な世界に生きているように見えます。しかし、科学が深みを覗く時、固体でできた世界は消えてなくなります。

表層の下には、量子の可能性の流動的な世界が広がっています。

そしてそれを超えたところには、知られることのない究極の現実、つまり深い神秘があるのです。

ものごとの深い神秘が語られることはありません。それは在るとしか言えません。

深い神秘とは、存在の神秘なのです。

主観的自分

主観的自分を見つめることによって、私はそのように見えているのとは違うと知りました。

物事の表面において、私は物理的な肉体であるように見えます。しかし、自分のアイデンティティの内を深く覗く時、本質的には物質世界に存在していないことがわかります。

自分の表面下にはプシュケ、つまり精神の流動的な世界が広がり、触れることのできない思考と想像された可能性が広がっています。

それを超えたところには、私の存在の本質、深い自己が在ります。深い自己を言葉にすることはできません。なぜなら、それは見られることも、聞かれることも、触れられることも、想像されることもないからです。そこに在るとしか言うことができないのです。

深い自己とは、存在の神秘です。

見つめるのが客観的世界であろうと、主観的自分であろうと、深遠に触れるとそこに、存在の神秘を発見します。これが存在の根源的土台なのです。

スピリチュアルな視点と科学の視点

存在の神秘は、そこからすべてが立ち上《のぼ》る土台です。これが無意識の気づきであり、その内において生きることが夢のように立ち上っていることを見てきました。哲学ではこうしたものの見方にさまざまな名前が与えられていますが、この本においてはシンプルに〝スピリチュアルな視点〟としておきましょう。

幾人かの偉大な科学者がこうしたスピリチュアルな視点を持っていたことも見てきましたが、まったく逆の視点を持つ科学者が多くいるのもまた事実です。こうした人々は、現実の根源的土台は、本来非常に抽象的であるにも拘わらず、物体でできているとします。今現在の私たちの文化においてはこのような理解が常識的ですから、これを〝科学的な視点〟と呼ぶことにします。

現代物理学が発展する以前、科学的視点は物質主義に則っており、現実は物体でできているとされてきました。物体が実際はそのようにはそこにはないことが発見されて以来、現実の土台はエネルギーでできており、それが物理的物質として現れるとする、より繊細な理解が発展しました。

スピリチュアルな視点と科学の視点は相反するように見えます。けれど私には、それらは論理を超えてお互いを補完し合う視点であるように見えるのです。〝場〟を比喩として用いながら、この考えを深めてゆきましょう。

根源の場

スピリチュアルな視点から、私はこれを知っています。

存在の根源の場は無意識の気づきであり、それがそれ自体であることを夢見ることで意識的になります。

科学の視点から、私はこれを知っています。

存在の根源の場は宇宙におけるエネルギー体であり、複雑な物理的形態へと進化することでそれ自体を意識しています。

スピリチュアルな視点と科学の視点から言えることは以下の通りです。

無意識の存在の場は、その内に立ち上る個という形態を通じて意識をするようになります。

肉体により無意識の場に意識の中心が現れ、それを通じて存在の場は存在することを意識するようになります。

存在のワンネスは、数多くの存在を通じて意識するようになります。

分離していて、分離していない

スピリチュアルな視点から、私はこう知っています。

私はティムを通じて意識をしている、最上の存在です。

特定の自分として個別化された無意識の場です。

私の存在は他の存在から分かたれているように見えますが、実際は本質的に他の存在とひとつです。

科学的視点から、私はこう知っています。

私はこの意識的な肉体として個別化された、無意識の宇宙です。

私はそれ自体を見つめている宇宙です。

無意識の存在の場は、時空に現れる形態を取って初めて意識をすることができるようになります。ゆえに意識は時空に制限されています。

一と多

数多くの神話が根源のワンネスは多数の分離した個人として現れることで、それ自体を意識するようになると伝えています。

進化する宇宙に関する科学的ストーリーは、こうした古くからの神話の現代版であると言えます。無意識であるワンネスがより複雑な形態へと進化し、意識していることを意識する人間という姿にまで進化することで、それ自体をいかに意識するようになったかを伝えているのです。

意識と脳

哲学の歴史を通じて、生きることをスピリチュアリティに沿って捉えるか、科学的に捉えるかの議論が交わされてきました。数世紀を経てこうした議論は細分化され、さまざまな名前が与えられてきました。それは現実のそもそもの土台は何であるかについて問うものであり、ゆえに根本的議論は続けられてきました。

このセクションでは、私がメンタリズム（精神主義）とマテリアリズム（物質主義）と名づけるふたつの未熟な視点を見つめてみようと思います。敢えてこれをするのは、スピリチュアリティを追い求める多くの人々が、このふたつの間でいかに妥協すべきか、またどちらを選ぶべきか困惑しているからです。

これは脳と意識の関係をどのように捉えるかに関わる、非常に重要な議論です。マテリアリズムは脳が意識をもたらすとするため、本質的には私たちは肉体ではないとするスピリチュアルな視点とは矛盾するように聞こえます。マテリアリズムとメンタリズムの主張の一例を見てみましょう。

マテリアリズム

マテリアリストは現実の土台は物質であると考えます。

マテリアリストは意識と脳は明らかにつながっており、意識は肉体がもたらす副産物であるとします。

マテリアリストは主体は客体から生まれるとします。〝私〟は〝それ〟から立ち上るのです。

メンタリズム

メンタリストは現実の土台は意識であるとします。

メンタリストは意識こそがすべての経験の前提であり、物質世界は意識の内に立ち上る大いなる夢のようなものであるとします。

メンタリストは客体は主体から生まれるとします。〝それ〟は〝私〟から立ち上るのです。

このどちらの視点も大切なことを伝えようとしています。しかし、どちらの主張も課題を抱え、時代にそぐわないないようでもあります。どこがいけないのか、まずは欠点がわかりやすいメンタリズムから見てみましょう。

メンタリズムの欠点

メンタリストは現実の土台は意識であるとします。しかしながら、意識は脳に帰結するとする証拠は圧倒的です。もし睡眠薬を飲んだら、脳内の化学物質が変化して私の意識は消えてしまいます。脳内の化学物質を変化させるだけで意識が消えてしまうのだから、それがどうして現実の土台であり得るのでしょう？　意味を成しません。

気づきと意識

メンタリズムは私がこの本で述べている哲学と同じように聞こえるでしょうから、私がメンタリズムを批判するのは意外かもしれません。しかし、決定的な違いがあります。この先を進む前に、この違いを明確にしておきましょう。

私は「気づき」と「意識」と言う言葉を使い分けることで、つながりながらも異なるふたつの概念にアプローチしています。言葉の用法に規定はありませんから、色々な人が色々な意味でこれらの言葉を使っているでしょう。私自身これまでの著書で、異なる意味でこれらの言葉を使ったこともあります。ここで述べようとしていることと、あなたがどこか他の場所で見聞きしたことを比べると混乱するかもしれません。ですので、私がどのようにこれらの言葉を用いるのか、ここではっきりとさせておきます。

「気づき」という言葉は、そこからすべてが夢のように立ち上る根源的土台を指します。そして、「意識」という言葉は、気づきが経験を意識している様子を指します。気づきのパラドキシティは、それが意識でも無意識でもあり得ることです。無意識の気づきの場は、意識する気づきの中心として立ち上ります。

スピリチュアルな視点から言うと、私たちの経験は意識的な気づきにおいて夢のように立ち上ります。けれどここで、意識が現実の土台であると言っているのではありません。肉体がそこにあることにより、無意識の気づきの場において意識の中心が立ち上ると言っているのです。

無意識の気づきの根源的土台は、それがそれ自体を夢見るという形態を取って意識するようになります。睡眠薬を飲めば気づきはその形態において意識することをやめます。眠ることで気づきはその形態を通じて意識することをやめます。根源の土台は、私たちが目が覚めている自分を経験する意識的な気づきではなく、むしろ深く眠る時に溶けてゆく無意識の気づきなのです。

マテリアリズムの欠点

ここまで、メンタリズムの欠点に触れ、この本で伝えている哲学との違いを明らかにしてきました。次にマテリアリズムのどこがおかしいのかを見てみましょう。マテリアリストは物質が現実の土台であり、意識は肉体の副産物であると言います。

これは常識に沿っており、魅力的な考えです。しかしながら、科学者たちが深いレベルにおいてはいわゆる物質は存在しないことを明らかにし、多くの物理学者たちがマテリアリズムを完全に否定していますから、これを真面目に捉えることもまた困難です。物質はある種のエネルギーの場において立ち上るとする細分化された物質主義はまだ人気があるようです。けれど、この視点にも多くの問題点が含まれています。面白いのでひとつ例を挙げてみましょう。

量子力学を通じて物質の性質を見つめる中、驚異的な発見がありました。量子の可能性は意識によって観察されることで一定の形態を取るようになるというものです。科学者たちは意識が量子の可能性を固体であるように見える宇宙へと〝崩壊〟させると結論づけたのです。つまり、意識する観察者なくしては私たちがそれとして知る世界は存在しないのです。

私たちは論理を超えたミラーハウスへ入ってゆきます。さぁ、一緒に探検してみましょう。

科学は、意識は脳とつながっているとしました。

しかしながら科学は同時に、量子の可能性は意識によって観察されることで一定の形態を取ると言います。

つまり意識が量子の可能性を崩壊させて物体にしない限り、脳は存在しないことになるのです。

けれど、もし脳がないのなら量子の可能性を崩壊させる意識もないことになります。

うわぁ、くらくらしてきた！

一方から見ると、脳が意識をつくります。もう一方から見ると、意識が脳をつくります。このジレンマをどうやって解消したらよいのでしょう？　もちろん〝論理を超えて現実を見つめることによって〟です。

論理を超えたもうひとつの視点

さぁ、論理を超えたアプローチを現実に結びつけてみましょう。私は聡明な物理学者デヴィッド・ボーム（訳注：一九一七〜一九九二）の考えに賛同します。彼はこう書き記しています。

精神《マインド》や物質よりもより深く、もっと繊細な何らかの土台があり、どちらもこの土台から展開し、それがすべての始まりと終わりなのだ。

この考えはこの本の根底を流れており、この章でもこの点を明らかにしようとしています。現実の土台は存在の神秘であり、それはつまり、あまりに神秘的でそれはそれであるという以上は言えない何かに与えられた言葉。私にはこのように見えます。

存在の神秘は、現実の土台です。

存在の神秘は、すべてとして立ち上る可能性の根源的な場です。

存在のパラドキシティは、それが主体としても客体としても、意識としても物質としても、〝私〟としても〝それ〟としても現れる点にあります。

〝私〟と〝それ〟

この考えを用いて、意識と脳について見つめてみましょう。同じひとつのものをお互いを補完し合う論理を超えた視点から見つめる時、このふたつが生まれるのです。

〝私〟は〝それ〟であり、〝それ〟は〝私〟です。

生きることがより複雑な形態に進化するにつれ、大いなる意識が登場しました。なぜなら、意識と物質は存在のパラドキシティの主観的そして客観的表現だからです。

存在の神秘についてのふたつの視点

この本では、主にスピリチュアルな視点から存在の神秘を見つめています。このため、その内から私とあなたが意識の中心として立ち上る、無意識の気づきの場としての存在の神秘を想像してきました。この章では、存在の神秘は科学が解き明かそうとする根源的なエネルギーの場であるとも言えると説明しました。

私がどのよう捉えているのかを説明しましょう。

存在のパラドキシティは、それが主観的そして客観的存在として現れる点にあります。

つまり、私たちは存在の神秘を主観的に、そして客観的に見つめることができるのです。

スピリチュアリティは物事を主観的に見つめ、現実の根源的土台は意識として立ち上る無意識の気づきであるとします。

科学は物事を客観的に説明するため、現実の土台を物質として現れるエネルギーであるとします。

どちらが正しいのでしょう？　どちらも正解で、またどちらも正解ではありません。

スピリチュアルな視点、そして科学の視点は、存在の神秘について論理を超えてお互いを補完し合う視点です。

生きることはパラドキシカルな神秘であり、双方の視点から見つめることが役に立ちますが、どちらも究極の真実を届けることはありません。それは不可能なのです！

意識する存在と無意識の存在

あなたの頭がフラフラしているとしても驚くことはありません。量子力学に関するニールス・ボーアの有名な言葉を再度ここに引用しましょう。

ふらつくことなく量子論を語ることができると考えているのなら、あなたはその第一歩すら理解していない。

生きることの深みを言葉で理解するのは簡単ではありません。しかし一方で、目覚めの旅において大切になる本質的メッセージはとてもシンプルです。スピリチュアルな視点、科学の視点の双方からそれを理解することができます。

存在の神秘は、すべてとして立ち上る根源のワンネスです。

あなたは分離した個人として現れていますが、本質的にはあなたの存在は大いなる神秘の存在とひとつであり、それがすべての存在として現れています。

あなたは無意識の存在の場に立ち上る、意識する存在の中心です。

太極図

道教の賢人たちは存在の場を神秘の「道《タオ》」として捉えました。根源のワンネスは根本的には陰と陽の性質を持つとし、それが生きることのパラドキシティを象徴するとしたのです。存在の根源的な場においても、それは主観的には意識として、客観的には物質として立ち上ることを見てきました。意識と物質は、存在における道《タオ》の陰と陽なのです。

太極図についてはすでに紹介しました。このシンボルは陰は陽の内にあり、またその逆も然りであると示しています。これこそが、この本の旅で発見したことです。

意識は物質の内に隠されています。

物質は意識の内に立ち上っています。

客観的世界と主観的自分は、共存しながらお互いを創造しています。

どちらも存在の根源の場、つまり神秘的な「道《タオ》」の表現なのです。

次なるパラダイム・シフト

生きることについて私たちが語る物語の次なる大きなパラダイム・シフトは、現実のパラドキシカルな性質にもとづいているはずです。生きることに対するこの理解は論理を超えて考えることで可能になります。そして太極図以上に超論理思考を巧みに象徴するものはありません。だからこそ、太極図は存在の究極の性質を示す図なのです。

量子力学が発見した「粒子と波動の二重性」から、超論理思考の旅は始まりました。ニールス・ボーアが自身の紋章のデザインに太極図を選ぶ原因となった、パラドックスに関する考えにも触れました。このシンボルを見つめていると、なぜ彼がこの図に惹き付けられていたかがよくわかります。

太極図が「粒子と波動の二重性」を予期していたことは、驚き以外の何ものでもありません。図をこのように置いてみると、ふたつの点が記された白と黒の波のように見えます。すべての粒

子がプラスとマイナスの性質を帯び、対極にあって補完し合う反粒子とともに存在することを、物理学は最近になって発見したのですから、この図の先見性は実に驚異的です。
超論理思考の本質を捉えるこのシンボルの深さに、私は恋をしています。ですから、シンボルをこの向きに配置して波の図とし、論理を超えた哲学のシンボルにしたいと思います。このシンボルの意味がわかれば、すべてのビジョンを得ることができるはずです。

古くからの存在

では、すでに紹介した『トマスの福音書』と『ウパニシャッド』でも説かれた一節を響かせる、老子による存在の神秘についてのすばらしい言葉を紹介して、この章を終わりにしましょう。

あなたにはそれが見えない、なぜなら形がないから。
あなたにはそれが聞こえない、なぜならそれは音を立てないから。
あなたにはそれに触れることができない、なぜならそれは物質ではないから。

それはこうしたやり方で知られることはなく、

なぜなら、それはすべてを抱くワンネスだから。
それは高く明るいのでもなければ、
低く暗いのでもない。

言いようがないが、常にそこにある。
それは何でもない。
それは形のない形。
それはイメージのないイメージ。

それは想像で捉えることはできない。
それには始まりもなければ終わりもない。

これが道《タオ》の本質。

この古くからの存在と調和にあると、
それぞれの瞬間の最大限を知ることができる。

第21章

深く目覚める瞑想――「わぉ！」のワーク

この章では、「深く目覚める瞑想」で自分自身を存在の神秘に浸してみましょう。そうすることで、神秘体験の深みに触れることができるはずです。

また、瞑想で何が起こるのかを説明するために、深く目覚めた状態と深い眠りの状態の論理を超えた関係性についても紐解きたいと思います。

前回の「わぉ！」のワークでは、私たちが共有する存在の場としての本質的な性質を意識する「在る」のワークを体験しました。このワークを通じて、生きることはひとつの根源的気づきに立ち上《のぼ》る夢のようなものであるという〝明晰に生きること〟に触れました。今回の「わぉ！」のワークでは、「深く目覚める瞑想」を通じて注意を神秘の存在へと溶かしてみたいと思います。

瞑想には色々な手法があり、これまで私もさまざまなやり方を試してきました。ここでお伝えする深い瞑想はとてもシンプルです。煩《わずら》わされずに神秘へと旅立てる時間を慎重に見極めて、この瞑想に臨んでください。

ここまで、ワンダーし、入り、そして在ることで、あなたを目覚めのプロセスへと誘ってきました。この先、定期的に瞑想することをお勧めします。そうすることで、「在る」のワークはより深いレベルへと達するはずです。

「深く目覚める瞑想」は存在の神秘へと溶けることを含みます。日々の用事に向き合う時には実際の出来事にしっかりとコミットしなければいけませんから、溶けてゆく瞑想をするのには適していません。しかし、時間をつくって瞑想をし、深い内に触れると、日々の暮らしの中でその瞬間にあることはより簡単になります。

ここに深く目覚める瞑想の基本的な手順を記します。

ワンダーする（Wondering）

世界にワンダーし、深い神秘を意識します。

目を閉じ、リラックスし、アンテナを張ります。

入る（Entering）

時系列にある物語を離れ、今この瞬間の体感に入ります。

呼吸をするというすばらしい感覚に注意を払います。

在る（Presencing）

その内に呼吸の感覚が立ち上る、広大な気づきの存在としての自分自身を意識します。

無意識の存在の場の内にある、意識の中心としての自分自身を意識します。

溶ける（Dissolving）

注意を内なる深みに向け、深い自己に焦点を当てます。

注意を存在の根源的土台に溶かします。

深い眠りと深い目覚め

瞑想で何が起こるのかをわかりやすく説明するため、深く目覚めている状態と深く眠っている状態の論理を超えた関係性について触れましょう。まず、深く眠っている時に何が起こるのかを見てみたいと思います。

それがそれ自体を夢見る形態を取って意識するようになる、形のない無意識の気づきとして、存在の場を捉えることができます。

私は根源の気づきのワンネスであり、ティムを通じて意識しています。

毎晩眠りにつくと、私は無意識の根源の気づきへと溶けてゆきます。

深い眠りの状態に入ると、私には主観的なアイデンティティも客観的なアイデンティティもありません。自分も、誰も、時間もありません。私は存在していますが、私が存在していることを意識してはいません。

私は毎晩、個人としてのアイデンティティを無意識のワンネスへと溶かすことを強いられているのです。

翌朝にはリフレッシュして、時間のない無から時間へと目覚めます。

時折、目覚めながら深い眠りにおける至福の感覚を感じています。存在の深いワンネスに浸されることがどれだけすばらしい心地か、その断片を味わっているかのようです。

瞑想で起こること

一日の終わり、私たちは眠りにつくことで無意識の内に根源のワンネスへと溶け出します。

瞑想により私たちは、意識的に深い眠りの状態へと溶け、深く目覚めます。

瞑想をする時、気づきの至福のワンネスに意識的に浸ることができるのです。

ルーミーは至福を感じながらこのような詩を残しています。

毎晩、あなたはスピリットを解き放つ
体という牢獄から
そして記憶という名の精神《マインド》を消し去る。

毎晩、鳥は放たれ
起きている語り手は立ち止まる。

囚人は牢獄にいない。
統治者は力をなくす。
苦痛も痛みもない。
得ること、失うことの心配もない。
この人やあの人についての空想もない。

目覚める時、叡智はこの状態にある。

スピリチュアリティを保ち続ける

深く目覚めることとはつまり、意識的に深い眠りの状態へと入ることであるため、私はまるで眠りにつくように瞑想をします。無理矢理深い眠りの状態に入ることはできないのと同じように、無理に深い目覚めの状態に入ることもできません。けれど、意識の状態が自ずと変化するように状態を整えておくことはできます。

深い眠りにつきたいのなら、服を脱ぎ、灯りを消し、ベッドでくつろぎ、目を閉じて、意識が眠るのを待つというういつもの手順を踏みます。眠ろうと考えたら眠るのは難しくなるだけ。リラックスし、ありのままに任せればよいのです。

深く目覚める瞑想もこれに似ています。役割やペルソナを脱ぎ捨て、本質的性質である裸の存在としての自分を意識します。心地良い状態で座り、体をリラックスさせ、目を閉じ、深い目覚めの状態を立ち上らせます。

深い目覚めの瞑想は、どこでもすることができます。しかし、馴染みのあるベッドの方がぐっすりと眠れるように、瞑想をする場所として馴染んでいる場所があると瞑想はより簡単になります。ジョゼフ・キャンベルはこのように言っています。

> あなたにとっての神聖な場所とは、あなたが何度も何度も自分自身を発見できる場所だ。

定期的なワーク

うたた寝をして少しの間ぐっすりと眠るように、深く目覚める瞑想を数分間試すことも可能です。けれど、定期的にぐっすりと眠る必要があるのと同じで、深く目覚めた状態にも定期的に長く留まる必要があります。哲学者アラン・ワッツ（訳注：一九一五～一九七三）はこう述べています。

一日に少なくとも一度、精神を離れることはとても重要だ。なぜなら、精神を離れることで感覚に辿り着くからだ。

定期的に日々の暮らしから身を引いて、存在の場に自身を浸し、リフレッシュして意識を研ぎ澄まし、また日々の暮らしに戻る必要があるのです。こうすることで旅を続けるためのエネルギーが充填《じゅうてん》されます。定期的に食事をすることで体をチャージするのと同じで、定期的に瞑想をすることでスピリチュアリティを満たす必要があるのです。

ある日十分に食べても、翌日には空腹になります。食べないまま暮らし続けると空腹感は痛みとなり、肉体を維持するように警告を発することになります。目覚めにおいてもこれと同じです。定期的に満たさなければ、魂は飢えてしまいます。深い目覚めの瞑想を行うことで、魂を満たすことができるのです。

好きだからワークをする

目を閉じ、静かに座り、内に深く入る、私はこれを瞑想と呼びますが、この言葉が何らかの足かせであることは否定できません。瞑想とは目覚めを求めて、しごく真面目に行う修行であるように聞こえるはずです。けれど、私は深く目覚める瞑想をこのようには捉えていません。それをするのがすばらしいからこそ瞑想をするのです。アラン・ワッツはこう言っています。

瞑想には理由も目的もないと言ってもよい。例えば、音楽をつくったり、踊りを踊ったりすることとてもよく似ていると言える。特定の地点に到達するために、例えば作曲を終えるために音楽をつくることはないはずだ。もしそれが目的であるならば、素早く作曲する人が一番良いということになってしまう。踊っている時も、旅をするようにどこかの地点に辿り着こうとしているのではない。踊る時、踊りという旅そのものがその地点であり、音楽を奏でる時、演奏することそのものがその地点である。瞑想についても、まったく同じことが言える。生きることのその地点は、常にその瞬間にあることを発見することが瞑想なのだ。

目覚めるために日々瞑想をするよう促す教えはたくさんあります。しかし、定期的なワークをある種の規則のように感じるのであれば、あたかも学生時代に戻ったかのようです。瞑想は私たちを自由にするものであるのに、規則のように響くせいで囚われを感じるようになってしまいます。楽しむため、喜ぶために、ワークをしてください。瞑想を雑事にしてはいけません。

瞑想と精神

瞑想中は意識を保つように注意を向ける必要があります。さもなければ、深く目覚めるのではなく、すっかり眠ってしまうからです。呼吸を意識することはぴったりの方法です。感覚的呼吸は喜びを伴うため、意識が彷徨《さまよ》い始めたら注意を呼吸に戻すようにしてください。

思考は行ったり来たりしますが、私は考えるのをとめようとはしません。不可能だからです。考えがとまらないのなら、自分が自分に話しかけるのを聞いていると意識します。その会話を聞いている静かな存在を意識するようにします。そこに考えが立ち上る、広大な気づきであることを意識するのです。

水をかき回すのをやめると泥が沈殿して濁った水が澄んでゆくように、注意を注ぐのをやめると思考は次第に漂うのをやめるようになります。精神は自然と落ち着き、そうすると神秘体験へと沈んでゆくことができるようになります。

積極的に瞑想に挑んでいた頃もありました。考えを静めるための内なる戦いに挑む、スピリチュアルな戦士であるように感じていたのです。あの頃は、考えをとめない精神は敵であり、どうにかしてやり込めないといけないと考えていました。けれど今は、瞑想をそのように捉えてはいません。自分に優しくなったのです。物事をありのままにし、精神がざわついている時には好きなだけそうさせます。精神が落ち着いたなら静けさを愛でます。

深く目覚めた状態に入ると、時に精神がとても澄んで、とても深い洞察が立ち上ります。瞑想に挑んでいた頃は、目覚めを邪魔するずる賢い精神の誘惑だと思っていました。「精神は狡猾《こうかつ》で、知恵という姿さえ取って私たちを目覚めから遠ざけようとする」という教えは多く見受けられます。けれど、今の私にこのような教えは意味を成しません。私が静まり、精神が洞察に満ちるなら、それに感謝します。洞察が立ち上るなら瞑想を中断し、後で吟味するためにそれを書き留めます。そしてまた、形のない存在へと飛び込むのです。

これまで瞑想に多くの時間を割いてきたため、一瞬にして深く目覚めた状態に飛び込むこともしばしばあります。けれど、常にそうであるわけではありません。思考に注意を運ばれると、私は〝夢〟へと浮かび上がってしまいます。瞑想に挑んでいた頃はこうした夢見がちな瞑想を悪い瞑想としていました。けれど今日では、そうした瞑想においても、そこで得るものにシンプルにフォーカスするようにしています。

浮かび上がって夢を見るならば、半分だけ意識している状態がどのようなものかを見つめます。それが眠りに落ちないための抵抗である場合もあります。そのような時には瞑想は、粘着質なものから自分を引き剥がし、意識のある状態へと自分を引き戻すプロセスのように感じられます。

日常生活でもこれと似たようなことがたくさん起こるのは、実に興味深い事実です。目覚めている時であっても時として、私は自分の物語に囚われます。物語は粘着質で、そこから逃れるのは簡単ではありません。重々しい惰性が無意識へと引きずり込むため、意志を強く持って抵抗する必要があるのです。

ですから、瞑想中に夢を見始めても失敗だとは考えません。日々の暮らしにおいて目覚めるための〝心理的筋肉〟を鍛える機会なのです。

目覚めた状態に在ることは努力を必要とはしませんが、目覚めるためには心理的な努力が必要です。具体的に理解したいのなら、床に横になって起き上がってみてください。体のコンディションが最高だとしても立ち上がるには多少の努力が必要です。けれど、一度立ち上がれば努力は要りません。スピリチュアルな目覚めにおいても同じなのです。

私の瞑想体験

私にとっての瞑想とは、時間に生きることのプレッシャーから解き放たれ、神秘体験に深く浸される時間です。無理強いすることはできませんが、自分自身を開いておくことはできます。神秘体験が立ち上ると、それは最上の贈り物であって、畏怖《いふ》の念を感じながらも感謝とともに受け取ります。

瞑想中に体験することは何であっても受け入れます。静寂と平穏だけがあることもあります。あまりにすばらしい体験で言葉では言い表せないこともあります。ここに瞑想の体験を書き記しますが、私の体験をもとに勝手な期待をしないようにしてください。生きることを探究するひとりの人間からもうひとりの人間、つまりあなたに、この体験がどのようなものであるかを伝えたいだけなのですから。

瞑想をすると、私は深い神秘に溶け出します。すると、なぜグノーシス主義者が神秘を「満たされること」と呼んだのかがわかります。空《くう》は震えるエネルギーで満ちているのです。静寂は生命を持ち、生き生きとしています。

ヒンドゥー教徒が「オーム」という原初の震動について語る理由を知ります。すべての基礎となる低い震動とひとつになるかのように感じるからです。私は「オーム」に吸い込まれてゆきます。

グノーシス主義者が神秘の存在を「眩い暗闇」と呼んだ理由を知ります。空《くう》は暗い光とともに光っているように見えるからです。

人々が「静寂の音」という表現をするのはなぜかもわかります。静寂はたくさんの小さな小さな鈴の音を鳴らしているからです。空間に立ち上り、落ちてゆくその鈴の音の波に沈んでゆくように感じます。

献身的な神秘主義者が、〝最愛の聖なる愛する神〟と表現するのはなぜかを知ります。私はすべての源である巨大な無意識の存在の場と恋に落ちるからです。

内に手を伸ばすと、深い自己が私を歓迎し手を伸ばしているのがわかります。ずっと会う時を待ち望んでいた恋人同士が一緒になろうとお互いを抱きしめ合い、ひとつになろうとするように。

この最愛の者の腕に抱かれ、リラックスしているように感じます。私が愛するもの、私が愛するワンネス、私であるそのひとつ、それは愛であり、それとひとつであると感じます。

存在の神秘に溶けてゆく

深い目覚めの瞑想をするには体感している世界から注意を離す必要があるため、実況中継をすることはできません。なので、昨日の瞑想をまるで今起こっているのことのように思い起こしながら、瞑想の体験を分かち合いたいと思います。後で時間をとって、自分でも試してみてください。瞑想の最初のステップは、この章の前半にも述べてあります。

誰にも邪魔されない寝室に籠ります。

体をリラックスさせます。

リラックスし、同時にアンテナを張ります。

私を取り巻く部屋の様子、窓の向こうの音を意識します。

生きることがいかにワンダーに満ちたものか、そして生きていることがどれだけ神秘的かを意識しています。

目を閉じ、物語を手放します。

今この瞬間を強く意識します。

呼吸のすばらしい体感に入ってゆきます。

すると体はやわらかくなり、精神は穏やかになります。

呼吸のすばらしい肌触りに入ってゆきます。涼やかな空気が体に入り、そして温かな空気が体から出てゆきます。

私は呼吸を存在させている、広大な気づきの存在です。

注意を内に深く向けてゆきます。

私は「裸の概念」、「存在の目隠しをされた感覚」を意識しています。

存在の神秘へと、どんどん、どんどん沈んでゆくように感じます。

私の注意は、意識する注意が立ち上る根源の土台へと溶けてゆきます。

眩い暗闇の原初の震動に浸されます。

静寂はオームに満ちています。

空《くう》は存在とともに生きています。

震動する静寂で私は踊っています。

ワンネスの、まるで海のような感覚が在ります。

至福の海に溶けてゆくように感じます。

最愛の人の安全な腕の内に抱かれています。

境界線のない愛において、すべてはひとつです。

第22章

すばらしい驚き

深い自己に目覚めることは最もすばらしい驚きです。それは生きることに満ちた体験、そして無条件の愛の体験だからです。

突然の出来事に私は執筆を一時中断せざるを得ませんでした。パソコンを前に涙が溢れ、予期せぬタイミングで、まるで優美さの贈り物のような激しい愛に襲われたのです。この体験をあなたと分かち合いたいと思います。

前章の終わりで神秘に浸されるのがどんな体験かを書いていると、何年も前に瞑想の体験について書いた詩を思い出しました。私はまだ二十代前半で、存在の深みに触れようと一年間の隠遁生活を送っていました。この時期、神秘体験は本当の意味において私に対して開かれるようになりました。人生は、生きることとの献身的な恋に変容したのです。

詩が残っていないかとパソコンの中を探してみましたが、パソコンが存在しない時代に書かれたものですから、もちろん保存などされていませんでした。けれど、録音テープを見つけたのです。当時の私はミュージシャンになりたくて、詩を音楽にしていたのです。詩にもう一度触れるために録音テープを聴いてみました。何が起こるか、心の準備はできていませんでした。

大した曲ではありません。経験不足なミュージシャンによる賞味期限切れの曲。けれど、詞をじっと聴いているうちに、私がどれだけ長い間、神秘体験を伝えようと試み続けてきたかを改めて知り、すすり泣きせざるを得なかったのです。

脳裏ではこの若いティムは私の傍らにいます。まだ自分が確立されておらず、経験も足りません。けれど、目覚めることのすばらしさを綴《つづ》ろうと、今と同じ不思議な強い衝動に駆られています。彼のキラキラとした情熱、無垢な誠心、そして固い決心を感じます。

神秘体験を初めて垣間見て冒険の旅に出た十二歳の少年とも親密なつながりを感じました。人生の迷宮において道を失い、そして見つけ出し、言葉にできないことをどうにかして言葉にしようとすることの試み、つまり表現することのできない「わぉ！」の感覚をどうにかして言葉にしようとするこの試みまで、どのように自分をつないできたかを見つめました。

曲が終わると、次の曲が始まりました。随分前に書いた『Life Itself』という古い曲です。他のたくさんの曲と同じく、すべてを抱きしめる愛の経験の断片を音楽と詞で伝えようとしています。人々を神秘体験へと誘い、愛においてひとつでありたかったのです。

純朴で洗練されていない曲ですが、若い頃の自分の純真さは時を超えて伝わってきました。歌詞をここに書き起こしてみましょう。

目で見ることはできない
それは聞かれることはない
手で触れることはできない
言葉にすることもできない

求めることにより隠され
恐れることにより隠され
未来にも過去にもない
それは今ここでしかない

ハートを開いて
するとそこに……望んでいたすべてがある
ハートを開いて
ここで今……あなたが開かれるのを待っている

生きることそのもの
ハートを生きることそのものに開いて

こうして書き起こすだけでも、若い頃のこの文章を書いた時の気持ちが思い出され、涙が込み上げてきます。そして何十年も経った今もまた、私はまったく同じ気持ちでこの本を記しています。

正直に打ち明けると、この本の執筆は簡単ではありませんでした。執筆に専念するためには、リラックスして楽しんだり、家族と過ごしたりする時間を犠牲にしなければいけません。作家生活をロマンチックなものと考える人もいるでしょうが、書くことはバラバラの言葉を意味のあるパターンへと醸成させる忍耐を必要とする作業です。瞳を濡らし、ハートを開いてこうして座っていると、なぜこの愛の仕事を自らに強いているのかがよくわかります。

人生のすべてを通じ、私は目覚めについて書き、歌い、叫んできました。それは私にとって本当に大切なことで、人生そのものであり、今でもそうなのです。私が味わいたかったのは神秘の甘美さだけです。

目覚めはとても美しく、愛おしく、ありのままです。ハートの扉を開くと、生きることの愛に触れることができます。生きることの「わぉ!」に触れる幸運に恵まれたことに強く感謝します。そして私にできることは、これを他の皆と分かち合うことだと感じるのです。

感傷的になりたくてなっているのではありません。今、本当にこのように感じているのです。この体験を引き起こした詩をここに記しましょう。私は詩人ではありません。これは、神秘に浸され、深い愛に溶けることがどのような体験かを記そうとした、あるひとりの青年の試みです。三十年が経ち、私は歳を重ねましたが、神秘体験はまったく同じように感じられます。永遠に新しいのです。

溢れそうなハートは、しっかりとすべて抱きしめられ
呼吸の波の上を漂っている
味覚に洗われ
光の波しぶきを受け
道教の波打つ鼓動に揺られ
シンプルな愛のふくらみに生まれ
待っている腕に落ちてゆき
至福の深みから立ち上《のぼ》る

海のような存在の揺れにさらわれ
鳴り響く波は荒々しい岩に砕ける
すべらかな小石たちを呑み込みながら
粗砂をやわらかな砂にしながら
感謝に溢れた私のハートを、あなたの寛大さへと溶かしてゆく

私は皆を愛している

生きることの「わぉ！」に深く飛び込むことは、深い愛の体験。だからこそ、神秘体験は私にとって大切なのです。だからこそ、この本をあなたのために書いています。そして多くの人々と神秘体験を分かち合うための効果的な手法を模索することをライフワークとしているのです。愛はその性質により共有されることを求めます。そして愛は分かちあうことで大きくなるのです。

ワンネスに目覚めることとは、冷たく色彩を欠いた悟りではありません。それは生きとし生けるものすべてとの深いつながりを感じることであり、このことが物語において個人として生きる感覚を変容させます。他者から分離しながらも分離していないという大いなるパラドキシティを体得する時、深い愛の体験は自ずと立ち上ります。愛とは、ふたつでありながらひとつである、すばらしいダンスです。

人生を通じ、さまざまな世代、性格、背景を持つ多種多様な人々と、深い愛の体験を分かち合う機会に恵まれてきました。近しい友人たちであることもあれば、赤の他人であることもありました。長いことスピリチュアルな探究を続けてきた人もいれば、偶然、目覚めに出くわした人もいました。

私たちが誰であるかは関係なく、目覚めはもっともすばらしい驚きです。世界は愛に煌《きら》めくようになります。同じ世界でありながら、新しい世界なのです。日常は栄光によって変容します。ウォルト・ホイットマンはこう綴っています。

目覚めていないのか、かつてそう見えていたものはもはやそうは見えないのだから、
いや、私は初めて目覚めたのだ、かつてそこにあったものたちは平凡な眠りであったのだ。

ダブ・パンクのミュージシャン、ジャー・ウォブルは『I Love Everybody』という曲で、埃《ほこり》まみれのロンドンの街がすばらしいビジョンへと変容する様を綴り、突然の目覚めの魔法のようなほとばしりを絶妙に表現しています。

そして今、建物が変わる
そして今、人々が変わる
すべてが変わってゆく
スピリットと物質、最もはっきりと
心配すべきことは何もなかったと知る
疑いは狂気の沙汰だった

限定され、中途半端で、孤立した個人
チングフォールドの団地に暮らす
キューの人里離れた大きな家
トッテンハムの湿地帯の塔
……それらが神になる

トゥーティングの税理士に会うと……ゼウスが見える
ハーリンゲイ・ロンドン特別区の衛生局員
……眼前には知識人が眩く立っている

五分間、皆を愛する
愛しかない　すべての行為は消える

マイル・エンド・ロード
血塗られた酔っぱらいたちの喧嘩場は
ゲッセマネの庭になる

不幸せそうな七十二歳の元港湾労働者は永遠の慈愛に満ちた仏陀になる
キプロスからきたミニタクシーの運転手はアッシジの聖フランシスに
グラスゴー出身の二十二歳のレジ係は聖なる母に

皆を愛している　私のスピリットは自由だ

透明な驚き

先日、私はアメリカの詩人ジェームス・ブロートン（訳注：一九一三～一九九九）の作品に初めて触れました。彼は目覚めの体験を「透明な驚き」と表しています。この表現は多くを喚起してくれます。彼は「私たちは皆、驚くべきことの参加者だ」と言います。すばらしい表現ですね！まだ若い〝陽気なジム〟ことブロートンは、人生を変容させる〝女神〟の訪問を受けました。何年も経ってからこの出会いを振り返り、彼は女神がこう話したと言います。

反対意見もあるだろうが、世界は惨めな監獄ではなく、それは馬鹿げたことと想像とのやむことのないトーナメントが行われる広場だった。シャープに試合に臨めば、大いなる喜びの代弁者となることができる。

深い愛の体験の代弁者であろうとする今の自分へと私を導いた、少年時代の体験を思い出さずにはいられません。ここに目覚めの旅の本質を美しく捉えたブロートンの詩を紹介しましょう。

ぐずぐずせず
疑わず
大胆に突き進む
明晰さに向かって歩く
鋭い瞳とともに
研ぎ澄まされた剣とともに
道を切り拓き
透明な驚きを目指す
目覚めの
その交差点では
ワンダーに出くわす準備をしておこう

第３部
深い愛への旅

第23章

神秘の中心

ここまで、私たちを取り巻く世界をシンプルにワンダーすることで起こる意識の変容を見つめてきました。ワンダーの道を進み、やがて私たちが知っていると思っているすべての根底に横たわる深い神秘へと辿り着きました。

次に内に向き合い、その神秘は私たち自身のアイデンティティであることを見つけました。そして、生きることの表面においては分離した個人でありながら、その深みにおいてはすべてがひとつであるという、根源的なパラドックスに触れました。

巡礼の旅はやがて私たちのすべてが向かう聖地、深い愛へと私たちを導きます。私たちは根源のワンネスの個人という表現であると知る時、すべてを包み込む愛を経験します。これが神秘体験の中核です。

私たちはやがて、存在の神秘とはすべてをひとつにつなぐ深い愛であると経験します。新約聖書はこれを宗教的に美しく物語っています。

神は愛であり
愛に生きる者は
神に生き
そして、神はそれらの者に生きる。

十二歳の当時、目覚めを通じて聖書のこの言葉が本当であると深く知りました。数週間後、宗教の授業で学校に神父がやって来て、キリスト教についてのディスカッションが行われました。私は理解すべきことのすべては「神は愛である」という言葉に集約されると提案しました。教師と神父は見下したような微笑みを浮かべ、ひとりが「そんなに簡単だったらよいのだが」と言いました。けれど、私はそれだけシンプルに違いないと確信していたのです。今でも、この確信は変わりません。

神の存在は私の人生の現実です。けれど私にとって神とは、私から切り離された偉大なスピリットではありません。神とはすべての存在として立ち上《のぼ》る存在の神秘。神を知る時、私はすべてを包み込む愛を経験します。

宗教的文脈において神はしばし、神の言葉が記されたとされる聖なる書によって私たちの生き方を規定する、偉大なる〝人物〟であるかのように扱われます。けれど、神は私たちに話しかけはしません。神とは私たちを通じて物語る、根源の静寂です。すべての言葉は人間の言葉であり、時間に生きるという人間的経験に条件づけられています。それらは決して正確ではなく、真実の部分的な表現に過ぎません。神の言葉はないのです。もしあるとしたら、それはたったひとつの言葉であり、その言葉は〝愛〟であるはずです。

献身的な愛

目覚めて間もない頃、私は神を強く愛する感覚を持ち、神から離れている時には情熱的に神を求め、ひとつになった時には深い一体感を感じました。キリスト教の神秘主義者ヒルデガルト・フォン・ビンゲンが「神の神秘は、すべてを抱くその両腕であなたを抱きしめる」と表現したように、すばらしい感覚でした。

多くの教えが目覚めとは神への献身の体験であるとしますが、神に身を捧げている内はまだ目覚めが足りないとする教えもあります。現実において私たちは神とひとつですから、そう感じている間はまだ分離の世界に取り込まれているとも言えます。

けれど私自身の経験においては、このふたつのアプローチは相反するものではなく、お互いに補完し合うものです。神とひとつであることと神を愛することは、論理を超えて異なる同じ目覚めの経験なのです。深く目覚めている時、私は生きとし生けるものから分離しながらもそれらとひとつであると感じています。私は存在の神秘とひとつであり、同時に存在の神秘に対して強い愛を感じる分離したティムという個人でもあるのです。

在ることを愛する

キリスト教の偉大な神秘主義者マイスター・エックハルト（訳注：一二六〇頃～一三二八頃）は「神とは在ることだ」と教え、「神を愛する」ことを諭します。初めてこれらの言葉に触れた時、私は多くの洞察を得ました。もし神は「在ること」なのであれば、神を愛することとは、在ることを愛することです。それは、今ここでティムとして在る自分を愛することであり、ありとあらゆるものを、ただそうであるがゆえに、愛することなのです。

在ることを愛する時、とても心地良く感じます。どれだけ存在したいと感じているのかを知ります。在ることを愛することは生物学者が生存本能と呼ぶ性質の全体を突き抜けるもの。それは生き延びようという意志である以上に、生きることの根本的な喜びの経験です。

在ることの喜びは、そう意識していない時であっても常にここにあります。だからこそ、深い愛に目覚めるために自分や自分の人生を変える必要はありません。常にここにある存在の土台に意識を向けるだけでよいのです。すると、深い愛が両手を広げて私たちを待っているのがわかります。

ワンダーの世界

深く目覚めている時、私は存在の神秘と、そしてその現れがつくり上げる世界のすばらしさの両方を愛しています。世界の美しさに息を呑むのです。生きることがさまざまな姿を取っていることに驚き、圧倒されます。自然に超自然的な何かを見出すのです。

ドイツ人学者ルドルフ・オットー（訳注：一八六九〜一九三七）は自然界と一体化する感覚をこう綴りました。

自然のワンネスに満たされる感覚……すると自分自身の内に、自然界におけるあらゆる個性、あらゆる特性を感じることができる。塵《ちり》の欠片《かけら》とともに踊り、太陽とともに光り輝く。夜明けとともに昇り、波のように打ち寄せ、バラとともに香り、サヨナキドリに心を奪われる。自分がすべてにおいて分かつことのできないものであり、すべての力であり、すべての喜びであり、すべての欲望であり、すべての痛みであることを知っている。

神話学的に言うならば、自然と恋に落ちる時、私たちは女神に敬意《オマージュ》を捧げています。女神は生きることの神秘的な様相を象徴し、神は生きることの神秘的な本質を象徴します。神は生きることを夢見る者、そして女神はその夢。私たちは皆、女神の神聖な存在に生きています。私たちが見て、聞いて、触れて、味わうことのできるすべてがこの女神なのです。彼女は大いなる自然です。

深い愛は、存在の前提としての神、そして存在の現れとしての女神、どちらともともにあります。私たちがこうして立ち上った無意識のワンネスによる客観的な表現が自然界です。その無意識の土台から、意識をする肉体が進化しました。自然に超自然を見る時、そこに表出する神秘を見て取ることができるのです。

地上天国

グノーシスの『トマスの福音書』でイエスはこう言いました。

天の王国は地上にある。
けれど人々はそれを見ようとしない。

天国や地獄は死後、生前の行いに応じて与えられる行き先ではありません。それは今ここにおける私たちの意識の状態です。表面的にしか目覚めていない時、私の人生はよくて平凡、下手をすると苦しみにまみれています。しかし、深く目覚める時、生きることは魔法に満ち溢れます。日々の世界は、深い愛とともに煌めく透明な魔法になるのです。地上に天国を見ます。『トマスの福音書』でイエスはこう語っています。

王国はあなたの内にあり、そしてあなたの外にある。

自身の内、もしくは外に広がる世界を深く探究すると、私たちは愛に溢れた抱擁で世界のすべてを抱く、同じひとつの存在の神秘に出会います。そしてその存在と恋に落ちます。すると、地獄は天国に変容するのです。

愛のスペクトラム

深い愛は天上の体験ではなく、肉体において実際に体感するもの。けれど単なる心地良い感覚ではありません。それは現実との全体的な関係性です。深く目覚めている時、存在の深みから溢れ出す深い愛はハートに注ぎ込んで私を優しくし、精神《マインド》に注ぎ込んで私を賢くし、体に注ぎ込んで肉体的感覚を生き生きとさせ、世界に注ぎ込んで慈愛に満ちた行動を導きます。

深い愛は愛のスペクトラム（拡散・分布）として現れ、友人に対する好意、パートナーに対するロマンチックな感情、子どもに対する本能的な愛情、他にも性的な親密さ、喜びに満ちた感覚的な愛、楽しむことに夢中になる愛など、さまざまな姿を取ります。

神の聖なる愛を経験したいのであれば、こうした低俗な愛は犠牲にしなければいけないとする教えもありますが、それは「どちらか／もしくは」の思考が生んだ酷い誤りであるように感じます。存在の神秘に対する愛より、子どもたちに対する愛が低俗であることはありません。すべての愛を内に秘めたその愛の、個人的な表現であるだけです。深い愛は根源の愛であり、それは人生においてさまざまな個人的な愛として現れます。深い愛は私の個人的な愛を抱きしめ、そして完成させてくれます。

動物的な交わりから超越的な献身まで、愛とはふたつでありながらひとつであることの経験です。愛する時、私たちはお互いから分かたれていること、そして分かたれていないことを同時に感じます。愛は統合の感覚であり、分離しているからこそそれが立ち上ることが許されるのですから、どちらもが重要な感覚です。

愛への目覚めをアラン・ワッツは喚起的な表現でこう記しています。

すべてが愛のゲームだったことが、瞬時に明らかになる。愛という言葉が意味し得るすべてを愛は意味し、性の喜びの赤から、人類愛の緑を通じ、聖なる慈愛の紫色まで、フロイトのリビドーから、ダンテの〝太陽と天体を動かす愛〟まで、すべては白いひとつの光が放つあまりにたくさんの色なのだ。

魂の穴

目覚めていない時は常に何かが欠けている感覚があります。魂に穴が空いていて、どう満たしたらよいのかわからないのです。人生を変え、これでよいと思おうと試みますが、うまくゆきません。けれど、しっかりと注意を払うと、私は愛を求めているのだということが見えてきます。愛なしには人生は空虚で無意味です。

仏陀は目覚めていない人生はドゥッカ（Dukkha）と呼ばれる苦しみに満ちているとしました。ドゥッカは背後に横たわる不安定さ、不満足感です。死の知識から立ち上る存在の危機、他者から分離しているという根本的な感覚、世界からの孤立です。

この生きる力を奪う孤立感をグノーシスのキリスト教徒は〝見知らぬ人〟と名づけました。このメッセージは実存主義作家カミュの『異邦人』に受け継がれました。分離の感覚に囚われる時、私たちは見知らぬ土地を彷徨う異邦人であるかのように感じるのです。
私たちは意識する個人であるというところから発芽しているため、この不安と孤独の感覚を避けるのは容易ではありません。意識をするということは、世界の観察者としてワンネスから自らを切り離すことです。脆い人間であることしか知らない時、私たちはドゥッカに悩まされ、辛い気持ちになります。
物理的、経済的に安定することでこの不安を回避しようとしても、人生という嵐において完璧に安泰であることはあり得ません。重要視され尊敬されることでこの不安を回避しようとしても、死を免れるほど特別になることはありません。成功し、うらやましがられることでこの不安を回避しようとしても、内に潜む空虚はあらゆる戦利品を空しく見せます。カビール（訳注：インドの宗教改革者で詩人。一四四〇頃～一五一八頃）が言うように。

私たちがすることのすべては、そこに不可思議な失敗の感覚を孕んでいる。

奥深くで私たちは皆、魂の穴を埋めることができるのは愛だけだと知っています。どんなに晴れ渡った日にもその影に潜んで私たちを弱らせるドゥッカから自分自身を自由にできるのは、愛だけなのです。愛だけが、生きることにおいて悪い出来事を和らげ、善きことすべてを祝福する力を与えてくれます。
まるで、珍しく見つけることが難しいものであるかのように愛を求めますが、内を見つめ、愛の源を見つめると、愛が不足することはないのだとわかります。私たちは愛の海に呼吸をし、愛の海に存在するのです。それを理解する時、私たちはカビールが記したように、人間の置かれた状況の皮肉を笑うことができるようになります。

水中を泳ぐ魚が「喉が渇いた」と言う時、笑わずにはいられない。

愛を求める

魂にぽっかり空いた穴は嫌なものですが、私たちに満たすことを教えてくれるのだから、これもまた祝福です。内なる空虚を満たすための表面的な試みが失敗すると、私たちは深みを見つめてスピリチュアルな探究者となります。そして目覚めた時、私たちは深い愛に満たされていることを知ります。この愛こそが、長い間求めていた愛であると知るのです。
深い愛を感じることをどれだけ求めているかを知ると、深い自己に目覚めようとする深い欲求でいっぱいになります。愛を求めることは、スピリチュアルな旅における燃料のようなもの。それは、離れている時に最愛の人を想う気持ちであり、再びひとつになりたいという焦がれる想いです。愛の渇望は、目覚めの渇望なのです。

どれだけ目覚めたいのかを知る時、私たちは目覚め始めます。深い愛をどれだけ求めているかを知ると、深い愛は私たちに手を伸ばします。神秘に満たされることこそが最も深い欲求であると知ると、神秘は私たちを受け入れるのです。

カビールは自身の詩において、神にこう語らせています。

私を本当に探すのなら、
すぐに私に出会うだろう。

神秘体験リトリートでは深い愛に満たされる機会を設け、家に帰った後もその感覚を忘れないでいてもらいます。すでにどれだけ愛を求めているかを知っていますから、内なる空虚さに悩まされた時には深く目覚めた状態を呼び覚まし、再び深い愛を見つけようとするのです。

神秘体験の深みに触れれば触れるほど、そして頻繁にそこに立ち返るほど、眠っている時にどれだけ目覚めたいと感じているかを思い出すことはずっと簡単になります。深く目覚め、生きることを愛しているその時を思い返すと、また意識的になりたいと自ずと感じます。私たちに力を与え、意識の状態を変えようとする意志を授けるのは、求めることの本物の誠実さです。

神秘体験リトリートの核となる深い愛の儀式の前には、深い愛をどれだけ求めているかを意識してもらいます。それが原動力となるからです。私の旅路において意識を変容させるさまざまな手法を継続的に試し続ける原動力となったのもまた、この渇望でした。この本であなたと分かち合っている、目覚めのための新たな方法をつくり上げる力をくれたのもまた、この渇望です。

愛は何にも代え難いもの

どれだけ愛を求めているかを知ると、深く目覚めるために何でもするようになります。神秘体験リトリートに参加するために遠い道程《みちのり》をやって来る参加者の皆さんの強い意志には、いつも感動し、そして感化されます。遠い道程をやって来た方々が、そうするだけの価値があったと思ってくれていることに喜びを感じます。神秘体験には長い旅をするだけの価値があるのです。それは人生を通じて探し求めているものだからです。

最初のリトリートでは、すてきな年老いた紳士と、彼の愛らしい妻がアメリカからイギリスまでやって来てくれました。出会った最初の夜、彼はこう言いました。

私たちはクルージングをキャンセルして、このリトリートに参加しました。人生のこの段階で、この機会を逃すことはできないと感じたのです。

初めてのリトリートでしたから、面食らったのもまた事実です。けれど彼の熱意に触れ、目覚めるための場をつくりさえすれば、この人は必ず目覚めるはずだと密かな自信を得ました。そしてリトリートの最後、この紳士は人生で最高の三日間だったと語ってくれたのです。私は深く感動しました。数年後、彼は奥さんと一緒に再びリトリートに参加し、さらに豊かな経験をしたと伝えてくれました。これこそが「わぉ！」の体験です。

けれど、深い愛を感じるために地球の反対側まで移動する必要はありません。リトリートに参加しなければいけないわけでもありません。ここで今、愛を求めているということを意識し、そこで愛が待っている存在の神秘に飛び込めばよいのです。カビールはこう述べています。

あなたがいるところが、入り口だ。

人生を甘くする魔法

リトリートを行う時、私は皆に深い愛のワンダーを経験して欲しいと心から望み、そして多くの人が実際にそれを経験します。一緒に恋をして、「わぉ！」の深みへと手を取り合いながら進みます。その感覚は間違いようがありません。深い愛は体中のすべての細胞において震えています。そこを去らなければいけない時、私たちは深い愛に浸されます。分離は解け、存在の至福の海においてともに遊ぶことの自然さへと解かれてゆくのです。

参加者の皆さんからは、経験したこと、気づいたことが綴られたメールが送られてきます。ここで深い愛を味わうことがどんなことかが巧みに表現されている便りを紹介しましょう。香港のビジネスマンでイアンという名のすばらしい男性は、フランスの別荘から飛行機に乗り、イギリスのグラストンベリーで行われたリトリートに参加してくれました。

親愛なるティム

週末に体験したことを言葉にすることがどれだけ難しいか、あなたが一番よく知っているはずです。にも拘わらず、同じようなメールを少なくとも他に四十六通受け取るのでしょうね。読み聞きしたことはあっても、決して理解できなかったことを、今では山ほど理解していることだけは確かです。何も変わっていないのに、すべてが変わったのです。

この両目を通じてまったく違うものが見えていますが、私は同じ私で、でもそれは、それ自体が本来は何であるかを知っています。囚われ制限された何かではなく、完璧に自由で無限であるもの。この〝夢〟においてこれをずっと待ち望んでいたために、あなたが示してくれたようにそれとつながることはできなかったのです。今では、鏡をみればすぐに、それを見て取ることができます。

フランスに戻り、寒い家の中で暖炉の炎を見つめ、アビーハウスでのお別れ会の思い出をなぞっていると、生きることは私であることを楽しんでいたのだという強い感覚に襲われました。炎を見つめ、温かさとハートの内にある愛の広がりを感じました。ここには誰もおらず、でも、もちろん誰かがいて、どちらもが炎を楽しんでいるのです。

わぉ！

それと同時に静寂に満たされ、大いなる空間、そしてあなたが強調してくれた呼吸をすることの喜びに落ちてゆきました。そこには大いなる愛の感覚、そしてすべての人々に対する慈愛がありました。在ることを愛し、そうすることで愛であることができるのです。

リトリートに参加する前の私は、他の参加者と同じで、あなたから賢い答えをもらって、自分にすばらしい変化を起こそうという考えで頭をいっぱいにしていたはずです。でも代わりに、あんなに大きな愛の体験をしたのですから、あの時の考えや質問は不適切で不要になりました。愛の海に浸される喜びにおいて、それを感じ、そこに在るために、言葉も理解も必要ないのです。それは私が心の奮闘とその混乱から期待していた最後の成果であり、また、得たかったすべてでした。
敢えてまとめようとするならば、私は家に帰って、恋に落ちたのです。そこにいたのに、そうであると知らずにいたその場所の扉を開いてくれて、どうもありがとう！

この本の執筆中、アイルランドのすてきな女性テレーズから、神秘体験リトリート参加後にEメールが届きました。

まだ、余韻に浸っています。ヨガの生徒たちからも「グラストンベリーで何があったのか教えて」とせがまれています。また、ちらっと見て理解し、微笑んでくれる人もいます。アイルランド人ですから家族たちからはからかわれます。ティム、あなたは人生を甘くする方法を見つけたのですから、もしそうしたいのなら、お金持ちになれますよ。

運命が大きく変わらない限りは、私が経済的に豊かな人間になることはないでしょう。けれど豊かさというすばらしさは愛にあると知っていますから、関係ありません。
初めての目覚めから今に至るまで、私の考えは変わり、また深まりましたが、生きることのすべては愛であるという確信は変わりません。自分自身を哲学者と呼びますが、それは真剣に受け取ってもらうための見出しにすぎません。実際のところ、私はラブ・ジャンキーなのですから。

最近行われた神秘体験リトリートの最後、私がこう言うと、すてきな女性が「あなたはラブ・ジャンキーではないわ、ラブ・ディーラーよ！」※と言ってくれました。ユーモアたっぷりに真実を伝える最高の褒め言葉です。この本で私が言おうとしているのは、こんなことなのかもしれません。

※（訳注）：麻薬の中毒者（ジャンキー）、販売人（ディーラー）に掛けたユーモア。続く著者の台詞も麻薬販売人の口調を真似ている。

よぉ！　魂の穴を埋める、深い愛を探してんのかい？　すっごいいいのがあるんだけどさ、タダなんだよ。人生を甘くする魔法さ。あんたが待ってた、でっかい「わぉ！」だよ。一回味わったら、一生病み付きだよ！

第24章

私と私をつなぐ──「わぉ!」のワーク

目覚めは個人的な体験ですが、他者と分かち合うことで深い愛の経験は増幅します。この章で紹介する〝深い自己と深い自己〟で他者とつながるパワフルなワークを実践し、深い愛に満たされてみましょう。

これまで、世界から身を引き、深く目覚めた状態に飛び込むワークを紹介してきました。ここでは視点を世界に戻し、目覚めた状態で他者とつながってみましょう。「私と私をつなぐ」ワークは、他の人と一緒にする瞑想です。合わせて、ひとりでもできる瞑想も紹介します。そして日々の暮らしにおいてこのワークをどのように活用できるかをお伝えしましょう。

私と私をつなぐワークは、お互いを見つめ、お互いを聞き、お互いの指先に触れることで行います。あまりにシンプルで何でもないかのように聞こえるかもしれません。しかし、正しく理解され、行われると、分離しながらひとつにつながることができ、意識の有り様を大きく変容する経験となります。

最初の私と私をつなぐワークは、深い目覚めの状態でお互いの目を見つめるワーク。これをする時、私は見ているけれど見られることはない気づきの神秘の存在であることを意識しています。そして同じように、見ているけれど見られることはない相手の気づきの神秘の存在とつながっていることを意識します。

映画『アバター』で登場人物は「I see you」と言って挨拶をします。私と私をつなぐワークをすると、このように感じるのです。相手を本当に見て、相手もまた私を本当に見ます。存在の深みにおいて私たちはひとつであると知るのです。

インドでは「ナマステ」という言葉で挨拶を交わしますが、これは「私とあなたがひとつである私の内なる場所において、あなたを認めます」という意味です。私と私をつなぐワークでは、本質的には私たちはひとつであると理解することができます。これが起こると、「わぉ！」と言いたくなるはずです。

ヒンドゥー教の教えでは、偉大なる師との出会いはさらなる目覚めのきっかけとなるために大いなる祝福であると考えられています。大いなるスピリチュアルな存在に在る広大な意識の状態と共鳴することで、私たちの意識の状態もまた変容するのです。これはダルシャンと呼ばれています。しかしながら私の経験では、私と私をつなぐワークをすれば相手が誰であってもダルシャンを経験することができます。私たちは皆、偉大なるスピリチュアルな存在なのですから。ウォルト・ホイットマンはこの体験をこう綴っています。

男たちや女たちの顔に神を見、そしてガラスに映る私自身の顔にも神を見る。

美しい他者

私と私をつなぐワークで別の誰かとつながると、その人の美しい個性と恋に落ちるように感じます。その人の人間的な個性を、存在の神秘の奇跡的な表現として見るのです。彼らが特別なのは私と違うから。分離していないのに分離しているという事実を愛するのです。分離することで世界は美しく彩られます。ベントというエレクトロニカ・バンドはこう歌います。

美しい他であること
だからあなたを愛する
愛らしさに迷う
あなたの美しい他であることの愛らしさに

安全な親密さ

私と私をつなぐワークは私が提案するワークの中でも最もパワフルで、神秘体験リトリートの中核を成しています。このワークを育て、試し、その結果に私は驚きました。他者とひとつになること以上に、意識を素早く劇的に変える方法はありません。

ともに目覚める時、私たちは自分自身を見つけ、お互いを見つけます。自分自身をそれとして愛し、他者をそれとして愛しています。相手が友人であれ、見知らぬ人であれ、男であれ、女であれ、若くても、年老いていても、愛して愛されることはあまりに自然であり、恋に落ちざるを得なくなるのです。

一方で、この章を書き進めながらこのワークを紹介するのをためらったのもまた事実です。そこまで強い親密さには誰でも抵抗を感じるもの。私と私をつなぐワークについて知っていたらリトリートの参加をためらったかもしれないと言う人もいます。しかし、実際に経験すると、安全で大きな変容がもたらされるため、皆がこのワークをしたことを喜んでくれます。クレアという美しい女性はこう書いてくれました。

どのようなことが起こるかを知っていたら参加しなかったかもしれませんが、その成果を知っていたら、火で洗礼されることすら厭わなかったでしょう。

詩的な表現でそこにあるジレンマを美しく捉えています。通常、私たちはお互いから切り離されていますから、誰かと深くつながるという考えは恐れをもたらします。けれど、ひとつとしてつながる時、それは完璧に自然で、完璧にすばらしい経験なのです。

深い自己と深い自己

私たちは分離した自分として世界を見つめることに慣れているため、目を見つめられると邪魔をされるように感じるかもしれません。自分の空間を誰かに邪魔されているように感じ、自分を開くよりも逃げたいと感じることもあるでしょう。不慣れな親密さに恥じらい、それを隠すために苦笑いをするかもしれません。

私と私をつなぐワークでは、リラックスし自分自身でいられる環境をつくることが大切です。安全であると感じる時、このワークに威圧されることはありません。経験はすぐさま喜びに変わり、あなたは病み付きになるはずです。

私と私をつなぐワークでは、お互いを干渉し合うことはないと参加者に念を押します。目を見つめる時、〝私の目、専用〟と書かれたドアの向こうの閉ざされた秘密の場所が覗かれることはありません。そこはあなたのプライベートな場所であり、そうあるべきなのです。

私と私をつなぐワークは、個人を通じて個を超えたワンネスを見つめ、その広がった視点から個性の豊かさを讃えるワークです。個人としてのお互いを知る機会にはなりません。そのためには一緒に出掛け、話をして、泣いて、笑って、お酒を飲んで打ち解けて、喧嘩をして、仲直りをする必要があります。それには時間が掛かります。

私と私をつなぐワークでは、時間を超えた瞬間において、それぞれの深い自己と深い自己がつながります。こうしてお互いを知るのに時間は必要ありません。分離を通じて存在の神秘を見つめる、その瞬間だけでよいのです。

私と私をつなぐワーク

たくさんの哲学的アイディアや、これまでに実践してきた「わぉ！」のワークは、私と私をつなぐワークの糧《かて》になります。ですから、この本を読んだことのある友人と試してみてください。前回、私がこのワークで体験したことも思い出して記します。時間の許す時に、あなたも試してみてください。私と私をつなぐワークを三つ紹介しますが、それらを順々に実践することはありません。それぞれが独立した、とてもパワフルなワークです。

準備

「ワンダーする」、「入る」、「在る」のワークを通じて、深く目覚めた状態に在ってください。

目を閉じて、深くリラックスした状態で座ります。

生きることの奇跡にワクワクし、この瞬間の神秘を意識します。

呼吸の感覚に入り、精神《マインド》を静めます。

呼吸する経験が立ち上《のぼ》る、広大な気づきの存在になります。

今ここで起こっている経験の流れに存在します。

存在の神秘を意識し、根源のワンネスを深く知ります。

私が私を見つめる

ひとつになることの安全な親密さへと入ってゆくために、私は音楽を掛けるようにしています。私のお気に入りは、優しく誘うように響くボビー・マクファーリンの『コモン・スレッズ』。今もこの曲を掛けており、このワークの経験が鮮明に甦ってきます。

一緒にワークをする人と向き合い、目を閉じて座ります。

深く目覚めた状態で、この瞬間に入り、存在します。

ゆっくりと目を開き、目の前に座っている人の眼差しを受け入れます。

まず、美しい顔をつくり上げる色、形など、目に見えるものを意識します。

瞳に焦点を当て、私と同じように、望みと恐れ、記憶と夢に溢れたひとりの人間とつながっていると知ります。

顔には経験が刻まれていますが、瞳は歳を取らないと気づきます。

成熟した大人を通じて、無垢な子どもと向き合っているようです。

分離した自分を通じて、深い自己を見ています。

私はもうひとつの形として立ち上る気づきの存在とつながっている、気づきの存在であることを意識しています。

私は見られることのない気づきであり、見ることを通じて、見られることのない気づきとつながっています。

私は一緒にワークをするパートナーとして立ち上る存在の神秘を見つめている、ティムとして立ち上る存在の神秘です。

パートナーの顔は、美しく輝いています。

片方の瞳を見るとその人個人と、もう片方の瞳を見ると宇宙の存在とつながっているように感じます。

何とすばらしいのでしょう!

ひとつでありながらふたつで、分離しながら分離しておらず、同じでありながら違っています。

お互いに溶け合ってゆきます。

お互いを愛しています。

私が私を聞く

静寂の中でこのワークを行うのもすばらしいのですが、私は音楽を掛けるようにしています。私がよく掛けるのはパトリック・ホーズの『クアンタ・クアリア』と、アンダース・ホルテの『フル・ムーン・ダンス』です。

パートナーと私は目を閉じて、近くに座っています。

呼吸に沈んでゆき、深く目覚めた状態に入ります。

美しい音楽を聴いていることを意識し、まるで時間を流れる音の川のように感じます。

音楽に入り、聞く感覚を享受しています。

聞いているけれど聞かれることのない、気づきの存在であることを意識しています。

深い自己、存在の本質的な〝私〟であることを意識します。

「私は在る」という言葉を優しく発し、自分の存在を深く知っていることを表現します。

音の流れに解けてゆく言葉が、唇から立ち上るのを聞く瞬間です。

次に、パートナーもまた「私は在る」と言います。

私の声とは違う個性に満ち、経験が刻まれた、生の人間の声の美しさを感じます。

「私は在る」と繰り返し発し、そしてパートナーが「私は在る」と繰り返す声に集中します。

音を捉え、意味を捕まえます。私が内に感じているのと同じ「存在を深く知ること」をもうひとりの人物が表現するのを聞いています。

聖なるマントラのように、「私は在る」という言葉を掛け合います。

パートナーが「私は在る」と言うのを聞くと、音を通じて、そこから言葉が立ち上る気づきに触れることができます。

もうひとつの形を取る神秘的な存在とのつながりを意識します。

私は聞かれることのない気づきと音を通じてつながる、聞かれることのない気づきです。

「私は在る」という言葉は私たちの間を流れ、まるでひとつになってデュエットを楽しむかのようです。

それ自体が起こっているのですから、誰が聞いていて誰が話しているのか、もはやわかりません。

「私は在る」はひとつの存在の海から上り、そこに降りてゆきます。

海のような存在がティムを通じて「私は在る」と言うのを聞いています。

海のような存在がパートナーを通じて「私は在る」と言うのを聞いています。

さまざまな教えにおいて、「私は在る」は神に与えられた偉大な名前のひとつであることを思い出します。

私はそれ自体を聞き、それ自体に出会い、それ自体を認識し、それ自体とひとつになり、それ自体を愛している、神のワンネスです。

私が私に触れる

シンプルで繊細に踊ることで、分離しながらにして分離していないことを知るすばらしいワークです。このワークではリラックスすればするほどすばらしい感覚を味わうことができるはずです。あらゆる筋肉の緊張をほぐし、体をリラックスさせてください。体を使うワークです。だからこそすばらしいのです。

このワークでは音楽が大切になります。私は、ジョナサン・イライアスの『プレイヤー・サイクル』から『ベネディクション～祝福』をよく掛けます。スピリットを燃え上がらせる力強い動きに溢れたワークです。

パートナーと私は、腕を横に垂らして向き合って立ち、目を閉じて、静かにじっとしている様子を楽しみます。

呼吸にリラックスし、体の緊張を解き放ち、開かれ、楽に感じます。

足の裏がカーペットを感じているのを意識します。

触れることで、私の下に広がる地球全体とひとつにつながっています。

私はそこに経験が立ち上る広大な気づきの存在であることを意識しています。

次に、自分の指先がパートナーの指先に軽く触れるよう、手を伸ばします。

もうひとつの体との温かなつながりを感じます。

私は触れることを意識する、触れられることのない気づきの存在です。

触れていることを意識しながら、触れられることはない気づきの存在とつながっています。

音楽が始まります。まるで動くことへと誘われているかのようです。

意図しなくとも、私たちの手はいつの間にか一緒に踊っています。

私の手はパートナーの手とひとつになって動いています。

動きはそれ自体で起こっていて、私はそれについてゆきます。

音楽が私たちを動かし、私たちは変わりゆく音楽を表現しています。

生きることの鼓動が宇宙を通じて四肢を動かしているのを感じます。

高揚と解放の感覚があります。

この大いなる生きることのダンスにおいて、私たちはひとつでありながら、ふたつに別れてつながっていて、これはまさに「わぉ！」です。

体は開かれ、心は開かれ、ハートは開かれています。

愛の海に泳いでいます。

音楽はクライマックスを迎え、そして静寂に消えてゆきます。

私たちは手を降ろしますが、体は不思議とまだ動いています。

触れ合っていなくても、一緒に踊っているように感じます。

私たちはいつでも、ふたつでありながらひとつであるというダンスを踊っているのです。

自分自身の中で私と私をつなぐ

可能であれば、相手を見つけて実践してみて欲しいのですが、このワークを応用して自分ひとりでやってみることもできます。大きな効果を発揮するはずです。

私が私を見つめる

鏡の前に座ります。

深い目覚めの状態に入ります。

鏡に映った自分の顔の色、形、自分が見ているものを意識します。

見ているけれど見られることはない、気づきの存在としての自分を意識します。

形ある姿の反射を見つめている、言いようのない深い自己としての自分自身を意識します。

見る者でありながら見られる者である、そのパラドキシティを見つめます。

深い自己としての自分自身を意識し、分離した自分を深い愛で抱きしめます。

私が私を聞く

誰にも邪魔されない場所で、ひとり静かに座ります。

あなたの周りで鳴っている数限りないさまざまな生命の音を聞いていることを意識します。

聞かれることはないが聞いている、深い自己を意識します。

ハミングをするか、もしくは「オーム」と声にします。

あなたが存在しているという根源の知の表明として、内の深くからその音を立ち上らせます。

音を発する者でありながら、静かに耳を澄ませている者であることを意識します。

大きな円を描いて戻り、自分自身と出会うかのように、音を通じて深い自己に手を伸ばします。

スーフィーの踊り狂う人《ダルヴィーシュ》が愛に恍惚とするように、存在することの円に踊ります。

あなた自身が、あなたの最愛の人であることを知ります。

私が私に触れる

誰にも邪魔されない場所を見つけます。

体をリラックスさせ、ハートを開いてくれる音楽を掛けます。

静かに立って、深く目覚めた状態に入ります。

四肢の力を抜き、触れることの経験を生き生きと体感します。

足の裏が地球に根ざし、空気が肌を撫でるのを感じます。

音楽に合わせて、体を自然に動かします。

存在の深みから聞き、音楽の変わりゆく雰囲気を、あなたを通じて表現させます。

踊りが立ち上る、広大な気づきになります。

存在の深みに永遠の安らぎを、体感の世界における動くことの喜びを感じます。

動きでありながら、静寂で在ります。

変化することの喜びにある、決して変化しない者で在ります。

時間の流れを愛する、時間を超えた存在で在ります。

日々の暮らしで私と私をつなぐ

私と私をつなぐワークがすばらしいのは、私たちが日頃行っている「見て」、「聞いて」、「触れる」ことを通じて実践できるから。日々の暮らしの中で、このワークを通じて他者との関係性を見直すこともできます。

私の経験では、表面的にしか目覚めていない時、他者とも表面的にしかつながっていません。けれど、自分自身の内にある深い自己を意識すると、他者の内にある深い自己も意識できます。すると、日々の暮らしで出会う人たちの内にある〝私〟とつながることができるのです。

相手が表面的にしか目覚めていなくても関係ありません。そうであっても、彼らの内なる深い自己を分離した個を通じて認識することはでき、するとやり取りは変化します。相手は自分そのものとして受け入れられていることを感じ、すると彼らの意識状態もまた変化するのです。

私たちはともに共鳴していますから、意識の状態を捕らえるのは簡単です。だからこそ、誰かと深くつながった時、彼らもまた目覚め始めるのです。そして彼らもまた出会う人と深くつながり、その人もまたこの経験に触れ、気づきを得るだろうことを願っています。こうやって、気づきのさざ波は広がってゆくのです。

日々の暮らしの中で周りの人たちとどのようにこのワークをしているかをご紹介しましょう。

この本を読み進める中での目覚めのワークのひとつとして試してみてください。誰かの目をじっと見たり、耳元で囁いたり、指に触れて踊ってくださいなんて言いません。日々の暮らしでそんなことをしたらただのおかしな人ですから、このワークを正式にすることはできません。それでも、深い自己と深い自己をつなぐことはできるのです。

日常での私が私を見つめる

誰かと一緒にいると、視線が合うことがあります。そこで何を経験するかは意識の状態次第。深く目覚めているのなら、分離した個人を通じて見られることのない気づきの神秘的な存在を見ることができます。すると、深くつながる瞬間があるはずです。それはワンダーの瞬間です。

日常での私が私を聞く

誰かと一緒にいる時、会話をしますね。そこでの経験もまた意識の状態によります。深く目覚めていると本当に聞くことができます。私に何かを伝えようとする声の震動を感じることができるのです。言葉を通じて、彼らが本当に伝えようとしている意味に触れることができます。分離を通じて、そこから言葉が立ち上る気づきの存在とつながることができるのです。

日常での私が私に触れる

現代において私たちは他人に多くは触れません。けれど、分離の痛みをいとも簡単に癒してくれる肉体的なつながりを私たちは求めています。優しく触れるだけでよいのです。手をぎゅっと握る。肩をぽんと叩く。深く目覚めている時、優しく触れる感覚を通じて他者の深い自己とつながることができます。

生きることと踊る

誰かと一緒に私と私をつなぐワークをして触れ合う時、私たちは深くつながり、音楽に合わせてひとつになって動きます。分離しながら分離していないこの踊りを本能的に経験します。この感覚を忘れずにいることが、日々の生活に対するアプローチを変えてくれます。生きることとも同じように踊ることができるからです。

深く目覚めている時、私は人生が流れているのを感じ、私もまたそれとともに流れています。生きることの音楽の変わり続ける曲調に敏感です。分離しながら分離していないことの踊りは自然と展開し、私が人生をリードしているのか、人生が私をリードしているのかわからなくなります。時間を超えた神秘に浸り、時間のリズムとともに動きます。私は力強く、今、そのグルーヴ（訳注：音楽用語。音楽がもたらす高揚感などを指す）にあるのです。

第25章
英雄としてのエゴ

私と私をつなげ、深い愛を共有すると、私たちはいかに美しい存在かを真に理解するようになります。けれど、多くの教えは私たちの内にはそもそも悪が潜んでいるとします。そう、私たちを目覚めから遠ざけようとするエゴに悩まされるのです。

この章では、世界各地に遍在するこのアイディアに一石を投じてみましょう。エゴは生きることの物語における英雄であって、悪役ではないということを提起したいのです。内に潜む敵というこのアイディアをもたらす内なる葛藤を見つめることで、ありのままの自分を愛することへ導きたいと思います。

多くのスピリチュアルな教えは、存在意義のパラドキシティに対し「どちらか／もしくは」のアプローチを取り、広がりゆく深い自己を経験したいのであれば、限界のある人間としての自分を拒絶しなければいけないとします。分離した自分は目覚めへの障害物として捉えられ、時としてエゴと名づけられます。この考えは各地に見受けられますが、これがなぜ誤りであるのかをここで説明しましょう。

私の経験では、ワンネスに目覚めるために分離した自分を消し去る必要はありません。深く目覚めている時、ティムはスピリチュアルな悟りの泡に消えるのではありません。むしろ、ティムは生き生きとするのです。この章では、エゴはむしろ必要であり望まれていることをお伝えしましょう。ある種の人にとってこれは異論でしょうが、私にとって目覚めとは自分自身の人間性を否定することではありません。個性を祝福し、個人として生きることの鋭い美しさを堪能したいのです。

個人としての私

エゴをスピリチュアルな旅路における悪役であるとする考えは遍在していますが、エゴが何を意味するかはさまざまです。ラテン語でエゴとは私という意味です。この観点からすれば、エゴとは個人である私としての感覚であると言えます。いくつかの教えにおいては、深い存在のワンネスを発見したいのであれば、エゴという幻想を打ち破らなければならないとされます。

この本における旅で、個人としての私が存在のワンネスからいかにして立ち上っているのかを見てきました。けれど、個人としての私が現れることが、避けられない幻想であるわけではありません。分離のないワンネスに現実があるように、個人としての私とそれが目撃する多様性にもまた現実があります。それらは論理を超えてお互いを補完し合う、現実についてのふたつの視点です。

現代科学を信じるのであれば、宇宙は個としての私の可能性を現すために百三十億年もの間働いてきたことになります。それはすべて時間の無駄だったのでしょうか？　個としての私は悪質な幻想ではなく、生命の進化における最も偉大な達成だったのではないのでしょうか？

私の経験では、ワンネスに目覚める時、個としての自分の感覚が無意味な幻想として消え去ることはありません。逆に、個人としての私がどれだけ大切かを知ります。私は無意識の根源の場において、分離した意識する存在の中心として立ち上っています。そうでなかったら、私は目覚めるどころか何についてもまったく意識していないはずです。私は私を消し去りたいとは少しも思いません。できるだけ一緒にいたいと思います。私がなければ、そこに意識もないからです。

人間としての個性

他のいくつかの教えにおいては、エゴはこの〝私〟ではなく人間の個性であるとされます。自分自身をそれとして現れている人間として捉えるのなら、私たちは深い自己に無意識です。エゴは低次元の自分で、それは本当の自分ではないと気づくのを妨げようとします。やりたくない方法で考え、行動する時、それはエゴの仕業だと言うのです。

若い頃の私は、この考えを真面目に受け入れていました。けれど、今となってはあまりに偏執的な陰謀説としか思えません。この考えは私たちを目覚めさせるどころか、自分自身に対する内戦を仕掛けるだけ。破滅的です。

私たちは皆、個人としての自分の感覚を持っています。その個人としての人生を、ここまで築き上げてきたのです。目覚めにおける敵であることがわかったとして、そのすべてが間違いだったと結論づけるのでしょうか？　もちろん違います。

子どもとその教えを共有したいかという質問を、ひとつの指針にしていると話したと思います。娘にエゴを育てないように言うでしょうか？　もちろん言いません。娘には、個人としての感覚を明確に持って成長してもらいたいと思っています。自分自身が誰であるか知り、必要に応じて境界線を引くことのできる、強く自立した女性であって欲しいと願っています。

無論、分離した個人としての自分のアイデンティティだけを持っていると、私たちはわがままで、自分に執着し、自己本位的な人間になってしまいます。それが良いと言っているのではありません。個性は祝福すべきものであって、中傷の対象ではないと言っているのです。そして深い愛に目覚めると、分離した自分は愛を運ぶ乗り物になるのです。

個人としての自分は、問題であるどころか、この世界における基盤であり、それを土台として私たちは目覚めてゆきます。それは存在の無限の可能性のすばらしく特徴的な表現であり、根源のワンネスは個を通じて生きることを経験するのです。

生きることの旅を続ける中で、私たちは特定の個人としての個性を磨こうと躍起になります。現実とは何かを知る術を周囲から得ながら、この世界に馴染んでゆきます。誰もが家族や文化に条件づけられています。そうして個性を発揮し始めますが、それでも私たちの大部分は眠ったままです。自分につけられた条件に疑問を持つ時初めて、私たちは本当の個人になるのです。

文化から授けられた知恵を疑う時、私たちは無意識の群れから自分自身を切り離します。こうして自分は異なった存在になりますが、同時に孤立もします。けれど、これは目覚めの道程において必要なステップです。深い方法で生きることを模索するのであれば、自分として考え、当たり前の常識を見破らなければなりません。

このため私には、個人としての自分を強く持つことで、より意識的になるように見えるのです。そうすることで、目覚めるのに十分意識的になることができます。すると、私たちはアイデンティティのパラドキシティに辿り着きます。表面では分離した個人として現れていますが、奥深くではすべてはひとつなのです。

個性喪失という病い

存在のワンネスに目覚めるのであれば、個人としての感覚を確保する必要があります。そうでなければ、目覚めのプロセスは病いになってしまいます。心理学者にとって個性喪失とは、より高い意識状態によってではなく、深刻な不安によって引き起こされる病気です。

個性喪失を患う人は、自分を失ってしまったと感じています。体から離れ、傍観者となり、人生から離れて暮らしていると感じています。心理学において「現実感喪失」と呼ばれる、人生が夢のように感じられる状態を生きています。これはいみじくも目覚めの経験と似ています。しかし、個性喪失を患う人は深い愛に目覚めません。彼らにとって個性喪失は大きなストレスです。

私の知人も個性喪失を患い、酷い不安に駆られていました。皮肉なのは、目覚めについてのこの本を書いている間、私の記述と似通った症状をこの知人が訴えていたことです。違うのは、彼にとってはすべてが否定的な経験だったことです。

この知人は私の哲学的アイディアに慣れ親しんでいませんが、「人生は夢のようだ」、「自分が人間だとは感じられない」、「体のない傍観者のように感じる」、「呼吸に注意を払わざるを得ない」と言い続けていました。そして、彼はそのすべてを憎んでいたのです。ですから私は、経験に飛び込んで目覚めなさいとは言いませんでした。逆に、個としての自分にグラウンディングし、個性喪失を克服するようアドバイスしたのです。彼は次第に回復しました。

何よりも初めに、分離した個としての強い感覚が必要です。この基盤がしっかりとしていると、深い存在への意識的な目覚めをサポートすることができます。分離した自分が確固としていなければ、目覚めへの自然な過程は、個性喪失の病いとなってしまいます。古くからの教えの多くはこれを理解しており、だからこそ、ある一定の年齢に達し個人としての感覚を確立した者にのみ、こうした教えを授けたのです。

物語の英雄

エゴを個人としての私として見ても、個性としてみても、エゴが敵であるようには見えません。エゴは生きることの物語の英雄です。宇宙としての自分は、エゴである分離した自分を通じて生きることの冒険を経験するのです。エゴは夢を見る者がその周りにすばらしい物語を紡ぐ語り手です。

自分自身の経験を見返すと、ティムはお芝居の主役です。他の人たちはやって来ては去りますが、ティムはどのシーンにもいます。妻であるデビーはロマンチックな相手役、親友のピートは面白みのある脇役です。さまざまなエキストラが登場してきました。けれど、ティムが語り手であることは変わりません。

生きることのパラドキシティとは、個人としての私たちは皆、それぞれの物語の英雄だということです。広大な宇宙におけるあまりに小さな塵として現れ、ほんの一瞬この世界にあることを許され、すぐに消え去ってしまうのが私たちです。けれど、私たちの誰もが宇宙の中心なのです。何とすばらしいのでしょう！

小さな塵でありながらお芝居の主役であると理解する時、謙虚さとともに力強さを感じます。この本を通じてあなたをこの場所に連れて行きたいのです。そうすることで、ワンネスを意識しながら「あなたの人生」という冒険の英雄であることができ、分離した個人として力を得ることができるのです。

内なる葛藤

目覚めるためにエゴを消し去る必要はありません。深い自己にも気づけばそれでよいのです。けれど誤解しないでください。個人であることは常に幸せに満ちていると言っているのではありません。ティムとしての経験はすばらしい旅ですが、ティムは時として苦痛の種でもあります。

エゴは悪いという考えを受け入れていると、個人としての自分は常に問題の源であり続けます。自分の嫌なところがない人などいるのでしょうか？　誰だって同じです。それはなぜなのでしょう、これに対して何ができるのでしょう？

個人としての自分はひとつのペルソナに集約されるのでなく、さまざまなペルソナの欠片の集合体であり、それぞれのそりが合うとは限りません。苦境を乗り越えるために、生きる中でこうしたさまざまなペルソナを積み重ねるのが私たちです。それらは独立した性質を帯びるようになった対応策の束のようなものです。

ペルソナはそれぞれの課題を持っているため、ペルソナ間で葛藤が起き、そうなると非常に困惑させられます。そしてエゴは悪だという考えが信憑性を帯び始めるのです。経済状況を確立させ、重要な人物であろうとし、快楽を重視するペルソナがスピリチュアルなペルソナを追いやろうとすると、内なる反逆者たちと優先順位争いをすることになってしまいます。

優勢なペルソナが自身を定義し、そうでないペルソナを詐欺師《さぎし》扱いします。もし、スピリチュアルなペルソナが優勢ならば、物質主義のペルソナは私たちをスピリチュアルな道から遠ざける悪者になります。けれど、もし物質主義のペルソナが優勢なら、スピリチュアルなペルソナは実生活を妨げるくだらないヤツということになります。

実際には私たちはそれらのどのペルソナでもありません。私たちはそれらすべてです。こう気づくと、すべきなのは破片ごとに分化することではなく、すべての部分に空間を与え、それを全体としてまとめあげることだとわかります。ひとつのペルソナだけに自分を同一視していてはこれはできません。けれど深い自己に目覚めると、本来の自分は深遠にあって個人ではないとわかるため、この統一のプロセスが自ずと起こるのです。

シャドウ

内なる葛藤の最も大きな問題の源はシャドウと呼ばれることもあります。偉大な心理学者カール・ユングはこの概念を重視していました。彼はこう述べています。

> シャドウは、その人物が自分自身について認めることを拒否している部分のすべてを人格化する。

シャドウは私たちが意識したくない私たちの一部です。嫌いな部分。見つめるより、抑制したい部分。自分自身をスピリチュアルだと考えている人にとっては、本能的な欲求を抱えた動物的な側面がシャドウになります。無私無欲であると考えている人にとっては、自己中心的な衝動がシャドウになります。落ち着いていると考えている人にとっては、怒りはシャドウになります。私たちは皆、影を落とすのです。

私たちが抑制したものは予期せぬタイミングで返って来て噛み付くため、問題になります。これはいつでも起こり得ます。幸せに物事に対処していると思っていたら、何かが起こってたちまちシャドウが目を覚まし、まるで別人かのように振る舞うこともあります。

シャドウの経験は、無意識に眠る部分にハイジャックされたかのようです。私は自分のことを忍耐強く気配りのできる人間であると考えています。しかし、何らかの状況があって誰かに対してイライラし、否定的な感情を持っている自分に気づくとします。それは私が大切に思っている誰かであることが多いのですが、すると、私は別人になったように感じます。自分が嫌いな誰かになったように。

シャドウに呑み込まれると、私の周りにとってそれは明らかなのですが、本人にとってはそれが起こっていると認めるのは至難の業です。シャドウは自分の一部であると認めたくないため、ハイジャックされたことを否定します。この認め難い状況を避ける最も簡単な方法は、自分のシャドウを誰かに投影することです。怒りに震えて気遣いができないのは私ではなくお前だ！と叫ぶのです。

シャドウから逃げれば逃げるほど、私たちはどんどん無意識になり、次第に普段だったらぞっとするような態度を取るようになります。ここに至ると、意味不明な行動を取る周囲に対して自分は筋の通った行いをしていると考えるようになっています。

シャドウにハイジャックされることは、忘れ去ってしまいたい不快な経験です。ですから自分自身がどうであったかを見つめるより、それがどれだけ辛かったかを想い、その記憶を抑制します。嵐が去ると「ティムはいい人間だ」というアイディアに立ち返ります。問題は解決されても、次の嵐が起こるまでです。

シャドウにハイジャックされないためにはどうしたらよいのでしょう？　ヒントはその名前にあります。影を光に晒すのです。自分自身のこの一部を意識的に認めるのです。そうしてこそ、シャドウは時折私たちを占領することをやめます。

深い自己にあって深い愛を感じると、自分自身をありのままに愛することができるようになるため、通常は無視してしまう自分たちの性格の一部を認めることがずっと簡単になります。自分自身のややこしい部分を意識的に認めると、それが自分の中で引き起こされたとしても、何が起こっているのかが見えているため乗っ取られることはありません。何が起こっているかを意識していれば、よりすこやかな道を選ぶことができます。

愛されていない自分

自分自身の無意識の部分に乗っ取られる経験は、内に悪魔が潜んでいるというアイディアを生みます。古代、人はこれを悪魔による憑依《ひょうい》として捉えていました。現代心理学はこの前近代的なアイディアをシャドウによる占領と定義し直しました。

大きな進歩ですが、抑圧された自分の一部をシャドウと呼ぶことには抵抗があります。シャドウは内に潜む闇であるという発想を招くからです。「シャドウとは、愛されることのなかった自分の一部である」とシンプルに捉えることが、問題と向き合うことをより優しくしてくれるはずです。

シャドウは私たちが愛するに値しないと考えている部分であり、ゆえに抑圧しようとします。この愛されない部分は、愛されなかった過去に由来しています。苦痛に満ち、覚えていたくない経験です。自分の振る舞いがあまりに苦々しく、その記憶を奥底に追いやってしまったのです。

愛されなかった自分は、私たちが忘れ去ってしまいたい過去です。洞穴に逃げ込んだ傷ついた動物のように、影にこそこそと隠れている傷ついた自分です。大抵、傷ついた自分はそこにいるのです。人生における何らかの状況がこの記憶を呼び覚まし、その傷にもう一度触れるまで、そこに隠れています。

愛されなかった自分に圧倒されることをどうやって避けたらよいのでしょう？　それを愛すればよいのです。心を病んでいる人をケアするのと同じように、自分自身の傷ついた部分に慈愛を持って向き合うのです。過去の傷を癒す必要があるのです。

現代心理学は影を光に引っ張り出し、愛されなかった部分を愛するためのさまざまな手法を確立しています。心理学の深遠な洞察はこの本の範疇を超えていますが、傷ついた自分を癒すためのシンプルな秘密は、深く目覚めることにあります。

深い愛を感じる時、私たちは愛することができないと感じている自分自身のそうした部分も抱きしめることができます。暗がりに仕舞い込んだ忘れてしまいたい過去を思い出すことを自分に許します。自分に起こったことを受け入れることができます。過去を新たな方法で見直すことで、過去を書き直すことができるのです。

過去を書き直すことで影がどのようにつくられたかを理解し、シャドウを癒すことができます。愛されなかった自分の視点に共感することで、シャドウは無意識に潜む敵であることをやめ、優しく撫でるべき内なる傷になります。深く目覚める時、私たちは自分自身に優しくなります。傷を癒すのはその優しさです。

影、無意識、愛されなかった自分という部分があり、それが悲しみを引き起こすというのは残念な知らせかもしれません。しかし、私たちは無意識であるものを選び取り、意識することができます。影を光に連れ出すことができます。痛みを伴うプロセスですが、そうすることで深い神秘へと足を踏み入れることができるのです。ユングはこう言っています。

> シャドウは細い道、狭い扉であり、この深い井戸を降りることが伴う痛々しい締め付けを免れた者はいない。しかし、自分が誰であるかを知るためには、自分自身について学ばなければいけない。その扉の向こうには驚くべきことに、内側も外側もなく、私のも

のもあなたのものもなく、良いも悪いもなく、境界線のない広がりに満ちた不確実性が待っている。そこは水の世界であり、すべての生は浮かびながら流れ、すべての生きる魂の共鳴の始まる領域で、私は分かたれることのないこれでありあれであり、自分自身に他者を体験し、その私以上の何者かが私を経験する世界である。

制作中の作品である私たち

多くのスピリチュアルな教えが、欠片である傷ついた人間としての自分を咎め、それを乗り越えなければならないエゴであるとします。けれど私は、ティムをスピリチュアルな自分にとっての重荷であるとは考えていません。さまざまな欠点にも拘わらずティムを愛するようになったからです。ティムであることは時に困難を伴いますが、私は忍耐を持って接します。特徴を持った個人としての自分を築き上げるにあたって、エゴとの戦争を始めたくはありません。深い愛に目覚める旅の英雄としてエゴを讃えたいのです。

スーフィーは、分離した自分は私たちが制作中の作品であると教えます。私もこの考えが好きです。ティムは私が死ぬその日まで洗練し、つくり直し続ける作品なのです。もちろん未完成で、未完成であることは誰にとっても大変なことです。けれど、それは勝手な期待でしかありません。ティムは制作中の作品なのです。意識し、愛する人間という試みです。ユングはこう言っています。

あらゆる人間は、深みから投げられた人間としての試みなのだ。

第26章
人間であることを愛する

この章では、深い自己を意識することが日常における人間としての暮らしをどのように変化させ、またどのように変化させないのかについてお伝えします。そして人間的な感情を抑圧すべきだとする教えを批判したいと思います。

論理を超えたアプローチにより人間としての性質をそのまま抱きしめ、そうすることでワンネスに目覚めながら、分離した個人としての冒険に情熱的に取り組むことができるよう、皆さんを応援したいのです。

多くの教えが、深い自己に目覚めるためには、人間としての性質を抑制しなければならないとします。情熱、恐れ、怒りは根絶すべきで、欲望は惨めな存在であると言います。情欲は特に悪者で、愛着もまた問題です。私たちがエゴという悪魔と一体であるから、こうした弱みが浮上すると言います。

このようなアイディアはスピリチュアルな世界に遍在しており、私自身もかつて真剣にそう信じていました。けれど、今は違います。私にとっては、こうした教えは目覚めを遠ざけるもの。私たちがすべきことは深いアイデンティティにも目を向けることだけなのに、自分自身の性質に克服しなければいけない何かがあると考えさせてしまうのです。

かつて私も、十分に目覚めることができれば情熱や感情に振り回されることのない超越した存在になれると考えていました。けれど、私自身は今もかつても人間です。私はもう超人間になりたいとは思っていませんし、人間であることを喜んで受け入れています。人間であることに恋をしたのです。

私にとって目覚めのすばらしさは、私の人間らしさをあるがまま受け入れさせてくれることです。この章では情熱に対して論理を超えたアプローチをし、それが良いものでありながら悪いものでもあることを紐解きます。深い神性と同時に人間性を抱きしめる目覚めへの方法を伝えたいのです。では、大いなる化け物である恐れから話を始めましょう。

安全な脆さ

人間でいることは恐ろしいことですよね？　私たちは危険な世界に暮らしているのに、こんなにちっぽけで、脆いのです。苦しみは避けられない現実です。歳を取れば肉体は老いてゆきます。死がいつ私たちを驚かせるかわかりません。もし人間でいることの難しさを恐れていないのなら、十分に注意を払っていないだけなのかもしれません！

いくつかの教えは、こうした恐れはスピリチュアルな目覚めへの障害であり、深い性質を意識すれば脆さを感じることはなくなると言います。けれど、私の経験ではそうではありません。深い自己を意識する時、私は確実に安全だと知ります。それは大きな安心感ですが、ティムは脆い人間であり続けます。

本質的に安全であると知ることが人間としての脆さを消し去ってくれるわけではありません。その反対です。そうすることでティムはいかに脆い存在であるかを知るのです。深く目覚めている時、敢えて脆くあることができます。世界から自分を守るために纏っている鎧《よろい》を脱ぐことができます。そして優しさとリアルさを感じます。ハートは開かれ、共有される脆さにおいて他者とつながり、優しさを経験することができます。

深く目覚めている時、人間としての恐れが魔法のように蒸発するのではありません。むしろ、深い自己の根源的な安全さにあって、人間として生きるという恐ろしい仕事に向き合うことができるのです。それをどう見るかによって、恐れているとも言えるし、恐れていないとも言えます。「どちらか／もしくは」ではなく、「どちらも／そして」なのです。

私が目覚めの旅を始めた頃、恐れと愛の間で選択をしなければいけないというのがスピリチュアル界のトレンドでした。けれど、これは間違った二分法です。愛することとは、愛する者のために恐れることです。愛すれば愛するほどその人のことを心配するようになります。愛と恐れは仲間であり、敵同士ではありません。

恐れはスピリチュアルな世界では悪者扱いされていますが、ただの悪者ではありません。恐れは時に私たちを疲弊させますが、それは人間として自然なことです。私たちは侵入者、危険、敵に注意を払うよう、自然によってプログラムされています。いつ殺されるかわからないため、本能はそのことに注意しています。恐れがこのような機能を果たしてくれていることに感謝すべきです。

子どもたちに決して恐れないようにと言うでしょうか？　その逆です。親として私は子どもを愛していますし、彼らが傷つくのを恐れています。ですから、通りでは車に注意するように言い、あまりに高い木に登ると危ないと伝え、見た目ほど優しくはないかもしれない見知らぬ人をむやみに信用しないように言います。

恐れは危険に満ちた世界に対する適切な反応ですから、それをスピリチュアルな敵であるとするのは馬鹿げています。私は論理を超えたアプローチを取り、深い自己の本質的な安全に意識を払いながら、同時に人間としての脆さを抱きしめます。そうすると、恐れながらも恐れる必要がないと知るのです。これが勇気の経験です。

敢えて愛着する

目覚めるためには愛着を手放しなさいとする教えも多々あります。何年にもわたり、私もまた愛着を手放そうとしてきましたが、私の中の何かがこのアイディアに反発していました。無知なエゴが私の目覚めを妨げているのだと考えていましたが、それは人間性の大切な一部である何かを手放すことを拒んでいた、私の内なる知恵だったようです。

愛着を手放すよう促すのはスピリチュアルな世界では当たり前のことで、私もまたこれが正しいはずだと考えていました。けれど、父親になってすべてが変わったのです。初めて赤ん坊を抱きしめた時、私はこの子に永遠に愛着を覚え、それを手放すことを拒むだろうと知りました。きずなが決して壊れないよう強くつながっていたいと感じたのです。

同時に、愛着がどのように酷い苦痛をもたらすかも知りました。大きな愛には、大きな恐れがつきものです。この子に何かが起こったら私は粉々になってしまうだろうと感じました。けれど、そのリスクを背負う覚悟はできていたのです。選択の余地はありませんでした。私のハートはそれを求めていました。

その頃、私は人間性を障害とするスピリチュアリティではなく、個人として生きることの眩い美しさを讃えるスピリチュアリティを求めている自分に気づきました。深い自己に目覚めながら人間性を祝福する、論理を超えたアプローチを模索し始めたのです。

個人的な愛着は人生に温かみと意味を与えてくれるように思います。何ともつながっていないことが、より崇高なスピリチュアリティだとするのは馬鹿げています。それは洞窟や修道院に暮らす禁欲的な生活を送っている人々の間で教えられてきたことでしょう。

愛着を覚えないよう教えることのバカバカしさは、子どもにそうするように言うかどうかを考えた時によりはっきりしました。子どもが「お父さん、大好き！」と言ったら、「それはいいけど、愛着を覚えるなよ」と言うのでしょうか？　そうは思いません。娘にも私とのつながりを感じていて欲しいですし、私もまたつながっていたいのです。それがお互いを愛するということなのですから。

愛着を覚えることが自然で、また望ましいことは私にとっては明らかなことです。愛着が伴うリスクを覚悟の上で、それでも愛しているのです。これは馬鹿げてはいません。愛の挑戦に対する勇敢な行為であるはずです。

深く目覚めている時、私は決して何にも愛着していない深い自己と、人間として覚えている愛着の両方を意識し、この挑戦に向き合うことができます。本質的には常に何にも愛着していないのですから敢えてそうする必要はないのです。深い私は永遠に自由です。この本質的な自由のおかげで、時が経てば愛着を手放し、次の一歩を踏み出し、新たな愛着を育むことができるのです。

深く目覚めている時、私は分離のつながりのすべてから自由でありながら、愛のために敢えてつながろうとしていることを知ります。自由であることを知っているため、その愛着が伴う恐れに耐えることができます。だからこそ愛することができるのです。

永遠に変わり続ける世界において、誰か、もしくは何かを手放したくないと思うからこそ、愛着は私たちを苦しめます。生きることの大いなる悲しみは、すべては過ぎ去ることにあります。もう一度若者になることはありません。亡くなった父と二度と口論することもありません。それらの瞬間は二度とやって来ません。

儚さがもたらす悲しみを避けることはできません。けれど、あらゆる瞬間は根源の女神による瑞々《みずみず》しい表現であるという生きることの大いなる喜びを知ることで、悲しみを和らげることはできます。すると、〝永遠でないこと〟は眩い美しさを放つようになります。あらゆる瞬間は、永遠に過ぎ去る前に享受されるべき祝福になります。あらゆる出会いは、恋に落ちるための二度とやって来ないチャンスになるのです。

情熱的な人生

多くの教えは、すべての欲望を手放して物事をあるがままに受け入れるように諭します。現状を変えようとすると不満を覚えるからです。心の平静を奪い去る怒りなどの熱情は避けるように言います。欲すること、感情的になることをやめれば、目覚めることができる。一見そう見えますが、本当にそうでしょうか？

強力な情熱や欲望は自分や他人に苦しみをもたらすことがあります。これを否定することはできません。けれど、私たちがそもそも持っているこうした性質が問題になるのは、それに呑み込まれてしまった時だけであると思うのです。解決策は人間性を抑圧し、否定し、根絶することではなく、自分自身の深い性質にも気づくことです。

欲望は生きるための燃料です。物事を良くしたいという想いは私たちを前進させ、新たな挑戦に立ち向かわせます。情熱は生きることのスパイスです。強い感情は感覚を奪われたありきたりな状態から私たちを目覚めさせてくれます。本質的な神性に目覚めるために、こうした人間的な経験の大切な一部を犠牲にしなければいけないのでしょうか？　人生がそんなおかしなことであるはずはありません。

欲望は悪いことだと子どもには決して言いません。求め過ぎたり、持てないものをむやみに欲しがったりすることのないように言うかもしれませんが、欲望そのものが悪いものだとは言いません。もっと多くを見て、触れて、理解し、経験することでもっと多くのものであれるよう切望して欲しいのです。ですから、子どもに欲することをやめろとは言いません。では、なぜ自分自身にそう言うのでしょう?

怒りなどの熱情を感じるなとも言いません。怒りを抑えきれない時にはそれを手なずけ、怒りを表現することが適切でない場合は別の表現を探すように言うかもしれません。けれど、怒りそのものが悪いものだとは決して言いません。物事が正しくない時には怒って欲しいのです。傷つけられたら自分を守って欲しい。不正に対して怒りを感じて欲しい。子どもに怒らないようには言わないのですから、自分自身に言う必要もありません。

目覚めることとは、より愛することです。けれど、「愛すること」と「いい人」であることは違います。愛することとは時に、愛のために怒ることでもあります。親としての私は時に、愛しながらも怒ることがあります。子どもたちが無意識の内にしていることに注意を払ってもらいたいために怒ることもありますが、それは子どもたちを愛していて、嫌がられたとしても成長してもらいたいと思っているからです。

愛に満ちた怒りは、慈愛に満ちた行為へと私を導く強い力。人間がお互いに引き起こす不必要な苦しみに対して怒りを感じているからこそ、それに対して何かをしたいという想いが湧き起こります。不親切さに寛容であるこの現代の文化にも怒りを覚え、何かをしなければいけないという情熱を感じます。時として、怒りはけしからぬ世界に対する適切な反応なのです。

論理を超えた観点から言えば、情熱や欲望を抑圧する必要はありません。深い自己にも気づいていればそれでよいのです。静寂の深みへと飛び込む時、私は根源的な安らぎを知ります。そして、自分が立たされた苦境のパラドキシティを見つめます。表面的には嵐がやって来て過ぎ去るかもしれませんが、私はいつも物事のありのままを愛しています。

情欲

情欲は、スピリチュアルな世界では悪者のラベルを貼られています。生々しい性欲を感じる時、それは避け難いものですから、悪者扱いされるのも無理はありません。欲する相手を対象、つまり本能的反応を引き起こす物理的な形として見ることになります。男性においてこの傾向はより強いようです。若い頃、自分の内に動物的な情欲が湧き起こるととても嫌な気分になり、それを抑圧しようと必死になりました。

けれど今、あらゆる熱情と同じで、悪いのは情欲そのものではないと考えています。問題はそこに情欲しかないことです。相手を物としか見ないことは、自分自身や相手が内に持つ存在の深みを切り落としてしまいます。けれど、これは「どちらか／もしくは」で捉えるべき状況ではありません。愛とともに情欲が湧き起こるのであれば、動物的な欲求は高揚の喜びとなります。そうすれば、本質を愛しながら現れに欲情することができます。

愛の女神であるアフロディーテは、スピリチュアルな愛と、欲望を刺激するポルネ（訳注：古代ギリシヤのコリントにおける娼婦への敬称）のどちらもを象徴するウーラニアーとして崇められてきました。古代の人々の包括的な考え方は実にすばらしいものです。スピリチュアルな純粋さに動物的な本能を押し込めるのではなく、どちらの場所もちゃんとつくっているのですから。そしてそれは、私たち人間の性質のパラドキシティ、つまり本質的には純粋でシンプルでありながら、人間としては動物的で複雑であるという考えに引き継がれています。深い自己は常に安らぎにありますが、表面的な自分は情熱とともに生きているのです。

情熱に身を捧げる

論理を超えたアイデンティティの一極だけを見ると、情熱は問題になります。けれど、私たちのすべてを見て取る時、人間性は祝福すべきものとなり、罵りの対象ではなくなります。芸術家のすばらしいところは、私たちのこの曖昧な人間性を表現し、それを救うところです。時にスピリチュアリティの教え手に違和感を感じるのは、私たちのありのままの姿を悪く感じさせることがあるためです。

情熱の欠けた人間になどなりたくありません。腹の内で炎が燃えているような人間でありたいのです。生き、自分を表現しようとする情熱。より良い世界への希求。世界のありのままの状態に安らぎを覚えるだけではなく、私の内で生まれ出ようともがく新たな可能性のほとばしりの嵐も経験したいのです。情熱の熱気、より多くを渇望する苦しみ、成長したいという負けん気を感じたいのです。

さらなる内へ、さらなる外へ

深く目覚める時、私は人間であること、それが孕むあらゆる葛藤や苦しみも含め、そのすべてに満足しています。そして自分のアイデンティティのもう一極にも気づいています。人間性から自由でありながら、人間性に取り組んでいます。これは成し遂げなければいけないスピリチュアルな偉業ではありません。自分のすべてをそれとして意識することです。

『リトル、ビッグ』という小説でアメリカ人作家ジョン・クロウリー（訳注：一九四二〜）はこう書いています。

もっと内に向かえば、それはずっと大きくなる。

内を見て深く目覚めることがどのような感覚かを巧みに表現しています。ここに私が見つけたもうひとつのパラドキシティを付け加えてみましょう。

より内に向かえば、あなたはもっと引き出される。

時間の中にいない深い自己により意識的になると、時間にあるティムの物語により入り込むようになります。表面的にしか目覚めていないと、恐怖のため自分の物語から引き下がってしまいます。人生にコミットし本当に生きたいと願いながらも、不安になって色々なことを引き延ばしてしまいます。けれど、深く目覚めた状態の安全な脆さにあると、リスクを背負って人生に立ち向かうことができます。生きることのちょっと怖い事柄にも向き合うことができます。人間であることを愛することができるのです。

第27章 深い愛の瞑想――「わぉ！」のワーク

深く目覚めることは深い愛の体験であり、曖昧な人間性をありのまま受け入れることを許してくれます。

この章では、あなたを取り巻く人々を深い愛に招き、ハートを大きく開いて皆をその懐に抱き、あなたの感じる無限の愛を広げてみましょう。

私たちは皆、ここにいます。あなたと、私と、皆。すべてはこの驚異的な生きることの旅においてひとつです。私たち一人ひとりが存在の神秘の個性的な表現です。私たちの一人ひとりが不完全な人間です。そして深い愛を感じると私たちは自分たちを、そしてお互いをありのまま抱きしめることができるようになります。愛につながり、お互いを助け合うことができるのです。お互いに手を取り合って、ともに家路を歩くことができるのです。

深く目覚めている時、人生において最も重要なのは愛であることは明白です。先日、ジャック・ドクール教授の愛の重要性を巧みに表現したすばらしい言葉に出会いました。彼は第二次世界大戦下のフランスにおいてレジスタンス活動に参加したために三十二歳の時、ナチスに処刑されました。死を待つ間、彼が家族に宛てた手紙はあまりに感動的です。彼の言葉を紹介しましょう。

今、私たちは死に向けた準備をしています。準備をしながら、これから何かが起こり、身を守る術もなく何者かによって殺されることを考えています。今この瞬間は、愛を思い出す時です。十分に愛したのだろうか？　一日に何時間も他の誰かに感動し、ともに幸せにあってつながり、手、瞳、体の重み、それらの価値を知っていたのだろうか？　優しさにいかに身を捧げるかについて知っているのだろうか？　望みもなく、地球の瞬きの狭間に消えゆく前、今は完全に、確実に、愛、優しさ、友愛の他に何もないのだから。愛し、魂と両腕を開き、最上の瞳で見つめ、愛するものをしっかりと抱きしめ、不安から自由になって歩き、愛を放つことだけを考えると誓わねばなりません。

広がる愛

今回の「わぉ！」のワークは、自分自身を優しさに捧げるワークです。あらゆる人、あらゆる物を包み込む愛を想像します。このワークは仏教の「慈悲の瞑想」に似ています。私はこれを「深い愛の瞑想」と呼んでいます。このワークをする時、私自身がどのように感じるかをお伝えしますので、続いて試してみてください。

日々の暮らしの中で目覚めるためにワンダーし、入り、在るワークを定期的にするようお勧めしました。加えて、存在の神秘に溶けてゆく深い愛の瞑想を定期的に行い、目覚めの旅の強固な土台をつくりましょう。この瞑想を定期的に行うと、自分の経験を愛に根付かせることができます。

準備

目を閉じ、体をリラックスさせ、静かに座っています。

生きることの奇跡にワンダーし、深い未知の状態に在ります。

呼吸の感覚的な流れに入ります。

呼吸の経験を存在させています。

ワンネスを吸い、愛を吐く

息を吸いながら、存在のワンネスに集中します。

息を吐きながら、ハートから世界へと愛が広がってゆくのを感じます。

近くにいる人を愛する

抵抗なく愛することができる人に意識を向けます。

今日は美しい妻、デビーに意識を向けてみましょう。

どれだけ彼女を愛しているかを意識します。

深く愛することが肉体においてどのような感覚であるかを思い出します。

そうすると、愛の経験が私の内で立ち上ります。

愛の温かな輝きに浸ることを楽しんでいます。

見知らぬ人を愛する

次にその人を愛することなど考えもしなかった人に意識を向けます。

食洗機を修理しに来てくれた男性を想います。

彼については何も知りませんが、この男性を包み込みながら、さらに愛を広げてゆきます。

彼とは個人的な関係がないので、デビーを愛するようにこの人を愛することはありません。

けれど、彼の人生もまた、私のそれと同じように喜びと苦しみで満ちていると意識します。

彼の深みにおいても、私の深みにおいてと同じく存在の神秘があることを意識しています。

知らない人と「私と私をつなげる」でつながると、見知らぬ人があっという間に最愛の人になることを思い出しています。

私はこの男性を愛していて、それはとても良い心地です。

〝敵〟を愛する

次に私を傷つけたためにハートから閉め出したあの人を思い出します。

私に敵はいませんが、愛するのが難しい人がいるのは事実です。

特定の人物を思い浮かべていますが、ここでそれが誰かを明かすのは公平ではありませんから名前は伏せておきましょう。

これらの人々を想像すると、心を閉ざすに至った過去の傷を感じることができます。

けれど、私は意識し続け、これらの感情を過ぎ去らせています。

こうした人々は傷ついた人間であり、私と同じように彼ら自身のシャドウと闘っているのだということが見えています。

彼らもかつて無垢な子どもであったことを思い出します。そして、傷の下では今でもそうであることを知っています。

彼らが私に対してしたことを忘れることはできませんが、許すことはできます。

存在の神秘の現れとして、彼らに対してハートを開いています。

アイデンティティの奥底では、私たちはひとつであると意識しています。

この人を好きではないかもしれないし、彼らの行為を認めることはないかもしれませんが、深い愛は無条件で、好き嫌いを超えてゆきます。

私は理由なく愛しています。

愛することは私の深い性質であるため、私は愛しています。

自分を愛する

次にティムを意識します。

自分自身が実際にどんな人間であるかを知っているため、無条件に愛するのが一番難しいのは自分自身です。これは誰にとっても同じでしょう。

ティムについて難しく感じるすべてを思い出しています。

表面において、ティムは不完全で、脆く、傷ついた存在であると意識しています。

そこにすべてを包み込む愛がある、深い自己を意識しています。

怯えた子どもを抱きしめるようにティムを抱きしめ、落ち着かせようとする様子を想像します。

栄光なる欠点とともに、ただそれであるという理由で、そのままのティムを愛しています。

すべてを愛する

皆へ、すべてへ、意識を持ってゆきます。

ありとあらゆるすべてを愛するために愛を広げます。

偉大なる存在の神秘の表現である、生きとし生けるものを愛します。

この愛はあまりに大きく、そこに限界はありません。

私はすべてを愛しています。なぜなら、すべてはひとつだからです。

私は愛しています。なぜなら、私は愛だからです。

第28章 非二元論

人間としての経験を否定するのでなく、受け入れるべきだという提案を続けてきました。けれど、世の中にはワンネスが唯一の現実であり、分離した個人としてのアイデンティティは無意味な幻想だとする目覚めの哲学もあります。

この章では、こうしたアプローチを紐解き、「どちらか／もしくは」のアプローチに対する批判を続けたいと思います。このアプローチでは、愛の大切さを欠いた冷淡な方法でしか生きることを見つめられないからです。

知性により深みにおいて私たちはひとつであると理解する人は増えてきました。けれど、ワンネスの現実を実際に体験することは、多くの人にとって簡単ではないようです。これは目覚めにおいて「どちらか／もしくは」のアプローチに囚われている人が多いからであると言えます。分離した個人としての経験が続く限り、ワンネスに目覚めることは決してないと考えているのです。分離した個人が消えるのを待ち望んでいるのでしょうが、そうなることはありません。

存在の根底において、すべてはひとつであるという事実は大いなる「わぉ！」です。個人としての現実を否定することをやめ、ワンネスの現実にも注意を払うことで、これを見つめることが簡単になります。「どちらも／そして」のアプローチを取れば、目覚めへの道はよりまっすぐになるのです。

目覚めについて語り始めた時、多くの人々が分離の状態に固執していたため、私はワンネスにワンダーすることを強調してきました。けれど今日では、分離の状態は克服しなければいけないものだとする人があまりに多いため、分離のワンダーについて語ることが多くなったのです。分離を否定し、人間として生きることの奇跡を無意味な幻想として無視すると、深い愛の経験から遠ざかってしまいます。

分離を否定する多くの人々は、非二元論の影響を強く受けています。いくつかの教えがありますが、最も有名なのはインドのアドヴァイタ哲学です。アドヴァイタは「ふたつではない」という意味で、本質的にはすべてはひとつであるという古来の知恵を伝えています。

私もまた多くの人から非二元を説く者であると見なされますし、それはある意味正しいのですが、一方で私はまったく違ったことも述べています。敬愛する多くの非二元の哲学者たちと同様のことを述べる一方、今日、人気を博しているある種の非二元の解釈には賛同していないのも事実です。

私が問題視する非二元論を展開する想像上の友人の名は、スワミ・ブランダナンダ。本名はエリックなのですが、響きが良くないと変えてしまいました。彼もまた、哲学スパーリングの相手です。彼を招き入れてサットサンガ（訳注：サンスクリット語でサット〈真理、純粋なもの〉、サンガ〈集まり、同席〉の意）の会話をしてみましょう。

スワミ・ブランダナンダとのサットサンガ

スワミ：君の言っていることを聞いていたけれど、肝心なところが抜けているね。僕はインドの古典哲学アドヴァイタを学んでいて、そこには最終的な答えがあるんだ。

ティム：僕もアドヴァイタは大好きだよ。表面的なスピリチュアリティを切り抜けて、本当の深みに触れている。

スワミ：でも、君はまだ理解が足りないんだよ。

ティム：僕は古代の賢人シャンカラ（訳注：七〇〇頃～七五〇頃）に影響を受けている。そして、現代の賢人であるシュリー・ニサルガダッタ・マハラジ（訳注：一八九七～一九八一）にもね。彼の『アイ・アム・ザット 私は在る』（ナチュラルスピリット刊）という本も大好きだ。彼の弟子で偉大な師となったラメッシ・S・バルセカール（訳注：一九一七～二〇〇九）とムンバイで時を過ごしたこともある。彼との出会いは僕の人生の転機となったから、僕はラメッシを高く評価している。西洋で著名になったラマナ・マハルシ（訳注：一八七九～一九五〇）もいるね。今ではアドヴァイタを説いている西洋人もたくさんいて、すてきな人も多い。

スワミ：それはいいね。でも、君自身は悟りを開いたギャーニ（訳注：〈gnani〉。ジュニャーニ〈jnani〉と同じ意で、ギャーナ・ヨーガ〈知のヨガ〉を行うヨガ行者）ではない。君の教えは真実を歪めている。

ティム：もちろん僕はギャーニではない。僕はティムだ。それに教えているというより、提案をしているという方が好きだな。

スワミ：君の提案はアドヴァイタの教えにはそぐわないね。

ティム：アドヴァイタは生きることとのパラドキシティの半分を的確に表現している。すべてはひとつであるということを私たちに認識させてくれる。けれど「どちらか／もしくは」のアプローチを取ることもあり、すると分離状態は無意味だとされてしまう。僕にはそれは受け入れ難いんだ。

スワミ：だから、君はまだ目覚めていないんだよ。これは、君が「わぉ！」と名づけた一時的な高揚感についての本だ。そうした高揚感は、永遠なる真実の認識である目覚めとはまったく関係ない。不適切な障害物だよ。僕の教え子には完璧に無視するように伝えている。

ティム：一方では君に同意するよ。深く目覚めることは、いつでもそこにある存在の永遠の土台を認識することだ。けれど、永遠の土台を意識する経験は変わりゆく。時としてそれは静かに知ることであり、時にそれは「わぉ！」なんだ。

スワミ：真理の発見は感覚や感情ではないよ。それは、分離という幻想を突き破ることだ。それだけだよ。

ティム：でも、ワンネスに目覚める時、巨大な愛が立ち上《のぼ》るのを感じないのかい？　少なくとも、初めて目覚めた時、この経験はなかったの？　すばらしい驚きではなかった？　君を生きることへと連れ出さなかったのかい？

スワミ：目覚めの瞬間、分離の幻想はひとたび、そして永遠に消えた。それ以上言うことはない。

ティム：目覚めがつまらないものに聞こえるね。僕にはすばらしい冒険であるように見えるのに。

スワミ：ほら来た。そうやって、スピリチュアリティを楽しげで魅力的なものにしようとする。目覚めに在ると、ある体験が他の体験より特別だということはない。ただただシンプルにそうなんだよ。

ティム：そうだね、そうであるとも言える。でも、人間としての視点から言えば、退屈なこと、楽しいことの両方がある。そういう経験はもうしないの？　していると思うけれど。

スワミ：分離がなければ違いもない。

ティム：でも、ワンネスと同様に分離も経験しなければいけない。こうやって僕に話しているのは分離の体験のはずだ。

スワミ：君が分離を体験しているからといって、スワミもそうであるというのは君の間違いだね。

ティム：けれど、僕たちは特徴ある個人としてこの会話をしている。

スワミ：君にとってはそうでも、僕にとっては違う。

ティム：じゃあ、ひとつ言葉を思い浮かべるよ。それが何だかわかる？

スワミ：もちろん、わからない。

ティム：そうだろう、分離しているからなんだ。そうなんだよ。

スワミ：分離は幻想で、ワンネスこそが現実だ。

ティム：ワンネスは本質的には現実だ。でも、分離もまた表向きには現実だよ。それが生きることのパラドキシティなんだ。

スワミ：幻想のベール、マーヤーに目を閉ざされた者の言葉だね。

ティム：マーヤーというサンスクリット語は魔法と訳することもできる。マーヤーは僕たちを「わぉ！」と驚かせることもできる魔法のような幻想なんだよ。

スワミ：魔法なんてない。あるのは真実だけ。

ティム：けれど、生きることのこうした一つひとつの現れが、美しいとは思わないのかい？

スワミ：美しさも醜さも、すべてはひとつだ。

ティム：本当？　それは残念だね。

我と無我

スワミ：ティム、君の質問は的外れだよ。これやあれを体験しているかどうか聞いているけれど、スワミにとって「私はない」ということがわかっていないね。君が自分をティムだと思っているから、君にとってスワミは存在している。けれど、スワミにとって分離した個人は存在するのをやめたんだ。

ティム：そうなの？　僕の経験では、分離した自分は存在するのをやめながら存在し続けているけれど。

スワミ：「僕の経験」ではという前書きを使い続けているね。それで君がわかっていないとわかる。経験の主体である僕はない。それは僕という幻想だ。スワミはそれを見通しているけれどティムはそうではない。

ティム：〝私〟という幻想を超越したことのある人はいるのかい？

スワミ：僕だ。それに、もちろん〝私〟はない。これは二元的な言葉で深遠なる真実を語ろうとする時に立ち上る問題にすぎない。

ティム：それは部分的には問題だろうね。けれど、何か明らかなものを逃しているというサインかもしれない。

スワミ：違うよ。君こそ明らかな何かを見逃している。ティムは現実には存在しないんだ。これはアナッタ〈訳注：〈anatta〉。パーリ語で「我ならざるもの」。サンスクリット語ではアナートマン〈anatman〉〉、つまり無我についての偉大な教えだ。

ティム：僕にとって、我と無我は論理を超えて共存している。陰陽のシンボルと同じだ。黒のまん中には白い点があり、その逆も然り。分離した自分の深みに辿り着くと、そこに無我を見つける。けれど、無我に溶ける時、それを意識しているのはティムだということがわかる。

スワミ：最後の悟りが訪れると無我だけが残る。君は存在するのをやめる。

ティム：在るべきか在らざるべきか？　それが問題。じゃあ、これはどう？　在りながらにして、在らざる。これが答えだ。

スワミ　以前の著書でニサルガダッタの「あなたは人ではない」という言葉を頻繁に引用していたね。そこに説明されているじゃないか。自分の本をちゃんと読みなよ！

ティム：そうだね、僕は個人であるだけではない。僕たちはすべて存在のワンネスだ。けれど今、僕はティムとしてこうやって神秘的に現れている。

スワミ：ティムという既成概念を終わらせれば本物のギャーニになれるのに。

ティム：それはしっくり来ないな。個性を抑圧するのではなく表現したいんだ。僕の経験では、分離した個人として現れることはスピリチュアルな祟りではない。それに入り込むと躍動感でいっぱいなんだ。

スワミ：モクシャ（訳注：解脱《げだつ》）の解放感を知りたいのなら、ティムの物語に執着するのはやめないといけない。

ティム：ティムの物語から解放されたいのではない。ティムの物語へと解放されたいんだ。そして、それを心から楽しみたい。

スワミ：情熱に囚われているね。でも、アドヴァイタに目覚めることは感傷ではないよ。

ティム：もちろん違う。けれど、究極的には目覚めとはつまり愛だ。そう感じない？

スワミ：愛は憎しみの対極だよ。

ティム：僕がラメッシといた時、この質問をしたら同じことを言っていた。

スワミ：それはラメッシが自分の言っていることをわかっているギャーニだからだよ。

ティム：でも、僕にとっては冷淡に聞こえる。僕が話している深い愛は、僕たちが分離と非分離の両方を見る時に感じるものだ。この愛を感じないの？

スワミ：もちろん愛はスワミの内に現れ続ける。僕は生きとし生けるものを愛している。

ティム：その愛は、エンジンみたいに君を動かす？　体の内に愛の熱を感じる？

スワミ：そうしたことは感知していない。

ティム：お望みなら君を助けることができるかもしれないよ。

自由意志と宿命

スワミ：それが君の根本的な間違いだよ。分離した自分はいない。だから、何かをする者も、何かに対してできることもない。

ティム：論理を超えた視点の片方からは、それに同意するよ。

スワミ：自由意志を持った意識体はない。それはすべて分離の幻想だ。すべてはただ起こっている。それがわかると無知から自由になる。

ティム：僕はそれに触れたし、それは自分を自由にしてもくれた。すばらしかったよ、今でもわかる。すべてはひとつとして自発的に起こっている。その視点から見れば、僕がこうした言葉を語っているのではない。それらは朝、太陽が昇るように自然に起こっている。すべては道《タオ》のひとつの流れなんだ。

スワミ：いいね。ようやく話がまとまってきた。

ティム：夢において無意識の夢見る者がすべてをしているように、深い層では無意識の気づきのワンネスがすべてをしている。

スワミ：その通り。ティムは人生という夢に登場する人物にすぎない。彼は考え、これをしようあれをしようと選択をする。けれど、それは些細な幻想にすぎない。

ティム：でも、それはパラドキシティの一面に過ぎない。もうひとつの面において、ティムの自由意志はもちろん大切だ。根源である気づきは無意識に世界を夢見ている。けれど、それはティムを通じて意識される。だから、ティムを通じて意識的に何をするかを選択できるんだ。

スワミ：選択は無意味な幻想だよ。

ティム：それは違う。気づきの土台は僕たちを通じて意識的な選択が可能になるように、何十億年も掛けて進化してきたんだ。進化の過程のほとんどは無意識だったから、偶然の産物だった。けれど、存在の神秘は意識的に何をすべきかを考えることができる。そしてそれは、君や僕を通じて起こっている。

スワミ：ギャーニにとって、選択は人生の流れにおいて自然に立ち上る。

ティム：ラメッシが自著を僕に売ってくれた時、本に印された言葉は編集されることなく自然に流れ出たものだと言っていた。彼は感心しているようだったよ。

スワミ：そうだろ？　彼は言葉に葛藤することがないんだ。その本を読んで、ひとつふたつ学ぶことがあったことを祈るよ。

ティム：すばらしい本で、僕はたくさんを学んだよ。でも、作家として、あの本は編集が必要だったと言わざるを得ない。それに、それは驚きでもなんでもない。書くプロセスは論理を超えているからね。自然に湧き起こるインスピレーションと、忍耐を必要とする編集のプロセス。創造し、批判する。どちらも必要なんだ。

スワミ：スワミは創造にも批判にも関わっていない。何かをするということはないんだ。人生は既に書かれた本のようなもの。登場人物は宿命を変えることはできない。

ティム：僕には生きることとは、可能性と実際の間での論理を超えた踊りのように思える。そうあるべきように流れてゆく。けれど、存在の深みにおいて、僕は創造の源であり、だから意識的に人生の流れを形づくることができる。

スワミ：ティムは神の操り人形にすぎない。

ティム：違うね。君はふたつの論理を超えた視点を混同している。ひとつ目の視点から言うならばすべてはひとつだ。すべてはただ起こっている。ティムはいない。だから、操り人形になる分離した個人はいない。もうひとつの視点からみると、すべては分離している。ティムは個人として存在している。そして人生にどのように対応するかをはっきりと選択することができる。これは人間としてのすばらしい特性だ。

スワミ：どちらもであることはできないよ。

ティム：どうして？　ここは論理を超えた宇宙なんだよ。科学の発見に触れたら、僕が言っていることがわかりやすくなるかもしれない。

スワミ：科学の引用なんてやめてくれ。

ティム：科学者は僕たちが暮らすのは確固とした自然の法則に従った世界であるとする一方で、量子のレベルにおいて存在するのは可能性の集合体であり、この視点からすると現実は決まっていないと言っている。

スワミ：僕は科学には興味がないんだ。

ティム：僕個人の経験としても、すべては決まっていながら決まっていないように思う。客観的な世界は決まった法則に従って動いている。けれど、主観的な精神《プシュケ》の体験は、決定的ではなくもしろ創造的だ。それは量子の世界のように可能性に満ちている。ニュートンによる物理の世界と量子力学の世界が共存するように、決定的な法則にもとづく外の世界とクリエイティブな内なる世界は共存しているんだ。

スワミ：君はわかっていないだけなんだよ。すべてはひとつなのだから、何かが何かと共存するなんてことはない。だから、君が言っている選択の自由というのは無意味な幻想なんだ。

ティム：自由意志が存在しているのは現実で、否定するのはバカバカしいと思わないかい？　それにぼくたちの自由というのはそう認識されているよりも、もっと広がりゆくものだ。今この瞬間、数限りないことをする自由がある。自由は圧倒的だよ。

スワミ：選択という幻想が、僕たちを分離の苦しみに閉じ込めている。

ティム：そうなの？　本来そうであるように自分たちを解放することができれば、人生においてより良い選択をし、より幸せになることができると思う。やらなければいけないのは、もっと意識をすることだ。意識的であればあるほど、選択の自由をもっと経験することができる。

スワミ：ねえ、君が気づかなければいけないことはひとつだけだよ。この本で君が提案してきた「わぉ！」のワークは時間の無駄だ。〝する者〟という幻想を押し付けるだけだからね。ワンネスの気づきは起こるべき時に起こる。君の悟りを欠いた手助けは、ものごとを悪化させるだけだよ。

ティム：目覚めを無理強いできないという点には僕も賛成だ。恋に落ちることを無理強いできないようにね。けれど、人間は意識体であって、選択をすれば人生を変容させることができるんだ。

スワミ：意識は受動的に世界を目撃しているだけだよ。

ティム：そうだね。僕もそう思う。けれど、世界を受動的に目撃しながら、世界を変えてるんだ。

スワミ：またパラドックスか。

ティム：ティムを通じて気づきのワンネスが世界を目撃する時、その情報は根源の気づきにフィードバックされ「これをやろう」という考えが立ち上り、それが行動につながり、そしてそれが世界を変える。

スワミ：思考する精神《マインド》は自然な流れを邪魔するだけだよ。

ティム：正しいよ。でも、ひとつ付け加えたいんだ。考えることが物事を遅くするという点には賛成だけど、それが思考の目的なんだよ。そのおかげで、気づきは何をしているかを意識的に熟考することができるからね。実際に行動する前にそれを想像することで、違う行動を選択することができるんだ。

スワミ：ギャーニに思考は必要ない。精神は静謐だ。

ティム：今、人間はまだ大部分において無意識な動物であるけれど、そこからさらに進化を遂げるためには、もっと考えなければいけない。そうすれば、より良い選択をすることができるようになるからね。

意味と無意味

スワミ：起こっている何事も関係ないというのが真実だよ。人生は夢だ。そこに重要性も意味もない。

ティム：けれど、夢は意味に満ちている。僕の経験では人生もこれと同じだ。生きることは意味に満ちているし、そこに無限の意味を与えることができると思う。

スワミ：僕は意味なんて与えない。だから分離の幻想から自由なんだ。

ティム：人生が君に何かを語りかけようとしていると感じたことはないの？　どこかへ導こうとしていると感じたこと、人生がその最上の姿を知っているように感じたことはないの？

スワミ：光に満ちた精神には、そんなものは必要ない。

ティム：僕にはよりすばらしい深い自己の表現へとティムが成長できるように、深い自己が物語を変容する語り手を形づくっているように感じられる。

スワミ：想像力豊かだね。

ティム：時として人生で起こることはあまりにたくさんの意味を孕んでいて「もしこれが夢だったら、僕に何を示そうとしているのだろう？」と自分自身に問いかけることもある。

スワミ：あぁ、そうだね。サインや兆候を読み取るって大切だね。そんな原始的な迷信を信じているなんて驚きだよ。

ティム：ユングは意味ある偶然の体験をシンクロニシティと名づけた。僕はシンクロニシティをたくさん経験する。シンクロニシティが起こる時、ランダムに起こっている出来事の背後に何らかのパターンがあることが突然明らかになる。だから、シンクロニシティは興味深いんだ。

スワミ：そんなもの無意味な障害だよ。

ティム：僕がたくさんの本を一緒に書いてきた友人、ピーター・ギャンディの話をしよう。彼には才能に溢れたアーティストであるフランシス・ターナーという恋人がいた。悲しいことにフランシスは七年前、脳溢血で亡くなった。去年、ピーターはある本を書き始め、ある章でフランシスの視点から脳溢血の体験を書こうと決めた。

スワミ：勇気があるね。だけど、なぜそんなことをするのか理解できないな。

ティム：そして、その章を書き始めたその日、ピーターも脳溢血に襲われたんだ。僕が発見しなければ彼は死んでいた。今では彼は完全に回復し、この経験を経て変化した。生き生きとして、深い愛に触れ続けている。この話には他にもシンクロニシティに満ちたたくさんのエピソードがあるけれど、人生で起こる出来事には隠されたパターンがあって、背後にある意味を示しているって僕が言う意味がわかるよね。

スワミ：ただの偶然だよ。時々起こるんだ。偶然がなかったらそれこそ驚きだ。

ティム：シンクロニシティそのものはそんなに重要でないことが多い。けれど、それが起こった時、意識の有り様を大きく変えるきっかけになることが多い。僕の母もそうだ。結婚記念日、母は亡くなったばかりの父を恋しく思っていた。で、iTunesを開いて、自分を元気づけるためにシャッフルで音楽を掛けた。すると、パソコンに入っていることすら知らなかった結婚式のマーチが流れたんだよ。

スワミ：すてきな話だね。それが、お父さんからのメッセージだと思ったんだろう？　だけど、それは何でもなかったんだよ。

ティム：今週、僕はつい最近夫を亡くした美しい女性からメールをもらった。夫の名はポール・アップルバームといって、神秘体験リトリートに参加し、僕の仕事のサポーターになってくれた人だ。夫の突然の死の後、彼女は彼がよく本を読んでいた場所に行って物思いに耽ることにした。彼は亡くなった時、僕の著書『HOW LONG IS NOW ?』を読んでいたのだけど、「物語の終わり」という章で開いたままになっていたんだ。そこには死について書かれていた。彼女はそれを読んで慰めを見つけたんだ。

スワミ：感動的だね。けれど、新聞のスポーツ欄を読んでいた可能性だってある。そうだったら、わざわざ君にメールをしなかっただろうけど。

ティム：ウォルト・ホイットマンの詩にすばらしい言葉がある。「通りに落ちていた神さまからの手紙を見つけた。すべてが神の名で署名されていたけれど、そのままそこに残しておいた。どこへ行っても、他の手紙が時折、永遠に届き続けると知っているから」。僕もそう感じる。シンクロニシティはあまりにたくさん起こるから、当たり前のように感じている。人生は暗示的な意味に満ちていると感じるんだ。どんな意味なのかを述べることはできないかもしれないけれど、意味は明らかにあらゆるところにある。

スワミ：イライラさせるなあ、分離は幻想なんだから人生は無意味だよ。

ティム：君は分離を無視しようとするから、すべてが無意味に見えるんだろう。ワンネスと同時に分離を抱きしめる時、意味は立ち上る。意味とは論理を超えた両極の狭間の美しいダンスなんだ。

スワミ：お願いだから哲学的な遊びはやめてよ。僕たちが住んでいる世界を常識的に見てみよう。特別な意味などなく、次々と出来事が起こるだけだ。

ティム：僕にとって生きることは、意味がありながらにして無意味だ。論理を超えた視点からこう考えている。時として意味に満ちているように感じる。そうでない時もある。物語には重要なポイントがあり、前後関係のない展開もたくさんある。けれど、すばらしい物語においてそうであるように、何でもないと思っていたことが、後になって重要な意味を持っていたとわかることもある。

スワミ：意味がありながらにして無意味だと思うなら、どうやって生きるんだい？　頭がおかしくなってしまうよ。

ティム：でも、それはまさに僕たちの多くがすでにやっていることなんだよ。人生の実際的なことに向き合うとき、世界は自然の法則に従うことを予測している。だからといって、人生は意味に溢れた物語であると感じ、それに反応するのをやめることはない。

スワミ：ねえ、科学が好きなんだろう？　科学が何かを証明したとするなら、人生とは無意味な宇宙における偶然の出来事だということだよ。

ティム：客観的に言えば、自然の法則が無意味に展開するのが人生。でも主観的に言えば、僕の人生は目的と意味に溢れたティムについてのインタラクティブな物語なんだ。

スワミ：そう言うけど、科学やアドヴァイタの説とは違うね。

還元論者のスピリチュアリティ

ティム：こう考えてみてはどうだろう。君の還元論的なアドヴァイタの解釈は、僕がこの本で批判した還元論的な科学の解釈とそう違わないと。どちらの解釈も、僕たちを何の理由もなく決定論的に物事が動いてゆく無意味な宇宙に取り残してしまう。

スワミ：科学もギャーニたちが掴んでいる真理に辿り着いたのなら何よりだよ。

ティム：君のアドヴァイタに対するアプローチは還元論的スピリチュアリティと言える。還元論的科学と同じで、人生を破壊することで人生を理解しようとしている。還元論的科学は物事を無意味な破片へと分解することでこれをしている。還元論的アドヴァイタはすべてをひとつの無意味なものへと固めることでこれをしている。すばらしい人間性を無視することで、冷淡な場所に辿り着いてしまう。どちらも違ったところで、生きることに反することをしている。

スワミ：アドヴァイタは何にも反していない。けれど、君はアドヴァイタに反しているように見えるね。

ティム：その逆だよ。僕はアドヴァイタの哲学が大好きだ。アドヴァイタの深みをすべて含みながら、けれど同時に人間性をも内包する目覚めの方法を示したいと思っているんだ。この本ではそれを試みている。

スワミ：良いことをしようとしているのだろうけど、君の努力は方向性を誤っているよ。目覚めをどうこう言ったところで何も生まれない。悟りは言葉を超越しているからね。

ティム：その通り。でも、それをどのように語るかがポイントであるのも事実だ。それによって人生にどう向き合うかが大きく変わってくるからね。君と僕を例に挙げてみよう。僕たちはどちらも、かなり似通ったことを経験しているのだろうと思う。どちらも深く目覚めている。けれど、それらを違った方向から捉えている。君の考えは、すばらしい人間性の価値を認めようとしない一方的な考えだから、深い愛に辿り着くことがないのだろう。僕にとっては、愛こそがすべてだ。

スワミ：僕は君の愛らしいアプローチより、アドヴァイタの永遠なる叡智にもとづいて物事を考えたいね。

ティム：いいさ。君の選択を尊重するよ。

スワミ：馬鹿だなあ、言ってるじゃないか。自由意志なんてないんだよ。

ティム：僕はそうは信じないことを選ぶよ。

第29章

分離を祝福する

お互い、そして生きとし生けるすべてのものから分離しながらも分離していないと知ることで立ち上る深い愛を見つめ、この第3部は幕を開けました。

続いて、根源のワンネスを深く知りながら美しい個性と人間性の輝きを知るという、論理を超えた目覚めのアプローチを紐解きました。

分離を拒むことは愛を拒むことであるため、分離の価値を認めない目覚めのアプローチを批判しました。

この章では、分離がなぜ重要かつ必要であるかについて、はっきりと述べたいと思います。ワンネスと分離の論理を超えた関係性についても触れましょう。

『法句経《ダンマパダ》』と呼ばれる仏教の経典はこのような主旨で始まります。

思考をもって、私たちは世界を創造する。

分離の重要性を理解する手掛かりになるため、この考えがいかに洞察に溢れたものかを紐解きたいと思います。その前に、混乱を避けるために、私の考え方についてはっきりと述べておきましょう。

私たちが意識的に考えることで世界が存在するのではないことは明白です。オフィスの中に象がいる様子を集中して考えることはできますが、だからといって象が現れることはありません。象に存在して欲しいものをあれこれ考えることはできますが、現実は私の望みに抵抗します。ティムは思考によって現実を創造してはいません。しかし、現実をどう経験するかは、それをどのように概念化するかに依っています。

あたりを見回してみると、目に入るものすべてが何らかの概念を持っているのがわかります。やってみましょう。パソコンの画面、オフィス、外の庭、鳥の鳴き声、空、私の体、仕事をしているテーブル、今日の日付、飲んでいるコーヒー。意識するすべてを私は概念化しています。

概念が現実を〝あれ〟や〝これ〟に分割します。私のコーヒーカップは〝これ〟であって〝あれ〟

ではありません。キーボードは〝これ〟であって〝あれ〟ではありません。今日の日付は〝この日〟であって〝あの日〟ではありません。私たちは理解可能なパーツへと世界を分化することで、経験を定義します。

思考が現実を多種多様な物事へと分けてゆきます。一方で、言葉を使わずに世界を分化することもあります。赤ん坊や動物がそうするように、シンプルな方法で世界と渡り歩く前言語的概念もあるのです。

肉を噛むとき、私たちは食物である肉と体の一部である舌という肉を別個のものとして本能的に捉えます。そうしなければ痛みを感じるはずです。私はベジタリアンですので想像するのが難しいのですが、この例えはきっとわかりやすいはずです。

大人へと成長すると、より多くの概念を学び、世界をさらに細分化するようになります。こうすることで、世界をさらに意識するようになります。子どもの頃、私たちは小さくシンプルな世界に住んでいますが、大人になると、分離した物事のすばらしい多様性から成る巨大な宇宙に暮らします。さまざまな概念によって現実を分離の世界へと分化させてゆくからです。

物事を分化しない時、私たちは意識していません。これは深い眠りの状態です。起きている時、私たちは経験の流れの語り手として自分自身を分離させます。そして世界を異なる性質を持つ個々のものへと分化することで、経験を理解するのです。

意識とは分化である

これが皆さんと共有したい大きなアイディアです。

意識とは分化です。

全体を分離したパーツへと分化することで意識が立ち上ります。

世界を分化すればするほど、私たちはより意識的になるのです。

分離の必要性

次に、これが私の目指している気づきです。

分化のおかげで、私たちは意識することができます。

このため、分離の経験は取るに足りない幻想ではありません。なぜならそれは、何かを意識する際の前提だからです。

目覚めのパラドキシティ

すると、目覚めのパラドキシティを理解することができます。

分離の世界を経験しているからこそ、意識できるのです。

分離の経験を通じて意識をしながら、同時に存在の本質的なワンネスを意識することもできます。

概念の森に迷うとき、根源のワンネスを経験することはありません。しかし、概念なくして意識することはできません。

言葉を通して言葉無き世界を知るのです。それがこの本でやっていることです。

ワンネスを意識する

「すべてとどのようにひとつになったらよいですか?」とよく質問されます。深い睡りの状態に分離はないため、私はおどけて、眠るようにアドバイスをします。深い眠りの状態にあって私たちは現実を分化しないため、そこには無意識の存在のワンネスだけがあります。

無論、質問した人は無意識になりたいのではなく目覚めることに興味があるのですから、この答えでは不十分です。けれど、この質問を分離の重要性を伝える手がかりにしてみましょう。次の文章を読んでみてください。

深い眠りにあって、私たちは気づきの根源的ワンネスに還り、無意識にすべてとひとつになっています。けれどこれは、気づきの体験ではありません。

気づきとは、意識的にすべてとひとつになることです。

難しいのは、意識は分離に立ち上り、意識することとはつまり分離を経験することだからです。

つまり、ワンネスをただ意識することは決してないということです。分離とワンネスは同時に経験されなければいけません。

分離を通じて、存在のワンネスを意識しなければいけないのです。

その時、私たちは存在の中心にある根源的な矛盾に出会います。すべてはひとつであり、ひとつはすべてなのです。

宇宙のビジョン

すべては本質的にひとつであると意識している時、私は「宇宙のビジョン」を経験します。ただのワンネスと区別するため、敢えてこの言葉を使いましょう。宇宙（Universe）とはパラドキシカルな「ユニ・バラエティ（uni- variety）」、つまり「ひとつの多様性」を認識することです。宇宙のビジョンを経験する時、現実は本質的にはワンネスであり、表面的には多様であるとわかっています。すべては分離しながらひとつであることが見えています。

多くの人がひとつの視点を採用し、もうひとつを無視しようとします。現実を常識的に捉える人は、ワンネスは神秘的な空想だとして無視します。いくつかのスピリチュアルな教えはワンネスこそが現実で多様性は幻想だとします。けれど、多様性よりワンネスを重視し、もしくはその逆を重視する理由は見当たりません。どちらもそれぞれ論理を超えた視点においてすばらしくリアルなのです。

宇宙のビジョンを経験する時、私はワンネスを知り、その対極にある分離はお互いを補完しながら共存するものであると知ります。現実は根源的な「どちらも／そして」であり、私たちは「どちらか／もしくは」へと分化します。ユングはこう言っています。

正反対のものがなくては、現実はない。（No reality without polarity）

すべてはここに、この英文の韻に込められています。ユングのすばらしい言葉です。

矛盾にまつわる古来の哲学

老子の『道徳経』の冒頭に記された力強くかつ多くを孕んだ文章を見つめることで、ワンネスと分離の論理を超えた関係性を明らかにしてみたいと思います。たくさんのメッセージが含まれていますから、すべてを読み通してから、一つひとつを読み返してみましょう。

道《タオ》は、示され得るものではない。
道は、定義され得る思考ではない。

道は、定義され得ない原初の全体性である。
思考は、分離した物事の現れを創造する。

それは神秘的な本質であり、常に隠されている。
それは表面的な現れであり、常に表出する。

本質と現れは同じである。
思考が、それが分離しているように見せる。

神秘の魔法に掛けられたのか？

道は神秘である。
それが理解への扉なのだ。

言葉の前にあるもの

最初の二行は、この本でもたびたび語られているメッセージです。

道は、示され得るものではない。
道は、定義されうる思考ではない。

道とは、存在の神秘のことです。すべての本質であり、それを分離したものとして指すことはできません。精神《マインド》で捉えることのできる概念ではないのです。人生に関するアイディアはアイディアにすぎません。そのアイディアが神秘を表現しようと試みるのです。道はアイディアの前にあります。それは私たちが不思議に思うその不思議です。考えることで知ることができるのは、どうにかして生きることの意味を成そうと、神秘について私たちが語ろうとする物語です。けれど、言葉の前にあるものを語ることはできません。

思考をもって世界を創造する

次の二行は、この章の最初に触れた法句経の引用とよく似ています。

道は、定義され得ない原初の全体性である。
思考は、分離した物事の現れを創造する。

老子は私たちの考えが分離の現れを創造すると述べています。現実とは私たちが概念を持って分化することで現れの多様性として経験する、本質的なワンネスです。

存在のパラドキシティ

次の二行で、老子は存在のパラドキシティを的確に捉えています。

それは神秘的な本質であり、常に隠されている。
それは表面的な現れであり、常に表出する。

老子は神秘的な本質が本物で、分離が幻想だとは言いません。むしろ、道は常に神秘的でありながら表出するとしています。存在のパラドキシティは、それがさまざまな形で現れるひとつのエッセンスであることです。「どちらか／もしくは」ではなく、「どちらも／そして」なのです。

本質と表出

そして、老子は存在のパラドキシティの深みへと私たちを導きます。

本質と現れは同じである。
思考が、それが分離しているように見せる。

ひとつの視点からは、私たちは本質と現れを対極として分化することができます。しかし、本質的にはそれらは存在のパラドキシティを理解するための相互補完的な見方でしかありません。

ワンダーの方法

最後に老子は「どちらか／もしくは」の思考ではこれらすべてを捉えることはできないと指摘し、この本を通じて触れてきたワンダーによる方法へと私たちを誘います。

神秘の魔法に掛けられたのか？

道は神秘である。
それが理解への扉なのだ。

生きることの深い神秘が道です。深い神秘を意識するには、深遠なる未知の状態に入らなければばいけません。それは言葉の前にあるものを深く知るための扉です。

思考を見通す

さまざまな思考を共有した後、老子は忍耐を捨ててこう言います。

思考は十分だ！
思考が全体性を分割する。

私たちは分化することで意識しますが、ワンネスに目覚めるためには言葉の前にあるものに注意を払わなければいけません。やってみましょう。

あなたが考える前、世界とは何か、自分に問いかけてみましょう。

あなたが何者であるか何の思考もない時、あなたは何者なのか、自分に問いかけてみましょう。

この時あなたが知ることを言葉で表すことはできないはずです。こうした質問に対する答えは、存在を前概念的に捉えることでしか見つけられません。だからこそ老子はこういったのです。

語る者は、知らない。

知っている者は、語らない。

言いたいことが山ほどある私が言うのも皮肉ですが！

第30章

愛の網の瞑想──「わぉ!」のワーク

ここまで、分離を祝福する目覚めの方法、人間としての個性を抱きしめることのできる深い自己を知る方法、生きるという冒険に意味をもたらす深い神秘を深く知る方法を紹介してきました。

私たちは分離しながら分離していないことを伝えました。それは私たちが深い愛においてひとつになれる、ふたつだからです。私にとって真に重要なのは、この深い愛だけ。皆を抱きしめられるだけハートを大きく開くワークをして、この第3部を締めくくりましょう。

文明が発達するにつれ、お互いのつながりはどんどん密になっています。近年の実験によると、私たちの誰もがお互いに六段階しか離れていないことがわかっています。友人の友人のそのまた友人の……と辿っていけば、今現在地球に生きる七十億人の誰かと必ずつながっているのです。その誰もが誰かを愛し、その人たちもまた誰かを愛し、その愛される人もまた誰かを愛し、そうやって世界を包み込む〝愛の網〟をつくっています。

前回の「わぉ！」のワークでは、他者への慈愛を広げる「深い愛の瞑想」を行いました。今回のワークでは、別の形で深い愛の瞑想を行いたいと思います。想像力を用いて、私たちのすべてがつながっている巨大な愛の網を意識してみましょう。さぁ、一緒に試してみましょう。ゆっくりと楽しんでください。

ワンダーし、入り、そして在ることで、深く目覚めた状態に入ります。

家族や友人との愛に溢れたつながりを意識します。

あなたのハートから魔法の糸が伸びて、その人たちのハートに届くのを想像します。

その魔法の糸が、あなたが愛している人々と、その人たちが愛している人々をつないでいる様子を想像します。

そしてそれらの人々から、彼らが愛する人々へと魔法の糸がさらに伸びてゆく様子を想像します。

愛のつながりの網がどんどん広がり、この美しい青い星であなたはそれらの人々すべてとつながっています。

地球を慈しむべく、その糸を通じてあなたのハートから愛が流れ出し、脈動します。

私たちは皆、愛においてひとつです。

私がこの本を書き、あなたがそれを読むことで、私たちは愛の網において親密にひとつになりました。

私はあなたに愛を送ります。

第４部

日々の暮らしへの旅

第31章

生きることの恋人になる

私たちは神秘体験の中心である深い愛の不思議へと辿り着きました。そして今、日々の暮らしのチャレンジへと視点を戻す時がやって来ました。

この第4部では、日々の生活をどのように目覚めの冒険へと変容させることができるのかを紐解きたいと思います。スピリチュアリティの目的について触れることから、この章を始めましょう。

私たちはスピリチュアルな目覚めの冒険をしています。では、それは究極的にはどこに辿り着くのでしょうか？　終着駅があるのでしょうか？　私たちはスピリチュアルな理想を体現すべきなのでしょうか？　過去百年の間、インド哲学が急速に私たちの文化に流れ込んだため、私たちは〝悟り〟の経験を求めるべきだと考えています。この章では、この考えに挑戦してみたいと思います。

悟りは自我のない状態で、その状態において私たちは自分自身に完全に気づき、永遠に目覚めることができるとされています。輪廻転生から自由であるため、問題だらけの人間の生にもう戻らなくてよいのです。多くの人は、自分自身はこのようなレベルの高い状態に辿り着くことはできないが、偉大な師たちはきっとこのゴールに達したはずだと考えているようです。

私は目覚めの旅をこのようには捉えていません。究極の状態に辿り着くことを希求してはいません。自我を根絶するという考えは誤っており、私を魅了しません。私は目覚めの体験を通じ、人間としての冒険から逃げるのではなく、そこにもっとコミットしたくなるのです。

この想いが新たなスピリチュアリティのあり方を概念化すべく私を突き動かしました。悟りを開いた師になるよりは、謙虚な生きることの恋人でありたい。この章では、このテーマを紐解きたいと思います。

入り込むために目覚める

生きることの恋人になることは、人生から遠ざかり、スピリチュアルな目覚めの状態を達成することとは違います。それは深い自己を意識することで慈愛を持ち、分離した個人としての冒険に取り組むことです。私たちの内に愛を見つけることで、私たちを取り巻く世界に対して愛を表現するのです。

深く目覚めると、私たちの本質である海のような愛を見つけます。けれど、私にとってこれは目覚めの終着点ではありません。この本質である愛は表現されることを待ち望んでいます。愛は感情であり、行動です。それを与え、他者に手を伸ばし、世界中に善きことをつくり上げる。これは愛の内に秘められた性質です。

『ピリポの福音書』にはこのようなすてきな言葉があります。

グノーシスを通じて自由を得た者は、愛のために奴隷となる。

私が経験した目覚めのパラドキシティを完璧に表現しています。本質を深く知る時、私は物語に囚われることなく、存在の神秘において自由になります。けれど、深い目覚めの状態において感じる深い愛が、慈愛を持って生きることに取り組み、他者を想いやり、未来の世代のために世界をより良い場所にするよう、私を物語へと駆り立てるのです。

生きることの恋人になることとはつまり、目覚めに対する論理を超えたアプローチを受け入れることです。〝在ることを愛する〟ために深い自己を意識し、〝愛することに在る〟によって、その愛を表現することを意味しています。

自分を知り、自分を示す

私にとって目覚めとは、自分の意識の状態を変えることだけではなく、その生き方によって人生に何かをもたらすことです。悟りの理想において、スピリチュアリティの目的は自分自身に気づくことであるとされます。目覚めの旅は深い自己を意識することへと導きますから、完全に賛成です。けれど、目覚めの旅のパラドキシティにはもう一極があります。

目覚めとは、自分を表現することでもあります。分離した個を進化させる過程に取り組み、本質的な性質の無限の可能性を、進化させながら表現するのです。世界に新たな可能性をもたらすために、目覚めの根源の土台とともに、意識する共同制作者として、生きることのクリエイティブなプロセスに入ってゆくのです。

〝自分に気づくこと〟と〝自分を表現すること〟は、目覚めの冒険のお互いを補完し合うふたつの側面です。生きることの恋人であろうとすることは、自分が何であるかを意識することであり、何であることができるのかというテーマを浮上させます。自分自身をありのままに愛し、その可能性のたっぷりとした表現であるべく成長するのです。

　生きることの恋人であることとは、内に深く触れることで、もっと外へと広がることです。物語を変容させるために、物語を超越するのです。自分を知り、自分を表現するという旅にあって、存在の神秘の唯一無二の表現であることを恐れないことです。自分自身を知り、そしてそれを示すことなのです。

ずっと目覚めていることはできるのか？

　多くの教えが、目覚めの目的は崇高な超意識的状態に永遠にあることだとします。けれど、これは不可能であるように思えるのです。変わり続けるのが意識の性質です。ふたつの瞬間は必ず異なっています。意識は流動的です。

　永遠に目覚めていることができるという考えは、私たちの実際の経験と噛み合いません。私たちの意識は深い眠りにおいて根源と溶け合い、そしてリフレッシュして朝を迎えるというサイクルを繰り返します。誰も永遠に目覚め続けることはできないのです。これほど明らかなことがあるでしょうか?

意識は立ち上っては落ちてゆく波のようなもの。ある瞬間、私たちはエネルギーに満ち、より多くを意識していますが、疲れていてあまり意識していない時もあります。目覚めのプロセスは、永遠の目覚めに導くのではありません。やって来て去るのが意識の性質だからです。存在の根源の土台はいつもありますが、私たちによるその経験は変わり続けるのです。

私の提案はこうです。私たちは「眠る」、「夢を見る」、「起きている」という三つの状態を行き来しています。スピリチュアリティはここに四つ目の、「より意識した状態」を加えます。眠りから覚める時、私たちは深く目覚めるために意識を広げることができます。すると深い眠りから深い目覚めまで、上がっては落ちてゆく意識を波乗りすることができるのです。

永遠に目覚めることをゴールとするなら確実に失敗するでしょう。それを未熟なスピリチュアリティや邪悪なエゴのせいだと言うなら、自分自身に嫌悪感を抱くだけ。自分自身をありのままに愛するどころか、自分は十分でないという深くにある恐れを再確認するだけです。

生きることの恋人であろうと理想を抱くことは、恒常的目覚めという不可能なゴールを目指すことではありません。ありのままの人生経験を、すべて愛するのです。生きることの論理を超えた性質において、意識は上がっては落ちてゆくものであることを受け入れ、より意識した状態を経験するためには、あまり意識していない状態も経験する必要があると理解するのです。

進化の旅

生命は進化し続けているという革新的な洞察を科学はもたらしました。宇宙は現在進行形の創造過程であり、それを通じて存在の無限の可能性は現れています。私たちの誰もが、進化を続ける宇宙の一部です。

進化という概念は、存在の理解の中核を成しています。けれど、多くの教えはこの理解が生まれる前の時代に根ざしています。概念を更新し、究極の救済という終着点を目指すものとしてではなく、永遠に続く進化の過程として目覚めを捉え直す必要があります。

目覚めの冒険の目的はどこかに辿り着くことではなく、進化のプロセスが私たちの内でより力強く花開くために、生きることの冒険に新たな方法で向き合うことだと私は考えています。深い存在に目覚めることで、より意識した個人になるための進化の冒険にしっかりと向き合うのです。それを通じて愛することを学ぶ、変容のプロセスとしての人生を生きることなのです。

目覚めのプロセスは直線的で一定なものではなく、論理を超えたプロセスであり、自分自身を見つけ、時に失い、鋭い洞察と深い混沌、すばらしい高揚と恐ろしい痛みといった相反する要素を含みます。スピリチュアルな挑戦とは、この変容のプロセスに意志を持って入ってゆくことです。

この本で見つめてきた論理を超えた〝ひねり〟は、人間としての冒険を最大限に経験するには、深い自己に目覚める必要があるということです。深く目覚めた状態に立ち上《のぼ》る安全な脆さを感じる時、私たちは勇気を持って、生きることという騒乱の物語に向き合うことができます。神秘体験に満たされる時、私たちは人間としての経験をたっぷりと味わい、生きることの恋人になるのです。

旅をし、到着する

スピリチュアルな旅は進化のプロセスです。所々で辿り着く気づきのステージはありますが、どこまでも進むことができるのですから終着点はありません。私の旅は、人生を永遠に変えた、あの深く目覚めた状態を経験することができるという気づきに始まりました。ある時、深い自己はティムを超越し、私は本質的には時間に生きる人間ではないと気づきました。そして、ある分岐点では、深みにおいて分離はなく、すべてはひとつであると気づきました。

こうした気づきは、その他の気づきも含め、目覚めのプロセスの段階ではありました。けれど進化を続ける冒険は、どこまでも枝葉を伸ばし続けます。新しいレベルの理解に辿り着くと、それは容赦なく次の挑戦へとつながっています。生きることとは常に、到着しながら旅をし続ける論理を超えたダンスなのです。

けれど、最初からそこにあり、旅を通じて常に私とともにあった最も重要な気づきは、大切なのは愛だけだということです。何らかのスピリチュアルな終着点に辿り着きたいという欲望から私を自由にしたのもこの気づきであり、人生において変わり続ける挑戦を、愛において成長し続ける機会として抱きしめることを教えてくれたのもこの気づきです。この気づきが、生きることの恋人になるという理想へと私を導いてくれました。

気まぐれな恋人

多くの人が、目覚めの旅の究極の目的とは、完璧なスピリチュアリティに辿り着くことだと思うでしょう。けれど、人間であることは不完全であることです。最善を尽くしても、欠点や弱点はあり続けます。歩ける者であってもつまずきます。偉大な音楽家であっても間違った音を出すこともあります。

間違えるのは人間だからだ、ということを受け入れることが生きることの恋人であることです。私たちは無意識の存在の場であり、さらに意識するプロセスにあります。半意識的な闇の中で手探りをしていても何ら不思議はありません。こう理解すると、私たちは自分自身に対し、そして生きるという冒険の仲間たちに対して忍耐強くなることができるはずです。

生きることの恋人であろうとすることは、スピリチュアリティのスーパーマンになろうと空想することとは違います。そのまったく反対なのです。それは常に何かが欠けていて、新たに発見できる何かがあってこそ進化を遂げることができると知ることです。個人としての輝かしい不完全さを抱きしめ、人間であることの曖昧さにクリエイティブに取り組むことです。

生きることの恋人であろうとすることは、私たちは時として愚か者であることを受け入れ、そうすることで賢くなることです。意識が足りないために常に間違いを犯すのが人間であると認めるのです。それが進化のプロセスです。試行錯誤をしなければ学ぶことはありません。そして学ばなければ成長もないのです。間違いを犯し続けなければ現状に安穏としてしまいますから、私たちはリスクを負うべきなのです。

生きることの恋人になるためには、愚かな恋人、道に迷った恋人、脆い恋人、孤独な恋人、心が砕けた恋人、恐れをなす恋人、欠点のある恋人、傷ついた恋人、そして気まぐれな恋人であろうとしなければいけません。人間であることを愛する、それが意味するすべてにおいてそうすることが大切なのです。

新たな理想のスピリチュアリティ

〝生きることの恋人になる〟というアイディアはあまりに論理を超えており、この考えのすべてを捉えるためには、さまざまな表現を試みなければいけません。それが何を意味しているのか、いくつか例を挙げてみましょう。

生きることの恋人になるとは、ワンネスに目覚め、人生を通じて個人としての旅に情熱的に取り組むことです。

生きることの恋人になるとは「在ることを愛し、愛することに在る」ことです。愛である深い本質に目覚め、世界においてその愛を、より広く、より包括的に表現するのです。

生きることの恋人になるとは、自分自身を知り、自分自身を示すことです。あなたがそこに存在する世界をより豊かなものにするため、秘められた可能性を表現するのです。自分に気づき、自分を表現する旅に出るのです。

生きることの恋人になるとは、欠点のある人間性をそのまま抱きしめることです。愚かであることを通じて賢くなり、常に目覚めた最上の状態であることはできないと知り、時につまずくことを受け入れるのです。

生きることの恋人になるとは、人生のチャレンジを受け入れ、それを通じて人として成長することです。人生を神秘的な冒険と知るのです。そこでは、ひとつの頂上に辿り着くと、達成すべき新たな可能性が姿を現します。

生きることの恋人になるとは、生きることの豊かさを経験する貴重な機会としての今この瞬間に自分をたっぷりと開き、変容を促すその力を感じることです。人生をありのまま愛し、より良い未来のために努力を重ねるのです。

生きることの深い目的

この本では、生きることに意味と目的をもたらす存在の神秘の物語を紐解いてきました。生きることの意味を確定しようと試みることは、風を手なずけようとするのと同じで無駄なことです。生きることは常に言葉で表すことができる以上のものです。それでも、生きることを旅する際にコンパスは必要です。この本という物語は航路を伝える導き手となるはずです。

この本の物語によると、無意識の気づきの根源の場は、それ自体をたくさんの意識的な個人として夢見ており、それを通じてそれ自体を知り、それ自体を愛しています。この視点から言うと、私たちは自分を知り、自分を表現する旅において生きることの恋人になることで、生命そのものの大いなる目的を満たす役割を果たしているのです。

科学的な解説もまた、この生きることの深い目的を指し示しています。科学は進化のプロセスがいかにしてより意識的な生命体を通じて世界を満たし、やがて人間が創造されるに至ったかを伝えています。私たちが特別なのは、意識をしているだけでなく、意識をしていると意識しているからです。私たちは存在することを知っています。在ることを意識しています。そして最も深い存在に注意を向けるのなら、深く目覚めることができます。すると、生きることの恋人として生きることができるのです。

生きることは進化のプロセスであり、人生の目的は到着することではなく、旅をすることです。死のみが到着地点ですが、それは未来にとっておけばよいこと。そしてこの到着地点ですら、きっと新たな旅への変化の地点に過ぎないのでしょう。生きることの目的は決して満たされません。なぜなら、過程こそが目的だからです。

第32章

在ることを愛し、愛することに在る——「わぉ！」のワーク

この章では、日々の暮らしを〝生きることとの恋〟に変える、パワフルなワークを紹介しましょう。

ここで紹介する「わぉ！」のワークは、この本で紹介したすべてのワークを統合したものです。「在ることを愛し、愛することに在る」ことで生きることの恋人になるシンプルな方法を提示しましょう。深い自己に目覚めるために、そして生きることの冒険に慈愛を持って取り組むために、このワークを試してみてください。

この論理を超えた「在ることを愛し、愛することに在る」ワークは、ここまで紐解いてきた新たな目覚めの方法の〝鼓動する心臓〟であるとも言えます。形態は私のオリジナルですが、本質的な内容は新しくありません。これはさまざまな教えの中心にあるものです。

チベットの賢人ミラレパ（訳注：一〇五二～一一三五）は仏教の本質についてこう語っています。

空《くう》を知ること。

慈悲の心を持つこと。

自分たちの本質は広大な気づきの存在であると知り、すべてはひとつであると深く知り、それらを愛していると知る。そして慈愛を持って生きることで、その愛を表現するのです。

キリスト教にも同じ本質を共有するメッセージがあります。「最も偉大な律法は何ですか？」と聞かれ、イエスはこう答えました。

ハートのすべて、魂のすべて、精神《マインド》のすべてで神を愛する。これが最初で最大の律法だ。
ふたつ目は、他者を自分自身のように愛することである。

最初の律法は神を愛すること、つまりあなた自身を存在の神秘に浸し、気づきの根源のワンネスを意識することです。ふたつ目は、自分自身のように他者を愛することです。なぜなら、ワンネスに目覚めると、他者もまたあなた自身であると知るからです。ふたつの律法が似通っているのは、それらが「在ることを愛し、愛することに在る」というメッセージを孕んだ、スピリチュアルな旅においてお互いを補完し合う論理を超えた視点だからです。

在ることを愛する

まずは〝在ることを愛する〟ことからこのワークを始めてみましょう。本書では〝在ることを愛する〟方法を「ワンダーする」、「入る」、「在る」のプロセスとして説明してきました。これらはすべて、在ることに対する愛を深めるためのワークです。まず初めにこれらのステップを一つひとつ試してみてください。ワークを重ねると、これらは意識においてひとつの動きとして同時に起こるようになるはずです。以下が詳細については既に触れた〝在ることを愛する〟ワークです。

ワンダーする（Wondering）

表面的にしか目覚めていない時に深く目覚めるためのシンプルな方法は、ワンダーすることです。驚きを持って世界を見つめ、存在することの息を呑むような神秘を意識し、生きることとは何なのかまったく知らないことを認めます。深くワンダーすると、物語から抜け出してこの瞬間の神秘に辿り着きます。世界がどれだけすばらしいかを知ると、世界に在ることを愛するようになります。

入る（Entering）

ワンダーの体験は、体感の直接性に入り、見て、聞いて、触れることを強く意識することで強まります。一番シンプルなやり方は、呼吸の味わい深い感覚に注意を向けることです。体感に入ると精神は落ち着き、感覚的に生き生きとするようになります。この瞬間を体感することがいかにすばらしいかを知る時、在ることに対する愛は深まります。

在る（Presencing）

「入る」ワークを経ると、今この瞬間に在ることができます。経験のすべてを目撃しながら、見られず、聞かれず、触れられることのない本質に注意を向けてみましょう。その内に、経験が夢のように立ち上《のぼ》る、広大な気づきの存在であることを意識するようになります。気づきの根源の場とひとつであることを深く知るようになるのです。存在の神秘とひとつであると深く知る時、根源的で、無条件で、際限のない「在ることの愛」が自然に立ち上ります。

愛することに在る

〝在ることを愛する〟やり方を簡単に見直したところで、〝愛することに在る〟ことのワークを試してみましょう。これは生きることを通じて愛を表現することですから、いつでも試すことができます。ここでは、〝愛することに在る〟ことを実践するための四つの基本的な方法を提案します。あなたの意識の状態、そしてあなたの人生という物語のどちらも変容させるワークです。

まず〝在ることを愛する〟ことを、次に〝愛することに在る〟ことを伝えることで目覚めのパラドキシティにアプローチするのは、深い自己を意識する時、愛することはあまりに自然だとわかるからです。けれど逆の順番で目覚めにアプローチすることもできます。〝愛することに在る〟ことを実践する時、私たちは〝在ることを愛する〟のを知ります。

私にとっての偉大な師はスピリチュアル・マスターではなく、私自身の母親です。母が世界中の哲学的叡智を学び尽くした賢い哲学者だからではありません。母にはそんな時間はありません。母は周りにいるすべての人に自分自身を無条件に捧げています。母は皆を愛し、皆は母を愛し、母は人生を愛しています。

母は八十五歳で、発作や三度の癌にも負けず、エネルギーに満ちています。愛によって力を与えられているからです。母は自然に〝愛することに在る〟ことを実践し、そして〝在ることを愛する〟自分を見つけています。母は愛することを愛している、つまり生きることを愛しているのです。

秘訣はシンプルです。問題をつつき回すのではなく、人生の流れに身を委ね、他者を助けることのできる道を探すのです。もちろん完璧ではありませんが、自然に、何も期待せず、日常的に愛し、訪れるすべての場所に善きことを運ぶ。いつか母のようになりたいと思うのです。私にとって生きることの恋人のモデルは母です。

世界を愛する

〝愛することに在る〟ことをどのように実践できるでしょう？　簡単な始め方は、直接的な経験に愛とともに入り、あなたを取り巻く世界を愛することです。ヒンドゥー教の賢人ラマナ・マハルシはこう言っています。

〝自分〟の経験は、唯一愛である。愛だけを見、愛だけを聞き、愛だけを感じ、愛だけを味わい、愛だけを嗅ぐ。それが至福だ。

「わぉ！」のワーク

日々の暮らしにおいて、世界を愛することで〝愛することに在る〟ことを実践するためのいくつかの方法を紹介しましょう。

歩いている時、足が大地に触れる感覚に入ります。大地とひとつであると感じながら、大地の上を歩きます。愛とともに大地の上を歩きます。そうすると、ただ歩くことと、愛とともに歩くことには、経験的な違いがあることを発見するはずです。

愛とともに世界を見て、生きとし生けるものと分離しながらもひとつであることを意識します。そうすると、ただ見ることと、愛を持って見ることには経験的な違いがあることを発見するはずです。

愛とともに世界を聞き、生きとし生けるものと分離しながらもひとつであることを意識します。そうすると、ただ聞くことと、愛を持って聞くことには経験的な違いがあることを発見するはずです。

愛から行動する

〝愛することに在る〟ことは、愛から行動することです。生きることの挑戦に慈愛を持って応えるのです。時間とエネルギーに寛大になるのです。『不可知の雲』では、こう述べられています。

それ自体が与えられなければ、愛は愛ではない。

〝愛することに在る〟ことは、献身的であることです。他者のために自分自身を捧げるのです。世界に奉仕するのです。マハトマ・ガンディーはこう言っています。

人は自身を神へと失う時、生きとし生けるものに奉仕していると気づく。それはその人にとっての喜びとなり、創造となる。神の創造に対する奉仕において、決して疲れることのない新たな人となるのだ。

〝愛することに在る〟ことは、人生に最も深い叡智をもたらし、世界をより良い場所にすることです。チベット仏教の師チャグダッド・トゥルク・リンポチェ（訳注：一九三〇〜二〇〇二）はこう言っています。

あなたの本来の性質を見つける時、そこにあると知らなかった優しさと慈愛の源を見つけるはずだ。本来備わっている、この知恵という精神と慈愛において、他者に対し真に貢献することができる。

〝愛することに在る〟ことは、生きることの挑戦において愛こそが私たちを運んでくれると信じることです。困難に直面した時、私が繰り返す言葉のひとつは「愛はいつでも道を切り拓く」です。私の経験では実際にそうなのです。ジレンマが何であれ、そこに愛をもたらせば、問題は次第に溶けてなくなります。時として困難に直面することもありますが、そのような時には愛が私を支えてくれると信じています。私を他者から分離するバリアを愛が溶かしてくれるのです。愛することを学ぶ旅において、愛はいつも私とともにあるのです。

「わぉ！」のワーク

日常生活において、愛から行動することで〝在ることを愛する〟ことを実践する方法を紹介しましょう。あなたが直面している状況が何であれ、このような質問を自分自身に投げかけてみてください。

今できる愛に満ちた行いは何だろう？

この状況に、どうやって愛をもたらすことができるだろう？

この困難において、どうしたら最上の自分を表現できるだろう？

奥深い叡智を、どのように表現できるだろう？

安易な答えや他者が好みそうな回答を探してはいけません。慈愛を持って行動するための美しい方法を見つけてください。

他者を愛する

〝愛することに在る〟ことを実践することは、他者を愛することです。出会うすべての人にハートを開くのです。誰が愛に値し誰が値しないかを判断することこそが、愛の自然な流れをせきとめると理解するのです。神秘に自身を浸し、こうした判断を溶かすのです。するとそこには、愛だけが残ります。

深い愛で誰かを包む時、相手が好きだからそうするのでも、見返りが欲しいからそうするのでも、倫理的に正しいからそうするのでもありません。理由なく、愛するのです。私たちは無条件に慈愛に満ちています。愛のために、愛するのです。それが最も深遠な性質を表すための最も自然な方法であるから、愛するのです。愛さずにはいられないから、愛するのです。

〝愛することに在る〟ことは、相手が自分にどれだけ親切であるかは関係なく、世界がもっとたくさんの優しさに満ちるように、優しくあることです。老子はこう言いました。

善きことに善くあり、悪しきことに善くある。なぜなら善くあることは善いことだからだ。

〝愛することに在る〟ことは、欠点だらけの人間性を謙虚に認め、そうすることで他者を許すことです。すると、私たちが共有する本質的存在を知り、皆が共有する人間的な脆さに対する慈愛を持つことができ、すべての人にとっての最善の状況を望むようになります。

私たちは人生の困難な課題に向き合い、無数の矛盾と内なる戦いを繰り広げる人々にいつも囲まれています。古代の哲学者フィロ・ユダエウス（訳注：紀元前二〇頃～五〇頃）のこの言葉に心から同意します。

すべての人に優しくありなさい。誰もが大変な戦いをしているのだから。

親友のピーター・ギャンディは「皆がかわいそうだと思う」とよく言います。この発言に心から共鳴します。だってそうでしょう、何が起こっているのかまったくわからない赤ん坊としてこの混乱した世界に放り込まれたのです。何が起こっているのかまったくわかっていない両親に育てられ、何が起こっているのかまったくわかっていない教師から教えられ、何が起こっているのかまったくわかっていない雇い主のために働くのです。誰もがちょっとクレイジーなのも当然です。でも、お互いに優しくすることはできるはずです。

「わぉ！」のワーク

以前紹介した「私と私をつなぐ」ワークで他者を愛し、日々の暮らしにおいて〝愛することに在る〟ことを実践してみましょう。

誰かとやり取りをする時、その人が表面的にしか目覚めていないようであっても、私と私をつなぐワークをします。

彼らの目をじっと見るということではありません。見なくても、私と私をつなぐワークはできます。あなた自身、そして相手の存在の深みを意識すればよいのです。

相手が分離に陥っているようなら、静かに深い自己を思い起こさせましょう。愛に溢れた空間を与えると、もし目覚めたいのならそこで目覚めることができるはずです。

他者から分離しながらも、分離していないことを意識しましょう。脆い人間性と、深い神聖を真に共有しましょう。

これを試すと、見知らぬ他人同士から、愛し合う者同士へと変容することがいかに簡単かがわかります。

自分自身を愛する

誰に対しても優しくあるということは、あなた自身に対しても優しくあることです。自分自身より他人の欠点の方が許しやすい人は多いもの。私もそうです。他者は私たちの一面にしか触れないけれど、自分自身とは四六時中一緒です。あらゆる状況において自分自身に直面するのですから、そうであっても不思議ではありません。私だって「自分はすばらしい人間だ」と常に思っているわけではありません。

誰もがありのままの自分を愛して欲しいと思っています。けれど私自身が実際どんな人間であるのかを知っているのは私だけなのですから、自分をありのままに愛せるのは私だけです。求めている愛は、自分自身が与えなければいけません。何て美しい皮肉なのでしょう。

スピリチュアリティに傾倒する人々にとって自分を愛することは特に難しいようで、これは興味深い事実です。目覚めのプロセスに真摯に向き合う人々は、自分自身への愛を意識しておらず、自身の失敗を他人のせいにします。けれど、曖昧な人間性に意識的になり、シャドウを光に導けば、自分自身の姿を朧《おぼろ》げであっても形にすることができるはずです。

〝愛することに在る〟ことは、自分自身に対し忍耐強くあることです。それはぶつかり合うペルソナたちの内なる対話、つまり多種多様な内なる意見に耳を傾けることです。愛されない自分をなだめて暗闇から連れ出し、癒されるまで優しく抱きしめます。そして愛に溢れた深い自己の現れへと進化するために、自身の性質を受けとめ、欠点を許すのです。

「わぉ！」のワーク

自分自身を愛することで〝愛することに在る〟を実践する方法を紹介しましょう。

自分自身に落胆した時、俯瞰《ふかん》し、深い自己の視点から分離した自分を見つめましょう。

まるで問題を持つ子どもを抱えた両親のように。

葛藤する子どもと向き合う時と同じ慈愛で、分離した自分を抱きしめます。

試してみましょう。ありのままのあなたが愛に値すると知るはずです。

ワークと詩

「在ることを愛し、愛することに在る」ワークは、日々を暮らす中、あらゆる瞬間に実践することができます。目覚めるために、常に立ち返ることのできるワークです。強固な土台の上に実践を重ねれば、日常において目覚めることは簡単になります。「深く目覚める瞑想」で〝在ることを愛する〟ことに焦点を当てましょう。そして「深い愛の瞑想」をすることで、自分のハートを開くために想像力を駆使しましょう。

「愛の網の瞑想」も紹介しました。これも時々試してみてください。そして、この本の最後に「人生を愛する瞑想」を紹介します。スピリチュアリティに興味のある友人と「私と私をつなぐ」も試してみてください。非常にパワフルなワークです。

上達するためには実践を重ねなければいけません。これは目覚めにおいても同じです。同時に、目覚めとはスピリチュアルな到着地点ではなく、あらゆる瞬間、すべての人が触れることのできる自然な状態であることを忘れないでください。「在ることを愛し、愛することに在る」ワークは、深く目覚めた状態を自然に立ち上らせます。それは私の経験では、ルーミーがこう綴った感覚なのです。

すべての実践は消え去る。
私は詩に満たされている。

第33章

英雄的恋人

この章では、生きることの恋人になるためには、生きることのチャレンジに勇気を持って立ち向かう必要があることをお伝えします。

スピリチュアリティへのアプローチのいくつかにおいて、生きることはそよ風のように語られます。もっとスピリチュアルになれば、人生をスムーズに航海することができ、すばらしい地平線へ向けて優雅な風に押し進められる。でも、人生はそんなものではないと私たちの誰もが知っています。生きることは時に試練に満ち、私たちは皆苦しみます。克服できるようには到底思えない障害に阻まれることもあります。高揚と同時に絶望を感じることもあります。力を得る時もあれば、打ち負かされたような気分になることもあります。

生きることの恋人であろうとすることは、太陽が常に輝いていることを望むこととは違います。その反対なのです。生きることの恋人であることは、すべてが失われたように見える時であっても、愛とともに人生に向き合う勇気を見つけることです。これはすべてが損なわれたと感じた時にこそ大切な姿勢です。

生きることの恋人であろうとすることは、人生の冒険における人間の英雄であることです。人生は時に苦く厳しいものであり、他人は時として不親切で冷淡で、私たちは喪失を体験し、いつか死ぬことを知りながら生きることを免れません。だからこそ、英雄的に向き合う必要があるのです。

生きることの恋人であることは、聖なる探究において愛の現れとなるために、生きることを愛する英雄であることです。勇敢に愛を確信し、目の前に立ちはだかるジレンマに向き合うのです。英雄は勝利から物語を始めるのでも、すべての戦いに勝つのでも、常に栄光とともに帰還するのでもありません。英雄は葛藤し、失敗し、けれど深い自己から湧き起こる内なる力を見出し、敗北から舞い戻り、再び愛するのです。

「探究」という意味の「クエスト（Quest）」という言葉は、「質問」という意味の「クエスチョン（Question）」と語源を同じくします。生きることを愛する英雄であることとは、「生きることとは何なのか?」という深い質問を問い続けることです。すると「お前は誰なのだ?」という質問を返されます。生きることの冒険を続ける中、愛する英雄は自分が誰であるかを見つけます。そして自分が思っていた以上に強かったことを知るのです。内なる源は、思っていたよりもずっと深かったのです。

愛する英雄は、過酷な挑戦に向き合っていると知っています。人生は自分を持ち上げもすれば引きずり落としもすると謙虚に知っています。謙虚でいなければ、謙虚であるように強いられることを知っているのです。これらを知った上で、彼らは勇気を持って、愛の冒険において一歩一歩を進めるのです。

古代において「英雄（Hero）」という言葉は、英雄に試練を与える女神「ヘラ（Hera）」に身を捧げた者に与えられた呼び名でした。愛する英雄であることは、生きることの女神に身を捧げることです。女神が与える試練を受け入れ、それを通じて愛に値する恋人となり、女神が求める偉業を成し遂げることで愛を証明し、私たちという形なき彫刻に線を刻むために嵐を耐えるのです。

良いことと悪いこと

生きることの恋人であることは、人生は良いものであり、そして悪いものであることを受け入れることです。苦しみを完全に克服するという夢を伝える教えもあれば、ポジティブシンキングを続ければ完璧な人生が送れるとする現代のスピリチュアリティもあります。どちらのアイディアも学ぶべきところはありますが、どちらもが間違った方向へと人々を導いているようにも感じられます。

存在はパラドキシティですから、私たちの経験もまた、良いことと悪いこと、喜びと苦しみ、美味しさと苦みの間を流れます。美味しさを求め、苦みしかない状況を恐れるのが私たちです。でも、生きることは常に、そのどちらでもあるのです。良いことに焦点を当てることはできても、悪いことを駆逐することはできません。人生をより良くすることはできても、完璧にすることはできません。

美味しさだけを手にすることができるという幻想を信じると、深い落胆と混乱に辿り着きます。不可能を目指しているのですから、確実に失敗するのです。そして完璧な人生を築くに十分目覚めていないと、自分自身を責めます。でも、それは私たちのせいではないのです。悪いことはなく良いことだけを手にすることができるという考えが、そもそも間違っているのです。

楽しむことと耐えること

人生は楽しむものであり、そして耐えるもの。これは英雄が理解しなければいけない大いなるパラドキシティのひとつです。楽しんでいる時、生きているのは最高の気分です。耐える時、知恵と慈愛は深まります。耐えることは、耐えられるようになることであり、そうすることで私たちは強くなります。魂は鍛えられます。眩しい陽射しの中だけでなく、嵐の中でも立ち続けることができるようになるのです。天気がどうであれ、愛することができるのです。

往々にして私たちは、頑なに守り、無感覚でやり過ごし、はたまた引き籠ることで、人生の試練を凌《しの》ごうと試みます。けれど、スピリチュアルな挑戦とはハートを閉ざすことなく試練に立ち向かうことです。いや、それ以上でしょう。苦しみによって自分を開くのです。

苦しみは辛い経験ですが、喜びやワンダーと同じだけ私たちを目覚めさせる力を持っています。愛する英雄はかき乱される準備ができており、その混乱を通じて自由になります。愛が流れ込むためにハートは幾度も破られ、開かれる必要があると知っています。

暗闇の日々は輝かしい日々へと変容することを知っているからこそ、英雄は人生の試練に耐えます。生きることが無意味に見えても、いつか意味がもたらされると知っているから望みを持ち続けます。夜が来ても絶望しません。いつか夜が明けることを知っているのです。

試練に耐えることは簡単ではありません。でも、英雄的な人生を生きたジョゼフ・キャンベルはこう言っています。

> 生きることに値するのなら、それを受け入れることができる。私たちは痛みと喜び、その両方の人生経験のために生きているのだから。

英雄は生きることの痛みを受け入れ、喜びを享受します。優しく耐え、情熱的に楽しむのです。荒々しい角を磨いてくれる痛みに向き合う準備ができています。そしてあらゆる甘い瞬間を心待ちにしています。生きることのほろ苦く甘い饗宴を楽しむのです。

潜ることと波乗りすること

陰陽のシンボルを横にすると、それは波のように見えます。人生はまるで喜びと苦しみ、心地良さと葛藤、意識と無意識に上がっては落ちてゆく波のようですから、実にすばらしいシンボルです。

スピリチュアルな挑戦は、この波を乗りこなすことです。そのためには存在の海の深みへと潜らなければいけません。深みに重点を置く時、表層において波を乗りこなすことができるのです。存在の根源的な善さを意識する時、アップダウンとともに生きることができるのです。

上がっては落ちる波に乗ることは、永遠の今と時間に生きることの両方に注意を払うことです。物語があそこへ行って欲しい、あそこへは行かないで欲しいと、期待や恐れに囚われると、今この瞬間に砕けた波を読み間違えてバランスを失い、波乗りに失敗して溺れてしまいます。けれど、英雄はサーフィンを学ぶことは時折波から落ちることであると知っています。本当の成功とは、何度でも失敗から立ち上がることだと知っています。

人生はパラドキシティによって形づくられており、経験は良いことと悪いことの間を流れると知っています。どちらかだけを夢見ることはありません。絶望と希望、失敗と成功、悲しみと恍惚の合間を上がっては落ちてゆく波を乗りこなすのです。

傷ついた恋人

人生は英雄的姿勢を求めますから、生きることの恋人は英雄であらねばなりません。そして生きることの恋人は傷ついているのです。人生という大渦巻きを傷つかずに乗り切る人はいません。感じた苦しみ、耐えた痛みの傷を負っています。私たちは皆、傷ついているのです。

肉体が傷ついているのなら癒されることもあるでしょうが、それでも傷は残され、その傷口が悪化して広がることもあります。同じように、心理的な傷もまた魂に傷跡を残し、その傷口が広がることもあるはずです。

痛々しい数々の経験のため、誰の魂にも何らかの傷がついています。最も傷つきやすかった子ども時代、魂にたくさんの傷がつけられたのかもしれません。傷が癒えても、そこには触るとまだやわらかな傷跡が残されています。傷が深過ぎて、癒えないこともまたあります。

苦しみのサイクル

肉体の傷が疼《うず》く時、私たちは傷つかないように本能的に体を守ります。同じように、魂の傷が疼く時、それがあまりに痛くて自分を守ろうと怒るのです。傷つくことを避けるために動物的本能が働き、荒々しい態度を取ることもあるかもしれません。

こうした傷は人間関係において大きな葛藤となり、苦しみのサイクルとして現れ、関わる人すべてに新たな痛みを残します。誰かの魂の傷を感じると、自分を守るために周りにいる人々が心理的な暴力で反応するという状況に何度か遭遇しました。私の魂の傷もまた悪化し、自分を守るために攻撃的な行動を取りました。それがまた誰かの傷を開き、その人が反応して、そして私も反応し……、こうやって苦しみのサイクルが循環するのです。

魂の傷は体の傷と似ていると理解することで、苦しみのサイクルを断ち切ることができました。経験していた葛藤を理解することができたのです。相手もまた傷ついています。私は怒るのをやめました。そして、なぜ傷ついたのかと自分を責めるのもやめたのです。

魂の傷を癒す

魂の傷が癒えない時、傷は暗闇で疼き、愛されない自分、向き合うと圧倒されるために見たくない内なる一部となります。英雄は内なる暗黒から逃げず、禁断の森に自ら入り、最も深い傷に癒しの力をもたらそうとします。

ぐっすり眠ることが体を癒すように、深く目覚めることが魂を癒します。心理的な傷に深い愛をもたらすと奇跡が起こります。しかし、どれだけ寝ても癒されない肉体の傷があるように、深く目覚めることがあらゆる魂の傷を癒すわけではありません。ですから、炎症を起こしている心の一部に優しく接することを学ばねばなりません。

最も大きな挑戦のひとつは、自身の魂の傷、そして他者の魂の傷に優しく生き、傷口を開くのではなく良くすることです。私たちの誰もが生きることにおいて傷つき、傷を負っています。だから、お互いに優しく、お互いを想いやらなければいけないのです。

人生に「イエス！」と言う

この章では、直面する挑戦に英雄的に取り組むことが生きることの恋人であることだと伝えてきました。それは愛に目覚める冒険の真っただ中にいる、脆く、優しく、傷ついた人間として、進化の乱気流に飛び込むことです。そして、超越的な至福がもたらされようと、砂まじりの変容がもたらされようと、この瞬間を受け入れるのです。ジョゼフ・キャンベルはこう言っています。

英雄のアプローチは、生きることに「イエス」と言うこと。そのすべてに賛成することだ。

第34章
変容を促すドラマ

この章では、生きることの冒険を通じて、私たちがどのように変容するかを見つめてみましょう。論理を超えて人生を理解することが、人生をより良く変化させるのだと伝えたいと思います。

そして「わぉ！」に生きる時に訪れる魔法のような〝生き生きした〟状態を祝福しましょう。

人気を博した映画の内、すべてがうまくいっているシーンに始まり、すべてがうまく進行し、末永く幸せに暮らしましたとさ、と展開する作品は何本あるでしょう？　そんなつまらない物語は観たくありません。緊張とドラマ、不幸とユーモア、カタルシスと変化、カオスと解決を見たいのです。私たちは、感動をもたらし、何かを感じさせてくれる物語を求めています。その物語に触れることで、豊かになりたいと思っているのです。

コメディーを観れば、真面目になり過ぎているという重荷から解放され、今この瞬間に遊ぶことができます。けれど、何のフックもないロマンチック・コメディはセンチメンタルで胡散臭《うさんくさ》いはずです。悲劇は生きることの厳粛さを思い出させてくれ、私たちに慈愛と共感を伝えます。でも、何の救いもない悲劇は暗く苦いだけです。私たちは物語の中に論理を超えた両極を求めています。それこそが悲喜劇そのものである私たちの人生なのです。

生きることの物語は、それを通じて英雄が変容するドラマチックな語り手の物語。通常、人生はありきたりで単調であるように感じられるかもしれませんが、遅かれ早かれカオスが私たちを心地良いエリアから吹き飛ばします。人生は安全なルーティーンであることをやめ、大いなる冒険としての姿を現すのです。

生きることの恋人であることは、深い叡智と大きな愛のための新たな探究の訪れを知らせる〝声〟を受けとめることです。内には際限のない深い自己という源があることを知り、失敗を恐れながらも直面する挑戦を引き受けるのです。愛がさまざまなチャレンジを通じて私たちをサポートし続けることを、そして厳しい試練によってより豊かになることを信じるのです。

生きることの恋人になることとは、苦しみ、失敗、崩壊、恐れ、病気、老い、死の現実から目を背けることではありません。認めたくないようなこうした面も抱きしめるのです。愛されることのないように見えるこれらの側面に愛をもたらす時、私たちは生きとし生けるものを、そして生きることそのものをありのまま愛するようになります。

生きることの恋人になることは、避けて通りたいような暗闇に果敢に入り込むことです。なぜなら、そこに聖杯が隠されていると知っているから。ジョゼフ・キャンベルはこう言っています。


個人的限界を乗り越えることの苦しみは、スピリチュアルな成長の苦しみである。芸術、文学、神話、オカルト、哲学、禁欲的戒律は、限界を与える地平線を超え、永遠に広がり続ける気づきの領域へ向かうことを手助けする手法である。こうした境界線を一つひとつ超え、次々とドラゴンを倒し、すると崇高な望みにおいて召還する神聖なる成長はどんどんと増し、それはやがて宇宙を包摂する。ついに精神《マインド》は宇宙の弾む領域を突き破り、形あるあらゆる経験、すべての象徴、すべての神聖さを超越する気づき、避けることのない空《くう》の気づきに辿り着く。

物語を変える

生きることの恋人であることは、意志を持って生きることの変容のドラマを耐えることです。これは受け身の被害者になるという意味ではありません。その真逆です。生きることの恋人であることは、生きることの物語にしっかりと向き合い、それをより良く変えることです。今この時をありのまま受けとめ、そしてより良い未来を創造するために行動する、その両方なのです。深い自己から立ち上《のぼ》る自由意志の力を存分に発揮し、語り手を新たな方向へと導くのです。

物語を変えるには、それを超越しなければいけません。表面的にしか目覚めていないと、私たちは習慣的に反応するため、クリエイティブに生きることは困難です。けれど深く目覚める時、私たちは何が起こっているのか知らないと知り、新たな視点から自由に苦難を捉えることができるようになります。

すると、人生が間違った方向に進んでいると感じる時、クリエイティブに行動し、物事をひっくり返すことができます。習慣的な思考パターンを避けることで、あらゆる瞬間をまったく新しい瞬間として捉えることができます。人間関係における縛りを解くと、それらは流れ、成長します。世界がもっと優しい場所になるように、自分たちが暮らす世界を変化させるのです。

新たな、クリエイティブな方法で考え行動することのできる自由は、私たちが持つ最もすばらしい自由。それは思っている以上にパワフルです。深い自己にもっと意識的になると、私たちはもっと自由になり、新たな方法で行動するようになります。生きることの厳密な性質を切り抜ける創造性を発揮することができるようになるのです。そして物語を変えるのです。

視点の問題

この曖昧な世界の混沌や混乱とともに生きることは簡単ではありません。そして、内に湧き起こる混沌や混乱とともに生きることもまた簡単ではありません。私たちが直面する挑戦は時にあまりに大きく、私たちは圧倒されてしまいます。けれど、問題の大小は私たちがそれをどう見るかによっています。このことを腑に落としてみたいのなら、これを試してみてください。

この本を目の前に持ち上げて、あなたの視界いっぱいにしてください。

次にこの本をできるだけ遠くに持って行き、大きな視野の小さな一部にしてみてください。

何かに近づき過ぎる時、私たちにはそれしか見えなくなりますが、俯瞰すれば物事を広い視点において見ることができます。生きることにおける問題もこれと同じであるように感じられるのです。何かが私たちの注意力を占領してしまうと、人生は物悲しいものになります。けれど、俯瞰して深く目覚めると、問題の周りに空間をつくることができます。広い視野の一部として問題を捉えることで、問題に占領されずに済むのです。

本が近過ぎると文字を読むことすらできないように、問題にあまりに接近し過ぎると、その苦難が何であるのか理解することは困難になります。本を遠ざけても決して消えないように、深く目覚めたからといって問題が魔法のように消えることはありません。問題は問題であり続けますが、それを新たな視点から見るようになります。

二十代の頃、アメリカ人のスピリチュアル教師ラム・ダスがこう告白するのを聞きました。人生を通じて意識とスピリチュアリティについて探究してきたが、格闘してきた問題は、まだここにある。違うのは、新たな視点から見るようになったため、かつてそうであったように問題が自分を所有することはなくなったという点だけだ、と。

まだ若かった私は、こう聞いてがっかりしました。ラム・ダスほどの賢い人物が個人的な問題を克服できないのなら、他の誰にも無理なはずだと思ったのです。今、私は当時のラムと同年代で、若かった頃とはまったく違う感覚を持っています。今の私が感じていることはラムと同じですから、彼の言っていたことはよくわかります。目覚めの旅を続ける中、私の個人的な物語は変化しませんでした。それはティムであることの一部だからです。でも、それは当時のように私を占領してはいません。

ラム・ダスはこれを、美しい言葉で表現してくれました。

神経症のひとつもなくなりはしなかった。ひとつも、だ。唯一変化したのは、かつて神経症は巨大な怪物で、かつての私を所有していたのだが、今ではお茶会に招待したちょっとしたお客さんのようだということ。「おぉ、性的変態。数週間ぶり！」と挨拶している。今となっては、神経症は私のスタイル。神経症がスタイルになったら、それはそれでいいのだ。

人生は常に良い

人生の挑戦に向き合う時、私たちはそれらを問題として捉えます。でも、それらは成長のために学ぶ機会でもあり、学ぶことで私たちはより目覚め、愛することができるようになるのです。出来事にただ悪い、ただ良い、ということはありません。人生は私たちの見方によって、良いものでもあれば、悪いものでもあり得ます。

最高の時であっても、もっとこうだったらよいのにという想いはあるものです。最悪の時であっても変えたくないことはあります。ふたつの目を開いて、論理を超えて人生を見つめる時、あらゆる瞬間が良くもあり、悪くもあるとわかります。良いことも、悪いことも、お互いがお互いに内包されています。太極図の陰陽のシンボルのように、光の中に闇の点があり、闇の中に光の点があるのです。

悪い知らせは、私たちが焦点を当てることのできる悪いことが常にあること。

そして良い知らせは、私たちが焦点を当てることのできる良いことが常にあること。

生きることが苦みを伴うこともありますが、苦いだけということはありません。世界は眩く、私たちはワンダーし続けることができます。呼吸の感覚は常にすばらしく、存在することの喜びはいつもここにあります。そして、より良い明日のための望みもいつもここにあります。

人生がうまくいかない時もあるでしょうが、それは常に良いのです！　うまくいっていない時にもそこに、存在することの〝善さ〟を見つけることができます。悪く見えることもまた、その内に隠された良いことを持っており、肯定的な変容のきっかけになるのだと知ります。そしてウォルト・ホイットマンが書いているように理解することができるのです。

良いと呼ばれていることは完璧であり、
そして悪いと呼ばれていることもまた、同じように完璧である。

私の経験では、すべてが完璧だとわかる時、人生をありのまま抱きしめることができます。もちろん、すべては不完全です。「もっとこうだったらよいのにリスト」を書き出したら、どこまでも続きます。けれど、不完全さもまた完璧なのです。不完全さの肌理《きめ》が、美しい真珠をつくりあげるのです。

何を見逃しているのか？

現状を変えるには、問題は問題でないということを理解しなければいけません。問題なのはむしろ、その苦難にあって何か重要なことを見逃している点です。ですから、論理を超えた知恵を使って、もうひとつの側面から物事を見なければいけません。

状況が悪い時でも、それがどれだけ良い状況かを知らなければいけません。囚われていると感じる時でも、自分がどれだけ自由なのか知らなければいけません。物事があまりに深刻な時にはユーモアを見つけなければいけません。

生きることは、その表面においてはあまりに複雑ですが、深みにおいてはとてもシンプルです。表層において、あらゆる問題はそれぞれに個性を持っています。でも、深みを覗くと、そこにはたったひとつの問題しかないことがわかります。問題は、私たちが深く目覚めていないことなのです。それは、物事の本質を見通せていないという意味です。

これがわかると、人生の物語を変えるための最初の一歩は、意識の状態を変え、深く目覚めることだとわかります。すると、挑戦を学び、成長するための価値ある機会として捉えることができ、問題に対するクリエイティブな解決方法を見つけることができます。そして、人生に愛をもたらすことができるのです。

生き生きとした状態

変容するドラマに向き合うことは簡単なことではありません。でも、そこにあるのが葛藤だけというわけではありません。まったく違います。生きることが、努力なしに魔法に満ちることもあります。「わぉ！」の不思議を感じ、生きることとの恋に喜ぶこともあります。

どのような恋愛にも特別な瞬間があり、深い愛にあって人生は継《つ》ぎ接《は》ぎのない奇跡的な瞬間の流れとなります。分離しながら分離していない者としてダンスを続けます。恋人が求めているのは何かを本能的に知り、それを無条件に与えます。考えることなく、何をするべきか自ずと知っています。一緒にいることがあまりに自然で、お互いが自分らしくあることをとても心地良く感じています。

私の経験では、生きることとの恋もこれと同じなのです。深く目覚め、生きることに取り組む時、私は「生き生きとした状態」に入ります。そこには物語の自発的な流れがあり、私はこの瞬間を愛し、生きることが私に何を求めているかを直観的に知ります。

この時、私は明晰に生き、人生の夢のような性質を意識し、出来事とそれに対する私の対応は努力を必要とせず、まるで夢のように展開します。そして人生は夢と同じように意味に満ち溢れて見えます。夢主が夢とひとつであるように、私と生きることとがひとつであるように感じるのです。

流れとともに

この状態にあると、私は海へと流れる川に自然に運ばれ、やらなければいけないのは岩の周りで注意をするだけであるように感じられます。次に何をすべきかという閃きは、深みからメッセージが立ち上るように、意識から自然と立ち上ります。変わりゆく流れに順応しているため、際限のない繰り返しの渦巻きに囚われてはいません。

中国の賢人はこれを、生命の流れ、物事の自然の有り様、つまり道《タオ》とともにあることと表現しました。死んだ魚が川を流れてゆくこととは違います。生き生きとした状態にある時、すべては自然な流れとして起こっているように見えますが、私たちは受動的な目撃者ではありません。ドラマに取り組み、それが何であれ、今この瞬間において自発的に自分の役割を果たしています。時間にありながら、時間の外にあります。能動的な参加者でありながら、受動的に享受する者でもあります。

無意識に流れに沿って生きる時、物事は習慣的な繰り返しになります。けれど、意識的にこの流れに沿うと、私たちは創造的に生き、リソースは尽きません。何が起こっているかを意識しているため、意識的に対応することができます。経験の流れに入り、そこに存在し、深い自己から出来事に対応するのです。

ゾーンに入る

生きることとの取り組みにおいて幅広く最高のパフォーマンスをする状態が、つまりは生き生きとした状態です。この時、私はゾーンに入り、最高の状態にあります。内なる思考のモノローグに囚われて物事を遅らせることなく、適切な行動を自然に現すことができます。深みから意識へと自然に溢れ出す創造的な閃きとともにあることができます。

この状態は常に立ち上り得ますが、神秘体験リトリートの最中に経験することも多いのです。リトリートで話している時、次に何を話すべきか考えていなくても、これだという言葉が自然と出て来ます。言葉が現れなければ、自然に話し出すまで静かに佇みます。自分がしていることを集中的に意識していますが、考えてはいません。話すことは、それ自体として起こります。まるで、生きることが私を通じて話しているかのように。

無意識の力

学びとは、これまで意識を向けていなかったことに意識的な注意を向けることです。でも、これは学びの始まりであって終わりではありません。ひとたびこのやり方に意識的になったら、意識せずにそれを引き起こすことができるようになります。意識的な学びは、無意識の力に変わるのです。

楽器を習う時、私たちは苦労して技術の一つひとつを意識して学びます。けれど、ひとたびそれらの技術を習得したら考えることなく表現することができます。意識的に練習をするのは、自然に流れるためなのです。

私の経験では、目覚めにおいてもこれと同じなのです。スピリチュアルなワークを重ねることで、意識的に目覚めを実践しなくとも目覚めている、生き生きとした状態に在ることができます。自分の行動は出来事の流れと調和し、自然に起こっていると知ります。自分がしていることを強く意識していますが、それについて考えてはいません。無意識の安らぎとともに、生きることの音楽において即興で演奏することができるのです。

人生があなたを生きる

普段、私は自分が自分の人生を生きていると感じています。しかし、生き生きとした状態にある時には論理を超えたもうひとつの視点から物事を見るため、人生が私を生きているように感じるのです。深い自己が分離した自分に生命を吹き込むのが見えます。すべてはひとつであり、存在の神秘がすべてを〝している〟のが見えるのです。

コリーンという愛らしい女性が、この視点の変化を感じることとの喜びを手紙に綴ってくれました。不可能であるように思えた〝神に目覚めること〟を試み続ける自分を見てきたコリーンは、彼女を通じて神が目覚めようとしているのを見つけたのです。だから、心配することは何もありません。彼女はこう書いてくれました。

この反転は、本当にすばらしいものです。意識、存在、愛、名前は何でもよいのですが、それがこの肉体、精神、魂という乗り物を通じて湧き上がり、それ自体をたっぷりと直接的に知ろうとしています。この小さな〝コリーン〟が神に手を伸ばしているように見えるでしょうが、神が〝コリーン〟という生命を含めた生きとし生けるものを通じて、それ自体を知ろうとしているのです。この反転で、重荷から解かれました。途方もなく大きな責務を背負わされた〝コリーン〟がそれを達成しなければいけないのでなく、意識がこの人間という形態を通じて大きく湧き上がっているのです。何と言う喜びでしょう！　生きていることは、何とすばらしい贈り物なのでしょう。

生きることとのために、自らを示す

生きることとの恋にコミットすると、生き生きとした状態は自ずと立ち上ります。人生がたくさんの挑戦を突きつけるために多くの人はそこから逃げ出します。頭を下げ続け、傷つかないように祈り続けることもできるでしょう。でも、それでは十分に生きていると感じないからこそ、本当に生きている実感を得るために敢えてリスクを負うのです。恋愛関係において恋人に向き合うように、生きることに真摯に向き合うようになるのです。

生きることとの恋が輝かしくドキドキに満ちたものであるためには、自分を人生に与え、自分を人生に示し、自分を人生へともたらさなければいけません。生きることの女神は、寡黙な恋人に愛されることを好みません。彼女は「わぉ!」と言ってもらいたいのです。私たちの誰もが持つ特別な贈り物を捧げることで、女神を賞賛することができます。それはつまり、自分であることを恐れないことです。そして、勇気を持って夢を追うことです。

ルーミーはこう書いています。

ふちの乾いたコップ一杯の水になってはいけない。
ノアのようなクレイジーなことを始めなさい。
あなたが信じる人生を生きなさい。

深い自己は、私たちのそれぞれにクレイジーなプロジェクトを用意しています。それが雄大なものであろうと、控え目なものであろうと関係ありません。大切なのは呼び声を聞きつけ、それに応えることです。そうすることで内に秘められた可能性を発揮し、それを生きることの祭壇に捧げることができるのです。

ジョゼフ・キャンベルは「至福に従いなさい(Follow your bliss)」と助言したことで有名です。生きることの恋人であるためには、あなたを深く動かすものを見つけ、それに身を捧げる必要があります。それが簡単なことだと無垢に信じるのではなく、多くを要求されることを知りながら果敢に受け入れるのです。後にキャンベルは「水ぶくれに従いなさい（Follow your blisteres）と言えばよかった」とおどけて言ったそうです。

生きることの恋人であることは、人生に貢献をすることです。内なる深い愛を、それぞれの形で表現することです。自分自身を与えるために、自分自身を見つけることです。キャンベルはこう言っています。

探究の究極の目的とは、その人自身の解放でも、恍惚でもなく、他者に奉仕するための知恵と力である。

第35章

生きることを愛する──「わぉ!」のワーク

この最後のワークで、深く目覚めた状態から人生を振り返り、それがどれだけすばらしい冒険であったかを理解し、あなたの物語と恋に落ちましょう。

あなたが誰であれ、あなたの物語がどうであれ、人生はすばらしいものです。それは何よりも、それが「あなた」の人生であるから。あなたはその物語の英雄であり、あらゆる英雄と同じく試練や大きな悲しみに直面します。大喜びをしたこともあれば、ちっぽけに感じたこともあるでしょう。尊敬されたこともあれば、咎められたこともあるはずです。幸せであったこともあれば、孤独に苛《さいな》んだこともあるでしょう。何も感じることができない時も、すべてを感じて生き生きと生きた時もあるはずです。けれど、すべてを通じて、あなたはあなたであったのです。ジョゼフ・キャンベルはこう言って、私たちに思い出させてくれます。

生きることの特権とは、あなた自身であることだ。

この章で紹介するのは、あなたの人生の物語を、それがもたらしたあらゆる喜びと苦しみとともに見つめる瞑想です。これは死を宣告されたにも拘わらず甦った、つまり臨死体験をした人が語ってくれた驚くべき話にヒントを得ています。

臨死体験にはいくつかの描写がありますが、すばらしい光と愛に満たされ、そして〝走馬灯〟と呼ばれるものを経験したと言う人が多くいます。

走馬灯が巡る時、人生のすべてがその人の前を通り過ぎてゆくのを見るのですが、より意識的な状態からそれを見ることができると言われています。生きることがすばらしい贈り物であったことを理解し、深い慈愛の視点から数々の選択の結果を見つめることができるのです。

この「生きることを愛する」瞑想で、深く目覚めた状態にあって人生を振り返り、これまで続けてきた旅を深く理解し、新たなコミットメントや情熱とともに日々の暮らしに戻ってもらいたいと思います。

甘くほろ苦い饗宴

瞑想の準備として、私は自分の人生を振り返っていました。何と論理を超えた旅だったのでしょう。美しい時もあれば、残酷な時もありました。舞い上がるようなこともあれば、窒息しそうなこともありました。夢中になった時もあれば、淡々としている時もありました。あまりにすべてなのです。強烈な思い出の洪水に押し流されそうです。

生まれたての赤ん坊を初めて抱きしめた時、愛の海に包まれた。麻痺した体を動かそうとする父の姿を見、助けてくれと言う呻《うめ》き声を聞いた。

白いドレスを着た女性が輪になって踊っているのを見て、この人を一生愛するだろうと思った。「別れましょう」と切り出された時、ハートは砕け、絶望が洪水のように押し寄せた。優美さとともに歩き、あらゆる偶然が重要性を帯びているように見えた。夜、ひとりで立ちすくみ、終わりのない空虚さの意味を欠いた寒気を感じた。

恋人の側に横たわり、理解を超えた安らぎを感じた。暗闇の中、恐れと酷い孤独を感じ、汗をかきながら目覚めた。

あなたはどうですか？　あなたもそうでしたか？

経済的安定もなく持ち物もごくわずかだったが、瞑想の最中、十分以上を持っていると感じた。お金を稼ぐことにあくせくして具合が悪くなった。

最高のものだけを与えられる王のように五つ星のホテルの豪華なスパを楽しんだ。捨てられた土管の中に暮らす家族をデリーのホテルから眺め、恥を感じ泣いた。

新緑の木々の合間を歩き、自然とひとつであると感じた。犬がイタチをバラバラに喰いちぎるのを見て、大自然のあまりに自然な残酷さを知った。

食べ、排泄し、服を着て、洗い……退屈な日々のこの容赦のない繰り返しに、毎日を無感覚に過ごした。皿を洗い、ベッドを整えている時、突然、何の理由もなく至福を感じ、驚いた。

驚異的な奇跡を目の当たりにし、信念で満たされ、すべての出来事の完璧さに驚いた。尊敬すべき人に残酷な運命が訪れ、移り気なチャンスをふいにするのを見た。

あなたもそうでしょう？

恍惚を感じ、雨の中、都会のど真ん中を裸で走った。迷い、疲れ果て、廃屋となった劇場にうずくまって友人とともにウィスキーを飲んだ。

これまで見た中でもっとも美しかったため、その女性の体が欲しいと思った。自分は肉でできたバッグでいつか死ぬ身であることを思い出し、この生々しい肉体に吐き気を覚えた。

誰かのことを本当によく知っていて、彼らの考えていることが手に取るようにわかった。そして、彼らのことを何も知らなかったことがわかった。

自信と確信を持って、自分が誰であるかを知った。そして、告白できないような暗闇を内に見つけた。

勝利に高められ、望みとともに戦った。破れた夢とともに絶望し、ただひたすら眠りたいと願った。

同じように感じたことはありますか？　人生の交響曲において、高鳴る喜びと、うめきのような苦しみを感じましたか？

癌に犯され死にかけている状況を、楽しんでいると打ち明けながら微笑む友人と時を過ごした。億万長者になって、生きることの喜びを失った友人を見た。

情熱に満ちた目的が、失望に満ちた退屈に変わるのを見た。鬱という黒い犬が、再生と自由へ変容するのを見た。

あまりに笑ったため、それは苦しいほどの喜びになった。あまりに優しく泣いたため、涙が絶望を溶かしてくれた。

私たちが人間の創造性、そしてワンネスと愛にともに目覚めることを、ハートを開いて肯定的に捉えている。人間の堕落、カオスと分離への切迫した崩壊を心底悲観している。

上がっては落ちる望みと絶望の波に乗ってきた。

けれど、すべてを振り返ってみて、こう言える。それは、すばらしい旅であったと。

生きることを振り返る

このワークでは、あなた自身の人生の旅を振り返ってください。私がこの瞑想をどのようにするのかを伝えますので、一緒に試してみましょう。そして、本を置き、自分自身の記憶に深く入ってみてください。

この瞑想では、いくつかの魂の傷に触れますから、自分自身に優しくしてあげてください。深く傷ついている部分があるのなら、心を強く持てる時にだけこの瞑想をするようにしましょう。そして、あなたを愛している友人と一緒にいるように心掛けてください。

この瞑想をする時、私はハートを開くために音楽を流すようにしています。ヴァンゲリスによる電子ピアノとブルースホーンの音色が美しい『憂うつな猿』をよく流します。

準備

静かに、リラックスして座っています。

ワンダーに満たされ、深い自己に自分自身を浸しています。

呼吸をすることの体感に沈んでゆきます。

今この瞬間に入り、そして存在しています。

深く目覚めた状態に休んでいます。

生きることを振り返る

次にこれまでの人生を、やがて海に注ぎ込む時間という名の川の流れであると想像します。

時間の流れの上流へと遡り、水源から海へ、生きることの川の流れのすべてを見渡します。

人生の旅路の特定の地点から自由です。そして展開する人生の流れに感謝しています。

まるでもうすぐこの人生を去る時を迎え、すべての出来事を受け入れるかのように人生を振り返ります。

子ども時代

子ども時代に想いを馳せます。

新鮮で純粋な、まだ形づくられていない存在であることがどのような感覚であったかを思い出しています。

遊び、そして学ぶことの喜びを思い出しています。

周囲が私を優しく扱ってくれなかった時に感じた痛みを思い出しています。

繊細な花のような子ども時代を、深い愛と心からの感謝とともに抱きしめています。

青年時代

次に青年時代に想いを馳せます。

個性ある個人として成長するために葛藤する若者であることがどんなことかを思い出しています。

新たな発見の喜び、友人たちと感じた特別なきずなを思い出しています。

その頃に経験した苦しみ、孤独、恐れを通じて、人間として生きることが孕む深い挑戦を理解したことを思い出しています。

すばらしい喧噪に溢れた青年時代を、深い愛と心からの感謝とともに抱きしめています。

大人時代

次に大人時代に想いを馳せます。

成長した人間であること、自分自身と大切な人たちの生活を守ろうと奮闘することがどんなことであるかを思い出しています。

最愛の人たちに対する愛情を思い出しています。

より良く生き、賢くなろうと葛藤したことを思い出しています。
失敗し、自分自身を失望させた時を思い出しています。
冒険における予期せぬ展開、転機を思い出しています。
すばらしい驚きと、苦々しい失望を思い出しています。
日常の退屈な雑務、生きることへの疲弊を思い出しています。
情熱を感じ、力に満ちたことを思い出しています。
眩い曖昧さの大人時代を、深い愛と心からの感謝とともに抱きしめています。

美しい時

人生で起こったいくつかの美しい出来事に想いを馳せます。

他者と深いつながりを感じた時。

解放され高まった時。

勝利し、達成した時。

ワンダーし、目覚めた時。

こうしたすばらしい時を、深い愛と心からの感謝とともに抱きしめています。

痛みに満ちた時

次にこれまでの人生で最も苦しかった時に想いを馳せます。

心が砕かれ、何かを喪失した時。

他者から分かたれていると感じた時。

失敗し、落胆した時。

悪いことをして周りを傷つけた時。

より深く、より強くあれと促したこれらの痛々しい経験が、どれだけ私を形づくってくれたかを理解しています。

すべての破れた夢を両腕に抱き、失われたことを嘆きます。

私が耐えたこれらすべてを突きつけた、この人生を許しています。

最上の自分であることができなかった時を許しています。

すべての痛々しい時を、深い愛と心からの感謝で抱きしめています。

見逃された時

ほとんど気づかずに過ごし、思い出すことすらできない、ありきたりな時に想いを馳せます。

真に生きていると感じる機会を逃した時。

生きることは何でもない当たり前のことであるように感じていた時。

最愛の人々に、彼らがどれだけ大切か伝えることを忘れていた時。

無感覚で、存在していることを感じていなかった時。

見逃された時のすべてを、深い愛と心からの感謝で抱きしめています。

旅路を分かち合った人たち

人生を通じ、旅路を分かち合った人たちに想いを馳せます。

魔法のような時をともに楽しんだ人たち。

私が心から愛し、自分を捧げた人たち。

愛していたが、今は存命ではない人たち。彼らは常に私のハートに生きています。

大切な学びの機会を与えてくれた人たち。

私をひどく傷つけた人たち。

気づかずに過ぎ去り、真に認識することのなかった人たち。

私の人生に触れたこれらすべての人たちを、深い愛と心からの感謝で抱きしめています。

そのすべてを愛する

ここで再び、人生を時間という名の大きな川の流れのように捉え、俯瞰します。

川が穏やかに流れた時もあれば、岩に砕け散って混沌とした時もあったことを受け入れています。

私の人生である、このすばらしく、悲しく、美しい物語を理解し、受け入れています。

経験したすべてに深く感謝しています。

私は人生を愛しています。

物語は続く

最後に、今この瞬間に注意を戻します。

人生はまだ終わっていません。冒険はまだまだ続きます。

もっと経験し、もっと学び、もっと与える機会があることに感謝しています。

次はどのように展開して欲しいのか、自分自身に問いかけています。

めいっぱい生きるにはどうしたらよいのでしょう?

もっと愛するにはどうしたらよいのでしょう?

どうしたら自分をもっと誰かに与えることができるのでしょう?

感動しながら振り返ることのできる瞬間をもっともっとつくるには、どうしたらよいのでしょう?

第36章

終わりと始まり

最終章では、これまでの旅を振り返り、スピリチュアリティの未来を見つめ、生きることのワンダーに輝きながら、最後の瞬間まで、あなたとともに神秘を楽しみたいと思います。

ここは旅の終わりですが、すべての終わりと同じく、それは新たな始まりでもあります。ワンダーの道を歩き、神秘体験の深みに触れました。それを求めようとする者だけが見つけることのできる秘宝と、存在することの無条件の愛を見つけました。そして、このすばらしい愛を日々の暮らしへと持ち帰りました。

人生を通じ、神秘体験があまりに重要であったため、私はこの本でそれを分かち合いました。〝在ることを愛し、愛することに在る〟ことを通じ、生きることの壮大な複雑さにシンプルに向き合う方法を示しました。

本書を通じて、生きることを深く理解し、日々の暮らしをより豊かにする方法をまとめあげようとしてきました。深遠な未知に根幹を置く考え方。その中核に神秘体験を持つ生き方。私が直面した行き止まりを避け、パラドキシティの理解にもとづいたスピリチュアルな哲学。

今日のスピリチュアリティのあまりに多くが真実を損なっているように見受けられるため、この本においては本物であろうと尽力しました。存在することのワンダーと同時に、苦しみや破れた夢を理解し受けとめられるよう、私たちが実際に経験する人生にリアルに向き合ってきました。日々の暮らしにおいて力を得てもらうため、存在のワンネスに目覚めることを手助けしてきました。

旅の終わりにあって、あなたが生きることの恋人、そしてあなたという物語の英雄であろうとし、このほろ苦い物語に情熱的に取り組むための閃きを得ていることを願っています。内側に愛のすばらしい力を感じ、世界を変えることができると自信を持って欲しいのです。

スピリチュアリティの未来

今、人類の進化においてとてもすばらしいことが起こっていると感じるため、この本をあなたのために、そして私たちのために記しました。私たちは新たな意識レベルに目覚めることを駆り立てられており、それを手助けできるのはスピリチュアリティを深く理解することだけです。けれど、障害もあります。その障害が今日のスピリチュアリティのあり方です。肝心な役目を果たしていないのです。スピリチュアリティは早急に進化し、成熟する必要があります。

今日のスピリチュアリティは、メインストリーム（主流）文化の淵飾りのような存在であり、考えることが好きな人たちには、非合理的で不適切だと捉えられています。残念なことにそれが実情なのです。次なる進化の飛躍を遂げるなら、新たなスピリチュアリティが形づくられる必要があります。

二十一世紀における新たな目覚めのアプローチを築き上げることは、今日を生きる私たちに課せられた使命であり、本書はこうした取り組みに対して貢献するものであるはずです。

この折衷的《せっちゅうてき》な時代の課題は、伝統的な叡智の本質的洞察を新たなあり方へと合成することであるはずです。それは、この合理性の時代にあって、スピリチュアリティを戒律的な宗教や根拠のない迷信から切り離すことを意味します。そして科学の時代にあって、スピリチュアリティは科学とも調和することを示し、目覚めの理解と客観的世界の理解の間の〝仕切り〟を取り払うことでもあります。

ともに目覚める

世界中を旅し、すばらしい人々に出会う中、集団意識に大きな変化が起こっているのを感じずにはいられません。けれどこの変化は、多くの人が信じているように迅速でも、大きくもありません。かなりのスピードで変化していますが、本格的な変化を始めるまでの道程はまだまだ遠いのです。

見渡してみると、昔よりも多くの人が目覚めていることがわかります。世界に新たな意識をもたらすすばらしい仕事をしている人がたくさんいます。閃きに満ちた新たな動きに頻繁に遭遇します。これは良い知らせです。けれど、悪い知らせもあります。

多くの人たちが、賞味期限切れの宗教にどっぷりと浸かっています。子どもの頃からの信仰を捨て、東洋の宗教を無条件に信じる人もいます。魂に欠けた社会のメインストリームから隠遁し、子どもじみたスピリチュアリティに染まっている人もいます。非二元の深い叡智に出会ったにも拘わらず、色彩のない、愛のない、生命のない虚無を漂っている人もいます。

この本では、こうしたスピリチュアリティの有り様に疑問を呈してきました。そして、これに変わる論理を超えたアプローチ、つまりワンネスに目覚め、分離の経験を愛し、深い自己を意識し、欠点のある人間性を抱きしめ、精神《マインド》を超越し、それに感謝し、深い安らぎと強い情熱を知り、この瞬間に遊びながら時間の中で進化する方法を提示してきました。

もし、このスピリチュアリティに対する論理を超えたアプローチがあなたに響くのなら、それを世界へもたらす冒険にぜひ参加してください。この冒険は私ひとりにあるのでなく、それを抱きしめるすべての人にあります。ともに働くことは、ともに目覚めることを押し進める唯一の方法です。未来は呼んでいます。聞こえますか？　必要に十分な人たちがその声を聞いたのなら、人類全体が目覚め、愛に満ちた新たな世界を築くことができます。生きることの魔法に目覚めるのなら、奇跡を起こすことができるのです。

まだまだ先は長い

これまでの旅を楽しんでくれたことを祈っています。私にとって、この本を書く体験は忘れ難いものです。すばらしく閃きに満ちて、言葉が自然に流れ出した時もありました。アイディアを言葉にするために四苦八苦した時もありました。けれど、私はこの本を書くために生まれてきたように感じるのです。自分には果たすことのできない挑戦を引き受けてしまったようにも感じました。そして論理を超えたプロセスを通じ、予期していなかった形で変容を遂げ、この冒険に出る前とでは違う人間になったのです。

この本を書き終えるのは良い気分ですが、生きることのすばらしさについて言い残したことはたくさんあります。今、この時代に適したスピリチュアリティを形づくるために、やらなければいけないことはまだたくさんあります。

新たな観点から、科学における進化の物語を探究したい。

死に立ち向かうこのスピリチュアルな物語を探究し、それがどのように論理を超えて進化の物語と相互補完し合うか示したい。

生から死までのステージを自然な目覚めの過程として見つめたい。

生きることに意味を見出すこととは何なのかを見つめたい。

選択と意図が人生にどのように影響するかを理解するために、魂という内なる世界と、肉体という外なる世界の関係性を探究したい。

文明の進化を見つめ、今日、私たちが直面するジレンマの数々にどうやって愛の創造的な力をもたらすことができるのか探究してみたい。

この本を書き終えるにあたり、新たな旅が眼前に迫っているのが見えます。本書を『神秘体験』と名づけたのは、「わぉ！」に目覚めることについて捧げられた本だからです。そして私の心には今、論理を超えた〝双子〟が現れています。次の本は『神秘物語』と名づけられるでしょう。神秘を理解するための物語についての本になるのだろうから。けれど、それは先のことです。今は休息が必要です。

ともにある時

別れの時が近づいています。この旅はここまで。けれど、神秘の時にあって、私たちはまだ出発地点にあります。T・S・エリオットはこう書いています。


探究をやめてはいけない。

あらゆる探究の終わり。

そこで私たちは出発の場所に辿り着く。

そしてその場所を初めて知るのだ。


想像の中で、私たちは別れを前に神秘においてリラックスし、生きることのワンダーの喜びに満ちた最後の瞬間を楽しんでいます。今、私はウォルト・ホイットマンの次の言葉のように感じています。


ぼんやりとして横たわり、物事の美しい物語と、物事の意味を聞いている。

あまりに美しいから、聞いてみる。

私が聞くことを誰かに言うことはできない、それを自分自身に言うことはできない、それはあまりにすばらしい。

生きることはすばらしく、私はワンダーに圧倒されます。謙虚になり、言葉を失います。生きることとは何なのでしょう？　知りません。でも、それを愛していることは確かです。

人生を眠ったまま歩き、大切なショーを見逃さないために、ワンダーし続けることを誓いましょう。存在の深みにおいて目覚め、私たちはひとつであることを真に知るため、インスパイアし合うことを誓いましょう。人間としての冒険において打たれ弱くとも英雄であるよう、お互いを鼓舞し合いましょう。そうすることでリアルに、本当に、つながることができます。そして最も重要なこと、愛を忘れないでいましょう。

死の床にあり、これまで起こったすべてを振り返る時、そこで意味を成すのは私たちが与え、そして受け取った愛だけであるはずです。亡くなる日の夜、決心したかのように深みから声を絞り出した父の言葉が忘れられません。「どれだけ愛していたか、皆に伝えてくれ」。死にゆく者が放つ誠実さを言葉で表現することは不可能です。

人生はあまりにすばらしいのです。私たちの誰もが、存在のワンネスの特別な表現。私もあなたも、これまでにもこの先にもない、唯一無二の存在です。これまでに生きられたことのない人生、そしてこれからも生きられることのない人生を生きています。自分だけのスタイルで、さっそうと、この大いなるドラマで、自分という役柄を楽しもうではありませんか。

破れ去り、疲れ果てた夢の数々にも拘わらず、人生がすばらしいのはなぜでしょう？　生きることを愛したホイットマンはこう書いています。

あなたがここにいること――人生の存在とアイデンティティ。
力強い劇は続き、そしてあなたはそこに詩の一節を寄稿するのだ。

情熱とともに、その詩の一節を歌いましょう。自分だけの音で、人生の交響曲に新たな和音を響かせましょう。自分だけの思考で考え、自分だけの道を見つけましょう。

人生はあまりにすばらしいショーです。参加したくないわけがありません。奇跡に満ちています。科学は宇宙の根本的性質がほんの少しでも違っていたら、生命は誕生しなかったと言います。何が起こっているのかまったくわかりませんが、とても重要なことが起こっていること、それだけは確かです。

あなたと私がここにいて、こうやってあれこれ考えているこの宇宙が、一体どれだけの可能性で成立しているかわかりますか? 著名な物理学者ロジャー・ペンローズ（訳注：一九三一〜）が計算したところによると、それは100,000,000,000,000,000,000,000,000,000,000,000,000,000,000,000,000,000,000,000,000,000,000,000,000,000,000,000,000,000,000,000,000,000,000,000,000,000,000,000,000,000,000,000,000,000,000,000,000,000,000,000,000,000,000,000,000,000,000,000,000,000,000,000,000,000,000,000,000,000,000,000,000,000,000,000,000,00

0,000,000,000,000,000,000,000,000,000,000,000,000,000,000,000,000,000分の一なのです！！！
ラッキーだと思いませんか？　畏怖の念と感謝でいっぱいになりませんか？　生きることのワンダーをありがたく思いませんか？　詩人Ｅ・Ｅ・カミングス（訳注：一八九四〜一九六二）はこう書いています。

このすばらしい日にあって、神よ、あなたに心から感謝する
木々を飛び跳ねる緑色のスピリットと空の青い真の夢に
自然であり、無限であり、肯定である、すべてのものに

仏陀はこう言いました。

ひとつの花の奇跡をはっきりと見ることができたのなら、あなたの人生のすべてが変わるであろう。

説法の最中、仏陀は静まり返り、ひとつの花を手にしました。すると、弟子の大迦葉《だいかしょう》（訳注：マハーカーシャパ。仏教第二祖、釈迦十大弟子の一人。生没年不詳）が笑い始めたのです。彼はそ

の瞬間に悟りを開き、そして彼の人生は永遠に変わったのです。

あなたがワンダーするために、私はこの瞬間を差し出そう。

この瞬間が奇跡であるとわかれば、あなたの人生は変わる。

それは「わぉ!」なのだ。

神秘体験は、今、起こっているのだから。

神秘体験リトリートについて

この本を超えて冒険の旅をさらに進めたい、目覚めの経験をさらに深めたい、そう考えているのなら、ぜひ神秘体験リトリートに参加してください。同じ場所にいてこそ起こる魔法があります。参加して深い愛に飛び込んでみましょう。

リトリートでは本書でも紹介した哲学とワークを使い、「深い愛のイニシエーション」と呼ばれる通過儀礼へ向けて、神秘体験の奥深くへと入ってゆきます。「深い愛のイニシエーション」で何が起こるか、本書では明かしていません。この変容の力を経験するには、同じ場所にともにある必要があるからです。

「イニシエーション」という言葉は、古代の神秘学校が志望者に通過儀礼を与え、神秘主義的グノーシスを育てたことを想起させる私の好きな言葉のひとつです。リトリートでは「わぉ！」の目覚めの通過儀礼を経験するための新たな方法を伝えながら、この古くからの伝統を引き継いでいるようにも感じるのです。

気づきの扉連合について

目覚めに惹かれる人たちとつながりたいのであれば、「気づきの扉連合（The Alliance for Lucid Licing. 以下、ALL）」に参加しましょう。ALL は神秘体験をともに経験したいと望む自由な思想を持つ者たちによる生まれたてのコミュニティーで、スピリチュアルな世界において参加者が有機的に育んでいる試みです。

ALL のメンバーの多くが、それぞれの生きることの物語に活力とエネルギーを与えるために定期的にリトリートに参加し、古くからの友人に出会い、「わぉ！」に飛び込みます。また、洞察や課題を共有し、お互いをインスパイアして、「生きることの恋人」として明晰に生きていくために、目覚めの旅にあるメンバー同士がオンラインでつながり、助け合っています。

神秘体験リトリートと ALL についての詳細は、下記ホームページをご覧ください。

www.timothyfreke.com

訳者あとがき

「神秘体験」と聞いて、皆さんは何を思い浮かべるのだろうか。聖地に赴いて、特別な衣装を着て、特別な師を迎え、特別な儀式をして……そうでないと神秘体験は訪れないと考える人も少なくないのではないだろうか。

著者は、あなたの「今、この瞬間、この場所」で起こっていることがまさに神秘体験なのだと私たちに思い起こさせるために、この本を書き上げた。こうしてあとがきを読んでいるあなたの「今」も、こうしてあとがきを書いている私の「今」も、奇跡なのだ。そして、「あなた」も「私」も奇跡なのである。

著者ティム・フリークは幼い頃に目覚めを経験し、フィロソフィーとスピリチュアリティをクロスオーバーさせながら独自のメッセージを紡ぎ上げる〝スタンドアップ哲学者〟として、執筆にワークショップにと世界中で活躍を続けている。本書でも明かしているように、世間を離れ隠遁生活をしたことも、マスターに身を預け自分を失いかけたこともあるそうだ。けれど、こうした経験があったからこそ、本書で提唱する新たなアプローチに至ることができたのだろう。長年の探究に育まれた著者の言葉の一つひとつは、力強さと美しさに満ちている。

外なる世界の神秘に触れ、内なる自己の神秘に出会い、それらはひとつの大いなる神秘であると知り、そして、私たちは「深い愛」に辿り着く。まるで冒険の旅に出た英雄がさまざまな出会いを経ながら、さまざまな苦難を乗り越えながら、宝物を見つけるかのように、私たちはそのあまりに大きく、あまりに美しい愛に出会う。宝を手に故郷に帰還するのが英雄であるように、私たちもまた、そこで見つけた大いなる深い愛を故郷という名の日々の暮らしへと持ち帰る。

アインシュタイン、ソクラテス、ユング、ジョゼフ・キャンベル、仏陀、キリストと、著者は量子力学、哲学、心理学、神話学、宗教を自由自在に行き来し、時空を超えて叡智を集め、それらの点はやがて線になり、線はやがて面となり、そこに存在の神秘は姿を現す。神秘は愛なのである。その愛を、自分という「個」を通じて表現することの大切さを著者は説く。それが、冒険の旅で見つけた宝物を故郷に持ち帰るということなのだ。

最後に、本書との出会いをくださったナチュラルスピリット社の今井博央希さん、本書をともに磨きあげてくださった川満秀成さんに心からの感謝を。

この冒険の旅が、たくさんの読者の皆さんを深い愛へと導き、皆さんを通じてその愛が表現され、世界中にもっともっとたくさんの愛が広がってゆきますよう、心からの祈りを込めて。

二〇一三年八月二十五日

みずさわ すい

■ 著者

ティモシー（ティム）・フリーク　TIMOTHY（TIM） FREKE

哲学の学位を有し、デイリー・テレグラフ紙の「今年の一冊」に輝き、イギリスおよびアメリカで売り上げトップ10にランクインした『イエスの神秘（The Jesus Mysteries）』（未邦訳）など、多数の草分け的作品の著者として知られる。グノーシス主義に斬新にアプローチし、新たなスピリチュアルな哲学を切り拓き、学者として、また自由な思想を持つ者として高い評価を得ている。BBCやヒストリー・チャンネルなど海外のメディアにもしばしば取り上げられている。

ティムは参加者をスピリチュアルな目覚めへと導く「神秘体験リトリート」を世界各地で開催している。また、哲学者は人々の意識を変容させる「旅するエンターテイナー」という古来の考えに着想を得た「スタンドアップ哲学者」としての活動でも知られる。

彼は妻とふたりの子どもたちとともにグラストンベリー（イギリス）に暮らしている。

邦訳に『気づきの扉』（サンマーク出版）がある。

ホームページ：http://www.timothyfreke.com

■ 訳者

みずさわ すい

国際基督教大学卒。映画配給会社、レコード会社の宣伝を経て、現在は文筆に携わる。スピリチュアリティにまつわる作品の翻訳、宇宙と人間をつなぐメソッドとしての占星術を紐解くコラムの執筆などを展開中。訳書に『この星の守り手たち』（ワタナベアキコ訳）、『スピリテッド』（ともにナチュラルスピリット刊）。

ホームページ：http://suimizusawa.petit.cc

神秘体験

スピリチュアルな目覚めへの革新的アプローチ

●

2013年9月30日　初版発行

著者／ティモシー・フリーク

訳者／みずさわ　すい

編集・DTP／川満秀成

発行者／今井博央希

発行所／株式会社ナチュラルスピリット

〒107-0062　東京都港区南青山 5-1-10　南青山第一マンションズ 602

TEL.03-6450-5938　FAX.03-6450-5978

E-mail：info@naturalspirit.co.jp

ホームページ http://www.naturalspirit.co.jp/

印刷所／株式会社暁印刷

ISBN978-4-86451-094-3　C0010